ein Ullstein Buch

Vom gleichen Autor
in der Reihe der
Ullstein Bücher:

Das glückselige Flötenspiel (188)
Das Wunschhütlein (250)
Frau Mette (298)
Menuett im Park (335)
Nymphenburg (381)
Die Dame mit dem Samtvisier (428)
Der seidene Faden (474)
Frag nicht zuviel (563)
Sternsaphir (2613)

Horst Wolfram Geissler

Grillenkonzert

Roman

ein Ullstein Buch

Ullstein Buch Nr. 2830
im Verlag Ullstein GmbH,
Frankfurt/M – Berlin – Wien

Ungekürzte Ausgabe

Umschlagentwurf: Nikola Mederow
Mit Genehmigung des
Franz Ehrenwirth Verlags, München

Printed in Germany 1972
Gesamtherstellung:
Augsburger Druck- und Verlagshaus GmbH
ISBN 3 548 02830 6

Der föhnblaue Himmel mit ein paar linsenförmigen, grellen Wolken stand zu blank über den Türmen und Häusern oder den Zacken, die davon übriggeblieben waren.

Die Glaskuppel des Justizpalastes hatte manche Kupfereinfassung gehabt, mit einer so schönen hellgrünen Patina; jetzt leuchtete das alles, hellgrün zwar, aber unziemlich sinnlos und verbogen in der Nachmittagssonne.

Indessen — eine Amsel sang. Eine zweite, irgendwo in Blütenbüschen, spann den goldrosigen Faden des Liedes weiter, der warme Wind ließ ihn bis in den Himmel wehen, wo die Mauersegler scharfblitzende Bögen zogen. Überhaupt war es in den Anlagen tröstlicher, denn vieles hatte sich mit frischen Trieben bedeckt. Die Baumstümpfe ragten nicht mehr so anklagend über verwüstetem Rasen, und sogar das Kaffeehaus bemühte sich in diesem Frühling um Leben, es hatte Tische und Stühle herausgestellt, Leute saßen dort — und dies alles, die klägliche, patinagrüne Erinnerung, die Amseln, die Bäume, das Kaffeehaus, die Menschen gaben sich Mühe, um das Eigentliche herumzuschweigen.

Allerdings gelang das nur oberflächlich, aber man tat so, weil sich ja doch nichts ändern ließ. Nur eben was gerade an diesem Nachmittag so fiebrig und ungut hinter der Welt war, das ungereimte Blanke — das blieb. Das Blau des Himmels, das Grün der Bäume, das scharfe Licht an den Mauern, dies alles war wie hartgebrannt, es gab keine Übergänge, keine Luft, keine Ferne, die Dinge standen beunruhigend nahe und fremd nebeneinander.

Durch die Anlagen, an dem Kaffeegarten vorbei, kam ein Herr, vielleicht Ende der Zwanzig, mit einem unternehmend eleganten Hut, hellen Waschlederhandschuhen und einem Spazierstock, wie aus einem ausländischen Magazin geschnitten.

Er schien aber hier nicht fremd zu sein, sondern überquerte ohne zu zögern die Straße, blieb vor einer Haustür stehen und drückte auf den Klingelknopf, über dem sich ein Schild befand: Universitätsinstitut für angewandte Chemie.

Er wartete, sah auf die Uhr — es war halb sechs —, klingelte zum zweiten Male vergeblich und wollte eben enttäuscht davongehen, als die Haustür sich öffnete und eine Dame auf die Schwelle trat.

Nun, dieses Erlebnis, daß jemand aus der Tür tritt, durch die man hineinmöchte, hat jeder schon gehabt, es ist so unbedeutend, daß man es eigentlich gar nicht mit dem gewichtigen Wort Erlebnis bezeichnen darf, nur seine Plötzlichkeit bringt eine kleine Überraschung, einen Augenblick des unerwarteten Gegenüberstehens, aber auch das ist wohl nicht der Rede wert.

Aber der Besucher war doch auch innerlich etwas verblüfft, denn die Dame betrachtete ihn aus großen hellgrauen Augen, und weil diese sehr hellgrauen Augen auffallend lange dunkle Wimpern hatten, wirkten sie um so merkwürdiger. »Haben Sie geklingelt?«
»Zweimal.«
»Ja, die Klingel geht nicht.«
»Ein Glück also, daß Sie gerade kommen!«
»Kaum, denn es ist niemand mehr im Hause. Zu wem wollten Sie?«
»Zu Herrn Professor Mahr, dem Leiter des Instituts.«
»Professor Mahr ist nicht mehr da.«
»Sind Sie hier beschäftigt? Mein Name ist Schneider, Karl Schneider, ich bin Abteilungsleiter in einer Fabrik, die mit Ihrem Institut zusammenarbeitet.«
»Wenn es sehr dringend ist, kann ich Ihnen die Telefonnummer –«
»Es ist nicht sehr dringend«, antwortete Herr Schneider, »und deshalb besteht auch kein Grund, daß wir hier zwischen Tür und Angel bleiben. Darf ich Sie ein paar Schritte begleiten?«
»Ich werde Ihnen wenig sagen können.«
»Oh, darum handelt sich's nicht, ich bin morgen noch hier– glauben Sie, daß ich Herrn Professor Mahr morgen um diese Zeit antreffe?«
»Ich will's ihm ausrichten.«
»Das wäre sehr freundlich.«
Offenbar hatte das Gespräch damit sein Ende erreicht.
Aber Herr Schneider hatte etwas gegen diese unausgesprochene Meinung. Es schlenderte sich so hübsch neben ihr dahin, es war Frühling, die Sonne schien, man hatte nichts zu tun – und vor allem natürlich, die Dame gefiel ihm.
Sie war freilich nicht mehr jung, nicht mehr ganz jung – ungefähr in seinem Alter, ja, mindestens –, aber sie sah ebenfalls sehr gut aus, war ausnehmend gut gewachsen, bestimmt nicht dumm, und was ihm besonders angenehm auffiel: sie ging mit weiten, federnden Schritten und setzte ihre Füße so sicher und selbstbewußt. Darüber freute sich Herr Schneider, er schätzte trippelnde Frauen nicht.
Die Dame hatte nicht den Typ, bei dem man mit neckischen kleinen Plänkeleien anfängt. Also sagte er ganz einfach: »Wenn Sie nichts Dringendes zu tun haben – ich weiß nicht recht, was ich mit diesem Spätnachmittag anfangen soll, da ich Herrn Professor Mahr nicht besuchen kann – dürfte ich Sie wohl zu einer Tasse Kaffee einladen? Ich glaube, es sitzt sich recht hübsch dort drüben in den Anlagen.«
»Ja ...«, antwortete sie, mehr überlegend als zögernd, »warum nicht? Eine Stunde habe ich wohl Zeit.«

Als sie in den Kaffeegarten kamen, wurde gerade ein Tischchen frei; soweit war Herrn Schneider nun alles geglückt.
Aber jetzt begann sich die Lage für ihn schwieriger zu gestalten, als er geahnt hatte, und zwar deshalb, weil diese Dame in einer Weise zur Sachlichkeit neigte, die auf die Dauer beinahe beklemmend war.
Man konnte sich ausgezeichnet mit ihr unterhalten, aber sie schien so wenig für Verzierungen übrig zu haben und — vor allem — nicht im geringsten neugierig zu sein. — Abteilungsleiter in einer großen Fabrik, war das etwa nichts? Vielleicht hätte es sich der Mühe gelohnt, nach Näherem zu fragen, und Herr Schneider war bereit, großzügig Auskunft zu geben, denn er wurde immer weniger das Gefühl los, daß er hier nicht den Eindruck machte, an den er gewöhnt war.
Nein, sie dachte gar nicht daran, ihm Gelegenheit zu etwas Imponierendem zu geben, und auch als er durchblicken ließ, daß Professor Mahr ihm wegen mancher Gefälligkeit verbunden sei (und umgekehrt), bemerkte sie dazu lediglich: Ohne dergleichen gegenseitiges Aushelfen komme man heutzutage ja überhaupt nicht weiter, alles habe gewissermaßen nur ein vorläufiges Gesicht, und es sei nicht leicht, die weitere Entwicklung dahinter zu erkennen.
Herr Schneider wußte nicht, ob er richtig verstand, was sie damit meinte, er wußte überhaupt recht oft nicht genau, wie ihre Worte zu verstehen waren, und das war es eigentlich, was ihn unsicher machte.
Seine vergnügte Mitteilsamkeit versickerte wie ein Wässerchen zwischen ansehnlichen Steinblöcken, immer unbehaglicher bedrängte ihn die Frage: wie eine Frau so hübsch, so elegant und dabei von einer so eigentümlichen Sprödigkeit sein könne. Nicht etwa, daß sie sich mit einem unsichtbaren Stacheldraht umgab, keineswegs, eher mußte man die Empfindung haben, an einer schönen Insel entlangzurudern, deren Küstenfelsen zwar interessant, aber bedauerlich hoch und steil waren — man hatte das zunächst gar nicht gesehen, man konnte nicht landen. Wenigstens Herr Schneider konnte nicht landen.
Er war dergleichen nicht gewöhnt, es machte ihn innerlich nervös, er fand keine Erklärung für diese außerordentliche Tatsache, und es strengte ihn immer mehr an, Haltung zu bewahren. Übrigens spielten dabei ihre sehr hellgrauen Augen keine geringe Rolle.
Sie lachte so hübsch, konnte so vergnügte Augen haben, machte bisweilen erstaunliche Bemerkungen, schien aber auf Persönliches so wenig Wert zu legen, daß es ihm nicht einmal glückte, ihren Namen zu erfahren. Er war für sie offenbar jemand, dem man zufällig begegnet, mit dem man eine Stunde verplaudert, weil man nichts Besseres zu tun hat, und den man bereits in der nächsten Stunde vergessen hat.

Ihn störte das erheblich, er konnte es aber nicht ändern, so sehr er sich bemühte. Rätselhaftes an Frauen schätzte er eigentlich nur, wenn es für andere, jedoch nicht für ihn rätselhaft war, wenn es also einen dekorativen Hintergrund für seine Person bildete. Durch Dubiose indessen fühlte er sich als Kaufmann beunruhigt, damit ließ sich in der Bilanz kein Staat machen, sie waren nur geeignet, das Selbstgefühl zu vermindern, und das liebte Herr Schneider nicht, denn eine dunkle Ahnung ließ ihn vermuten, daß er sich so etwas nicht leisten könne.
»Sie werden zusehends schwermütig!« sagte die Dame mit ihrer einfach unzarten Sachlichkeit und einem Blick, als ob sie ihn in der peinlichsten Weise durchschaue. »Es kommt, glaube ich, von den Amseln und der schrägen Beleuchtung.«
»Ach, der Frühling!« antwortete er.
»Ja, natürlich, der auch«, sagte sie. »Solche Museumsstücke können einen allerdings melancholisch machen.«
»Museumsstücke?«
»Der Frühling, mein ich. Oder finden Sie, daß er in diese Welt noch paßt?«
»Ja, das ist wahr ...«, sagte er, und als sie nun leise auflachte, war er vollends ratlos.
Nein, Herr Schneider hatte keinen glücklichen Tag, das sah er ein, und deshalb bedeutete es für ihn eine große Erleichterung, als diese merkwürdige Frau erklärte, jetzt müsse sie heim.
Er begleitete sie noch zur Straßenbahnhaltestelle, verabschiedete sich mit aller Höflichkeit, half ihr einsteigen. Was ihm als letzter Eindruck blieb, das waren ihre schönen Fesseln, ach, nun ging er um so entwurzelter von dannen, belastet von einem Erlebnis, mit dem er einfach nicht fertig wurde.
Vielleicht war es doch der Frühling? Oder der Föhn. Wahrscheinlich beides.
Diese Dame fuhr nun also heim. Sonst pflegte sie die kurze Strecke zu gehen, heute aber hatte sie Herrn Schneider loswerden wollen.
Sie wohnte möbliert im dritten Stock eines Hauses, dem nicht das geringste fehlte – bis auf die Treppe. Diese nämlich war verbrannt. Aber man hatte sich geholfen, indem man eine schiefe Bretterbahn legte, mit Querleisten, eine sogenannte Baustiege. Für Geübte war das beinahe bequemer als eine richtige Treppe.
Während nun die Dame ihr Zimmer betrat, sah sie, daß dort jemand auf sie wartete, eine Besucherin, die sich's in dem Lehnstuhl am Fenster ganz gemütlich gemacht hatte; jetzt legte sie das Buch beiseite, stand auf und sagte: »Christel!«

»Käthe! Nein — bist du's?«
»Ja, warum soll ich's denn nicht sein?«
»Und wie kommst du hierher?«
»Ich hatte für meinen Mann etwas zu erledigen, bei der Regierung, er kann um diese Zeit so schlecht weg von seiner Gärtnerei, und weil mein Zug erst abends geht, dacht ich —«
»Und gerade heute muß ich später heimkommen als sonst!«
»Das macht doch nichts, ich hab mich so schön ausgeruht. Hübsch hast du's hier!«
»Man tut, was man kann«, sagte Christine, »jetzt ist es wieder einigermaßen in Ordnung, ja.« Dabei stellte sie schon den Teetopf auf den Kocher. Es war das Wiedersehen zweier Frauen, die Schulfreundinnen gewesen waren, einander aber lange nicht mehr gesehen hatten — »nein, als ich dich das letztemal traf, warst du verlobt!«
»Und jetzt hab ich schon zwei Kinder.«
»Ach Gott, die Zeit.«
»Du mußt uns besuchen, Christel.«
»Wieso?«
»Deshalb bin ich eigentlich hier. Ich bin deiner Mutter begegnet — ja, es geht ihr gut, dem Vater auch, alles in Ordnung —, und da hörte ich, daß sie dich daheim erwarten.«
»Aber du wohnst doch —«
»Eine knappe Stunde mit der Bahn, was ist das schon! In Monrepos.«
»Monrepos!« sagte Christine. »Als Kind war ich einmal dort, wohl bei einem Schulausflug. Jetzt ist es nur ein blasser, schöner Traum. Das gibt es also noch.«
Natürlich: alles, was bisher gesprochen, getan, gelächelt worden war, bedeutete nichts Eigentliches, es war nur die kleine Verlegenheit nach einer Reihe von Jahren, das Darüberhinwegkommen, ein Geplätscher, während dessen man einander betrachtete und seine Gedanken hatte, die ja nicht gerade ausgesprochen werden mußten, aber das sah man, daß Christine nicht ganz ohne Lippenstift auskam.
Das Leben schiebt soviel Fremdheit zwischen die Menschen. Die Entfernung ist daran weniger schuld als die Zeit. Käthe dachte: Sie war schon immer hübsch und gescheit, aber das ist doch ein sonderbares Dasein, ich weiß nicht. Nun, jeder nach seiner Art. Für mich wäre es nichts; und früher war sie lustiger, oder kommt es mir nur so vor? Ist da nicht irgendwo ein Schatten, oder täusche ich mich? Ganz klug wird man aus so stillen Wassern niemals.
Und Christine legte ihr die Hand auf die Schulter, drehte sie ein wenig ins Licht, das immer noch warm und spätnachmittagslieblich herein-

kam und sagte: »Laß dich anschauen, Käthe. Ja, so sehen also die glücklichen Menschen aus. Du blühst, Käthe. Und dein Mann und die Kinder, geht's ihnen gut?«
Danke, alles ging ausgezeichnet, man lebte in Monrepos wie auf einer stillen grünen Insel, zwischen Obstbäumen und Gemüsebeeten, und sogar zwei Kühe hatten sie, abgesehen von allem anderen. »Du wirst es ja sehen, wenn du uns besuchst. — Aber du, Christel?«
»Oh, mir geht es gut. Man hat seinen Beruf — nicht gerade zwischen Blütenbäumen und Beeten, aber ich kann zufrieden sein. Bei mir läuft das Leben von jeher schnurgeradeaus ... im allgemeinen. Es ist, als gäbe es gar keine andere Möglichkeit. Jedenfalls gibt es keine großen Probleme.«
»So!« sagte Käthe und sah zu, wie Christine den Tisch deckte, sie machte das sehr sorgfältig wie alles, was sie tat, das war man an ihr gewöhnt, und deshalb erschien es durchaus verständlich, daß sie dieser Beschäftigung ihre ganze Aufmerksamkeit widmete. Aber das mit den Problemen, dachte Käthe, ist entschieden eine Ecke, um die sie stillschweigend herumkommen möchte. Das glaubt dir ein anderer: wenn man so aussieht und sich so anzieht — und keine Probleme. Na, ich kann da wohl nicht mit, ich bin eine Gärtnersfrau, für mich ist manchmal schon das Seelenleben meiner Kühe problematisch. »Wenn du zu uns kommst — aber du hast noch gar nicht gesagt, ob du kommst?«
»Wenn es sich irgend machen läßt. Jedenfalls ist es furchtbar nett, daß du an mich gedacht hast, ich danke dir.«
»Nein«, sagte aber Käthe, »das sind solche Redensarten, mit denen ich nichts anfangen kann.«
»Ich weiß doch nicht —«
»Dummes Zeug! Also du kommst. Und dann will ich dich schon aufbügeln.«
»Mich?«
»Weil ich nämlich denke, daß da irgendwo ein paar Knitter sind, denen das nichts schaden könnte.«
»Unsinn«, sagte Christine und goß den Tee ein, und Käthe zauberte eine Schraubdose mit Butter aus ihrer großen Tasche und stellte sie auf den Tisch. »In meinem Alter —«, sagte Christine.
»Eben!«
»Was?«
»Dein Alter ist nämlich auch meines, Christel. Daß du aber die Knitter, die gar nicht da sind, mit dem Alter in Zusammenhang bringst?«
»Gerade deshalb!« erwiderte Christine mit einem kleinen Stirnrunzeln. »In meinem Alter gibt es keine Knitter.«

»Bei mir schon!« sagte Käthe. »Aber freilich, da ist ein Unterschied, das will ich nicht bestreiten.«
Christine schien jedoch keine Lust zu haben, auf diesen von Käthe so bereitwillig betonten Unterschied einzugehen oder überhaupt nur etwas weiteres von sich selber mitzuteilen. Nun, auch gut. Man konnte das wohl nicht erwarten, wenn man jemanden so lange nicht gesehen hatte.
Sie saßen einander an dem niedrigen Teetischchen gegenüber, das Abendlicht war freundlich und rosa und dabei doch sehr geeignet, sonst unmerkbare Schärfen im Gesicht herauszuarbeiten – aber nein, es blieb erstaunlich, wie ausgezeichnet Christine sich gehalten hatte und wie fest ihre Züge waren, ohne verschlossen zu sein. Etwas an ihr leuchtete geradezu, nämlich die Stirn, auf der sich, ohne daß sie zu hoch oder zu breit war, alles zu sammeln schien, was an Ungewöhnlichem in dieser Person lebte. Der angenehm weibliche Haaransatz, die fast zu fein hingezeichneten dunklen Bogen der Brauen, die merkwürdig hellgrauen Augen darunter, das alles hielt sich in einem gewissen Gegensatz zu der klaren Sachlichkeit dieser Stirn, und das war es, was dem Gesicht einen Reiz verlieh, daß man es immer betrachten konnte, ohne zu erkennen, wie diese einander widerstrebenden Dinge zu einer Einheit kamen. Denn es war ja wohl als sicher anzunehmen, daß sie dies taten. Ein innerlich zerrissener Mensch war nicht so ruhigen Wesens und hätte mehr Bitterkeit gehabt. Christine aber konnte so hübsch lachen.
Sie tat es, und zwar mit Vergnügen, denn man war, von Erinnerungen und gemeinsamen Bekannten ausgehend, in den schönsten Kleinstadtklatsch geraten, nein, niemals hätte Käthe gedacht, daß bei Christine so etwas noch möglich sei, und dies trug nun doch sehr dazu bei, daß man sich wieder näherkam, oh, es legte geradezu den Grund zu einer neuerlichen Übereinstimmung der Seelen, denn kaum etwas anderes bindet zwei Menschen – und besonders zwei Frauen – so haltbar aneinander wie die Feststellung, daß sie hinsichtlich eines dritten derselben Meinung sind, zumal wenn diese Meinung ablehnend ist.
Selbstverständlich wurde auch von Käthes Leben gesprochen, denn da gab es für Christine – wie für manche Leute – eine Unklarheit. Also beschloß Käthe, sofort etwas Entscheidendes zu äußern. »Ich weiß schon«, sagte sie. »Einen Gärtner, nicht wahr? Dazu hätt' ich vielleicht nicht erst das Gymnasium durchmachen müssen. Aber erstens war er, als ich ihn kennenlernte, noch nicht Gärtner, und zweitens weiß ich jetzt, daß es kaum einen schöneren Beruf gibt – vorausgesetzt natürlich, daß jemand wahrhaft dazu geboren ist. Als wir uns kennenlernten, kam

er gerade aus Frankreich, wo man den Krieg voraussah; er hatte dort seine Stellung als Lehrer verloren —«

Käthe machte eine kleine Pause, sie wußte aus Erfahrung, daß die Leute hier zu stutzen pflegten, auch Christine stutzte deutlich und gewissermaßen beruhigt.

»Du glaubst nicht«, fuhr Käthe danach zufrieden fort, »wie er die verlotterte Gärtnerei von Monrepos in diesen neun oder zehn Jahren hochgebracht hat. Bei ihm steckt Begeisterung dahinter, aber eine ganz stille. Eben der geborene Gärtner, der Gärtner aus Leidenschaft. Ein sonderbarer Mensch, ja wirklich. Vor einiger Zeit hätte er leicht wieder Lehrer werden können, aber nein. Er lachte nicht einmal, so fern ist ihm das alles gerückt. Nun, er arbeitet und denkt so vor sich hin, und alles blüht. Kann man mehr wollen? Du wirst ihn ja kennenlernen.« Sie erzählte noch manches. Georg Buch mußte wahrhaftig ein sonderbarer Mensch sein — sonderbar schon deshalb, weil er glücklich war.

So und nicht anders kam es, daß Käthe plötzlich einen kleinen Schrei ausstieß und aufsprang, denn es war, wenn sie den Abendzug noch erreichen wollte, keine Minute und kein Wort mehr zu verlieren. Die ganze Szene riß ab wie ein Filmstreifen, und von der Lebendigkeit blieb nichts als ein überraschendes kleines Verstummtsein und ein wenig Erschöpfung. — Christine drehte das Licht an.

Der allzu großen Blankheit des Himmels war, wie jeder gewußt hatte, über Nacht schlechtes Wetter gefolgt. Aus dem kalten Grau des Morgens strömte der Regen mit einer Beharrlichkeit, als sei das nun der endgültige Schluß der Weltgeschichte. Es war abscheulich, was aus den zerfetzten und zerrosteten Dachrinnen herunterplatschte und welche Umwege man um die Seen machen mußte, die sich auf der Fahrbahn längs der Bordsteine gebildet hatten; die Autos natürlich machten diese Umwege nicht und kamen zur Freude aller Fußgänger mit einer richtigen Bugwelle daher.

Deshalb war es doppelt befriedigend, daß es im Universitätsinstitut für angewandte Chemie heuer nicht mehr auf die Arbeitstische tropfte. Die Studenten hatten einen richtigen Dachstuhl gebaut und das Dach mit richtigen Ziegeln gedeckt, eine Heidenarbeit, aber jetzt lohnte sie sich, und im vorigen Monat war sogar das Glas für die vielen hohen Fenster gekommen: die Wände waren frisch getüncht, unter den Kochflaschen und Retorten standen wieder die Bunsenbrenner, denn es gab auch wieder Gas. Das große Labor konnte sich also sehen lassen, und nun machte natürlich auch die Arbeit viel mehr Vergnügen.

Nur auf dem dunklen, betrüblich ungepflegten Fußboden erinnerten Brandflecken an die Ereignisse der Vergangenheit, aber das ließ sich beim besten Willen nicht ändern; früher hätte man einfach Läufer aus Kokos oder Gummi darüber gedeckt, aber früher wäre das nicht nötig gewesen, weil es keine solchen Flecken gab.
Das einzige teppichähnliche Gebilde, das man aufgetrieben hatte, lag im Zimmer des Professors Mahr und machte es zu einem Prunkraum, auf den jeder Beteiligte stolz war, auch wegen anderer Dinge. Wenn zum Beispiel der Professor sagte: »Bitte nehmen Sie Platz!«, so konnte der Besucher das in der vornehmsten Weise tun, indem er sich — allerdings behutsam — in einen tiefen Lederklubsessel sinken ließ; daß der Sessel, uralt und abgeschabt, ohne Rückseite dahinlebte, weil diese von jemandem, der dringend eine Aktentasche brauchte, herausgeschnitten worden war, davon sprach man nicht; der Sessel stand wohlweislich an der Wand, und der feine Mann pflegt solche Möbel ja nicht umzudrehen, bevor er sich daraufsetzt.
Allerdings, das Zimmer von Fräulein Dr. Weiland, das neben dem des Professors lag — hm, gelegen hatte —, dieses war leider abhanden gekommen. An seiner Stelle befand sich jetzt frische Luft und auf dem Erdboden ein bemooster Ziegelhaufen, und das wirkte ziemlich verblüffend auf jeden, der die Tür zu diesem gewesenen Raum öffnete, welche man wieder eingehängt hatte, jedoch — eben der verblüffenden Wirkung wegen — nur ungern verschloß. Aber Fräulein Dr. Weiland betonte ja stets, daß man bei allem Wissen, doch niemals die unmittelbare Verbindung mit der Natur verlieren dürfe.
Sie selber, Fräulein Weiland, war Gott sei Dank noch da, und in der Fensterecke gleich neben der Tür, die zu Mahr hineinführte, hatte sie sich mit Hilfe eines gut erhaltenen dreiteiligen Ofenschirms aus Schwarzblech einen Privatraum abgegrenzt; dort stand ihr Schreibtisch und dort bewachte sie den Eingang zum Zimmer des Chefs.
Bewachte — man darf diesen Ausdruck nicht falsch verstehen. Sie war immer liebenswürdig, aber gerade diese Liebenswürdigkeit machte sie unüberwindlich; niemand wagte sie zu umgehen, man kam gar nicht auf diesen Gedanken, denn sie gehörte einfach zur Weltordnung. Professor Mahr schien derselben Meinung zu sein. Sie wußte alles, konnte alles und kannte jeden merkwürdig gut, bisweilen sogar besser, als ihm lieb war. Jeder Neuling hatte schon von ihr gehört und brachte die Bereitschaft mit, sie zu bewundern.
Allerdings, was die Damen betraf, so war deren Verhältnis zu Fräulein Dr. Weiland bedeutend weniger vorbehaltlos, und zwar aus zwei Gründen: erstens überhaupt und zweitens, weil der Weg zum Professor

nur über sie, ja förmlich durch sie hindurch ging, und das machte Schwierigkeiten; mit dem Professor wäre man schon fertig geworden, der war nicht so, aber bei der Weiland, selbstverständlich, zogen die kleinen Mittel nicht, die einem männlichen Wesen gegenüber schlimmstenfalls als letzter Ausweg in Betracht gekommen wären. Mußte das eigentlich so sein? Du lieber Gott, ja, gewiß – aber so viel war nun doch wohl nicht an ihr, wie? Frauen haben meistens mehr Anlaß, die Weltordnung unvollkommen zu finden.

Es regnete morgens, es regnete mittags, es regnete auch noch nachmittags, als Herr Schneider seinen Besuch bei Professor Mahr machte. Er hatte den Chef auf der Straße getroffen, nun erschienen sie zusammen und verschwanden zusammen in dem Zimmer mit dem Teppich und dem Ledersessel, auf welchen Herr Schneider sich alsbald niederließ. Was sie beruflich miteinander zu verhandeln hatten, war schnell erledigt.

»Ich staune übrigens«, sagte Herr Schneider, »wie es Ihnen gelungen ist, die Schäden hier auszubessern. Wenn ich denke, wie es damals aussah –«

»Ja«, sagte Mahr, »die Jungen waren tüchtig. Man sollte es nicht für möglich halten, wie sie an die Arbeit gingen – unter diesen wahrhaft unmöglichen Umständen.«

»Zuversicht der Jugend!« sagte Herr Schneider und drehte sich eine Zigarette.

»Wirklich?« fragte Mahr und wiegte den Kopf. »Ist Zuversicht wirklich das richtige Wort? Ich weiß nicht. Mit diesen Redensarten ist heute nicht mehr viel auszurichten.«

»Sie haben da –«, beeilte sich Herr Schneider einzuschalten, denn er merkte, daß der Professor seine schnellfertige Art mißbilligte, »Sie haben da eine Mitarbeiterin, die den besten Eindruck macht. Ich hatte gestern zufällig Gelegenheit – wie sich das gerade so ergibt – stand sie nicht vorhin, als wir kamen, am Telefon?«

»Sie meinen die Dr. Weiland«, antwortete der Professor.

»Was?« fragte Schneider erschrocken. »Das ist –? Ach, du großer Gott! Deshalb kam sie mir so komisch vor – und deshalb kam ich mir so komisch vor!«

»Komisch?«

»Selbstverständlich ist das nicht das richtige Wort. Die Weiland international anerkannt als Kapazität auf dem Gebiet der Funktionine. Und ich habe sie einfach zu einer Tasse Kaffee eingeladen! So etwas kann man aber auch nicht ahnen! Ich dachte, sie sei vielleicht Ihre Sekretärin.«

»Hat sie Sie gebissen?« fragte Mahr.
»Gar nicht! Wenn sie das getan hätte, wäre ich wohl auf die richtige Spur gekommen. Ach, und ich habe mir die Weiland immer vorgestellt als eine grauhaarige Dame mit einer Brille und so.«
»Nein«, sagte der Professor, »das mit der Brille und so stimmt nicht. Daß sie aber gar so erschüttert sind?«
Herr Schneider stellte fest, daß er allerdings erschüttert sei. Ein Mann wie er kenne doch schließlich die Welt und die Menschen und es gebe wenig, was ihn außer Fassung bringen könne. Da aber Fräulein Dr. Christine Weiland dermaßen scharmant sei —
Er schnöselte das so heraus, man konnte ihm nichts übelnehmen, dazu war er viel zu nebensächlich, aber ein hübscher Bursche, und seine Zähne blitzten, wenn er lachte. Auf diese Weise also arbeitete er sich durch den Berg von Verlegenheit hindurch, der ihm da plötzlich vor die Füße gestürzt war.
Der Professor besah sich die Geschichte immer nachdenklicher. Es war deutlich, daß Christine Weiland einen gewissen Eindruck auf Herrn Schneider gemacht hatte, und wenn er diesen zwar ins Kommerzielle abgeglittenen aber doch hoffnungsvollen Operettentenor betrachtete, so wollte ihm das Ereignis einigermaßen bemerkenswert erscheinen. Indessen war Herr Schneider wohl nicht der Mensch, mit dem man sich über etwas so Unerwartetes unterhalten konnte, obwohl es ihn ja eigentlich anging. So tüchtigen Kaufleuten gegenüber fühlte sich Mahr ein wenig ratlos. Aber in dem bewußten Punkt waren sie offenbar einer Meinung: Christine Weiland konnte gelegentlich verblüffend sein. Immerhin . . . »sagten Sie wirklich scharmant?« erkundigte sich Mahr.
Herr Schneider zog die Augenbrauen hoch, schwieg aber, denn dies hielt er teils für vorsichtig, teils für vielsagend.
Der Professor verstummte daraufhin ebenfalls, und so benützte der Besucher die Gelegenheit, sich zu verabschieden.
Ehe er jedoch aus dem berühmten Ledersessel aufstand, öffnete er — nicht ohne innere Hemmungen — behutsam seine Aktentasche und brachte eine Kleinigkeit zum Vorschein, etwas Lockeres, in Papier Gewickeltes, und sogar in dieser von Chemikaliengeruch gekennzeichneten Luft des Chefzimmers wurde sofort deutlich, daß es sich um nichts anderes als um einen Veilchenstrauß handelte. Herr Schneider hielt ihn mit spitzen Fingern leicht entzückt in die rechte Beleuchtung, dann sprach er, und zwar nicht ohne einen dunklen Unterton: »Bei aller Hochachtung für Sie, Herr Professor — er war nicht für Sie bestimmt. Aber ich laß ihn hier, er wird schon in die rechten Hände kommen.«
»Fräulein Weiland ist sicher noch draußen«, sagte Mahr.

»Hm, ja, nein, lieber nicht«, erwiderte Herr Schneider mit einem Gesicht, das plötzlich sonderbar spitz war, und begann zu entgleiten.
Der Professor fühlte, daß hier eine Art Hilfeleistung willkommen sei und ging, was er nur selten tat, mit ihm bis zur Ausgangstür, aber diese Vorsichtsmaßregel erwies sich als überflüssig, denn Fräulein Weiland befand sich gerade in einer entfernten Ecke des großen Labors. Herr Schneider, als er dem Professor die Hand schüttelte, hatte daher bereits seine Haltung wiedergefunden.
Mahr ging in sein Zimmer zurück – ja, da duftete es jetzt unverkennbar nach Veilchen –, schloß den Schrank auf, nahm einen kleinen Erlenmeyerkolben heraus, füllte ihn mit Wasser, steckte den Strauß hinein und stellte ihn auf den Schreibtisch.
Es war erst vier Uhr, aber, wie immer, wirkten solche Besuche störend weiter, sie waren Einbrüche in diese Welt, in die sie eigentlich nicht gehörten, und hinterließen etwas Fremdes, unsichtbar, aber spürbar. Am besten, man legte den Nachmittag ganz beiseite, aus der Arbeit wurde jetzt doch nichts mehr.
Diesmal vollends. Denn der Blick in Herrn Schneiders Seelenleben war doch sonderbar. Genau besehen handelte es sich dabei natürlich nicht um die schöne Seele des Herrn Schneider, denn diese war dem Direktor des Universitätsinstituts für angewandte Chemie von Herzen gleichgültig. Aber sonst!
Der Professor zog die Uhr auf, erinnerte sich im gleichen Augenblick daran, daß er dies vor einer halben Minute schon einmal getan hatte, und stellte fest, daß dergleichen automatische Handlungen wahrscheinlich als ein Zeichen mangelhafter innerer Sammlung zu bewerten seien. Er war aber nicht der Mann, dergleichen geistige Schlampereien ins Kraut schießen zu lassen.
»Fräulein Weiland!«
»Ja?« sagte Christine und steckte den Kopf zur Tür herein. »Oh, wie riecht es denn hier?«
Sie kam über die Schwelle wie von einem Zauber gezogen.
»Bitte!« sagte Mahr und deutete auf den Lederklubsessel.
»Wieso?« fragte sie, nicht ganz ohne Mißtrauen, denn er lud sie höchst selten auf diesen Ehrenplatz ein, zu solchen offiziellen Gemütlichkeiten fehlte ihnen beiden meistens die Zeit. Indessen setzte sie sich.
Nun war das für eine Dame nicht ganz einfach, denn der Sessel war sehr tief, weich und niedrig und man brauchte einige Geistesgegenwart zu der Entscheidung, was man mit den Beinen anfangen sollte; unmöglich, sie einfach auszustrecken; Christine beschloß also, sie auf den Sitz heraufzuziehen und sich auf ihren rechten Fuß zu setzen, ja,

das war wohl noch die beste Lösung, obgleich sich nicht verkennen ließ, daß dies mehr nach blauer Stunde als nach einer Besprechung im Direktorzimmer aussah.
Mahr blieb vor ihr stehen und spielte mit seiner Uhrkette. »Keine Post mehr?«
»Nein.«
»Dann wären wir also für heute fertig? Das ist ja schön. Vermutlich sind Sie im Begriff heimzugehen?«
»Vorausgesetzt, daß es nichts mehr zu tun gibt.«
»Ach nein«, sagte er. »Es regnet so. Ist Ihnen kalt?«
Christine sah ihn verwundert an.
»Eigentlich«, sagte er, »wäre jetzt eine Tasse Tee das Richtige — vielleicht. Was meinen Sie? Ließe sich das bewerkstelligen?«
Versuchen könnte man es ja, antwortete Christine, indem sie aus dem Sessel turnte. Es sei immerhin denkbar, daß zwei Chemiker es fertigbrächten, Wasser bis auf den Siedepunkt zu erhitzen. Die Frage sei nur, ob noch genug Tee —
Der Professor schloß den Schrank auf und nahm eine Blechbüchse heraus. Nein, sagte er, dies sei offenbar die neue Nährhefe, auch sehr gut, aber nicht im Sinne der Veranstaltung. Hier jedoch —?
Christine stellte Wasser auf, holte einen Hocker aus dem Labor und deckte darauf den Teetisch. Dabei ging sie um den Veilchenstrauß herum wie die Katze um den heißen Brei, und als sämtliche Vorbereitungen getroffen waren, sagte sie: »Schade, daß für die Blumen kein Platz mehr ist. Heute haben Sie aber doch nicht Geburtstag?«
»Nein — Sie?«
Christine meinte, auch bei ihr sei dies glücklicherweise nicht der Fall, und selbst wenn es der Fall wäre, so würde sie doch niemals erwarten, daß Mahr daran dächte, und selbst wenn er auch unglaublicherweise daran dächte, so würde sie doch niemals auf die Vermutung kommen, daß dieser Veilchenstrauß für sie bestimmt sei.
»Warum eigentlich nicht?« erkundigte er sich, fuhr aber wie erschrocken fort: »Und wieso glücklicherweise?«
»Na«, sagte Christine, die auch gegen sich selber sehr schnöde sein konnte, »ich bin allmählich in dem Alter, wo man keinen Wert mehr darauf legt, Geburtstage zu sammeln. Was ich bisher davon beieinander habe, langt mir schon.«
»So!« sagte er. »Und ich bin zehn Jahre älter!«
»Und schon so gelehrt!« entgegnete sie. Er mußte lachen. »Finden Sie nicht«, fuhr Christine fort, »daß unsere Unterhaltung außergewöhnlich albern ist? Das kommt davon, wenn das sachliche Rückgrat fehlt. Nein,

also, es ist keine Post mehr gekommen. Warten Sie auf etwas Bestimmtes?«
»Eigentlich ja«, sagte er. »Aber mir ist heute nicht nach Sachlichkeit. Es regnet so schön. Man könnte doch einmal den Versuch machen, nicht immer zu fachsimpeln, was meinen Sie? Das Leben ist ohnehin trostlos genug. In letzter Zeit komme ich mir bisweilen wie ein Ochse vor, der das Joch vor der Stirn hat und sich mit all seiner Kraft und Ochsenhaftigkeit ins Zeug legt, aber der Wagen ist einfach zu schwer, man bringt ihn nicht von der Stelle. Ist das auch ein Dasein? Man sollte den ganzen Kram abschütteln und gelassen von dannen wandeln, gemütvoll brummend, quer durch die blumigen Wiesen, und ringsum läge die schönste Speisekarte ausgebreitet, wenn man ein wirklicher Ochse wäre. Aber man ist eben keiner, sondern bloß Universitätsprofessor.«
»Ihr Pech«, sagte Christine. »Ich wandle. Quer durch die Wiesen.«
»Wieso wandeln Sie?« fragte Mahr verwundert.
»Sie werden hoffentlich nicht vergessen haben, daß ich morgen in Urlaub gehe!«
»Im Ernst?«
»Natürlich haben Sie es vergessen, es war mir doch so!« sagte Christine mit einer kleinen Erbitterung. »Und wir haben das ausführlich besprochen! Aber diesmal laß ich mich nicht wieder kleinkriegen, nein. Wissen Sie, daß ich gut und gern fünf Jahre nicht daheim gewesen bin? Der Krieg und alles, nun, Ihnen brauche ich das nicht zu erzählen, ich möchte nur noch bemerken: wenn ich jetzt nicht bald ausspanne, gleich, sofort, dann können Sie mich in ein Sanatorium schaffen. Der Mensch hat wohl auch ein Anrecht auf ein privates Dasein, wenn ich mich so ausdrücken darf.«
Mahr betrachtete sie. Dann sagte er: »Ja, Sie sind entschieden nervös.«
»Oh!« sagte Christine. »Ich bin so nervös, daß ich jemandem ins Gesicht springen könnte, und daß ich es eben nicht kann, macht mich noch viel nervöser. Verstehen Sie das?«
»Ich hätte es bei Ihnen nicht vermutet.«
»Was ist mit dem Veilchenstrauß?«
»Komisch«, sagte Mahr, »was hat der Veilchenstrauß damit zu tun? Gut übrigens, daß Sie mich daran erinnern. Er gehört Ihnen.«
»Mir?«
»Dieser Herr Schneider hat ihn dagelassen. Für Sie.«
»Ach. Herr Schneider.«
»Behandeln Sie den Fall nur nicht ganz so nebensächlich. Er war ganz hingerissen.«
»Von sich!«

»Unter anderem. Aber von Ihnen schon auch.«
»Wie kommt er dazu!«
»Es wäre wohl sehr unhöflich«, sagte Mahr, »wenn ich jetzt antworten würde, daß ich es auch nicht weiß.«
Sie sah ihn an. »Diplomatisch? Von dieser Seite kenne ich Sie noch gar nicht.«
»Kennen Sie mich überhaupt, Fräulein Weiland?«
»Hoffentlich glauben Sie nicht, daß meine vorige Frage ein Fischen nach Komplimenten war!«
»Doch, das glaube ich«, antwortete er.
»Ich merke plötzlich, daß man vorsichtig sein muß.«
»Das ist immer so, wenn man das beruhigende Gebiet der Sachlichkeit mutwillig verläßt.«
»Wenn wir es getan haben, so sind Sie daran schuld.«
»Jawohl.«
»Was tun wir also jetzt?« fragte Christine.
»Was wir jetzt tun? Nun, wenn wir beide um zehn Jahre jünger wären, würde ich sagen: wir flirten.«
»Herr Professor Mahr, mit stehen die Haare zu Berge!«
»Ich kann das eigentlich nicht finden. Sie sind heute ausnehmend hübsch frisiert. Der Urlaub wirft seine Schatten voraus.«
»Daß Sie so etwas überhaupt bemerken?«
»Herr Schneider hat mich darauf hingewiesen«, antwortete Mahr mit einer geradezu aufregenden Gemütsruhe. »Das ist doch immer so: wenn man jemanden jahrelang täglich sieht – noch dazu nur beruflich –, bekommt man eine Art Scheuklappen, oder, falls das besser klingt, man gewöhnt sich daran, ihn durch die graue Brille des Alltags zu betrachten. Oder man betrachtet ihn überhaupt nicht.«
»Ihre Ehrlichkeit ist wohltuend!«
»Sie ist ein Geständnis. Ich sage einfach, was ich denke. Für Seelenzwiespälte habe ich zu viel zu tun, das müßten Sie doch wissen.«
»Finden Sie es für eine Frau besonders schmeichelhaft, wenn ihr ein Mann gesteht, daß er sie bisher überhaupt nicht beachtet hat?«
»Ich sagte ›betrachtet‹! Sie begehen damit eine recht ansehnliche Fälschung, aber mich werden Sie nicht aus dem Geleis bringen, nein.«
»Ich bin sehr dafür, daß wir allmählich wieder den Ton für Erwachsene anschlagen, meinen Sie nicht auch?«
»Gewöhnlich«, sagte er und blickte in den Frühlingsregen hinaus, »gewöhnlich ist man sich nicht ganz darüber klar, wie unendlich viel im Leben von den Frauen abhängt. An und für sich wäre das vielleicht nicht gar so schlimm, soweit es nämlich nur die Männer betrifft. Es ist

jedoch ein Fehler unserer Zeit — und ich glaube, im kaiserlichen Rom hatten sich die Dinge ähnlich entwickelt —, daß auch die Frauen selber sich nicht mehr darüber klar sind. Ich bin nicht verpflichtet zu wissen, woher das kommt, ich bin Chemiker, und mit Chemie hat es bestimmt nichts zu tun. Aber man macht sich doch seine Gedanken. Natürlich werden Sie jetzt sofort erwidern, daß es, vollends heute und bei uns, statistisch feststeht, daß nur jedes dritte Mädchen die Aussicht hat, einen Mann zu kriegen. Das ist wahr, ich kann nichts dafür, aber ich bin so haarsträubend unwissenschaftlich — in meinem Privatleben, bitte! —, daß ich es nicht recht glaube. Es liegt schon auch an euch.«

»Nur weiter!« sagte Christine.

»Leider ist mein Vortrag hier zu Ende, Fräulein Doktor Weiland. Ich muß Ihnen nämlich gestehen, daß ich nicht weiß, inwiefern es an euch liegt. Sonst würde ich ein Heiratsbüro aufmachen, das wäre bestimmt einträglicher. Aber ich weiß es eben nicht. Wissen Sie es vielleicht?«

»Jedenfalls hätte ich niemals, nein wirklich niemals geglaubt, daß Sie sich über solche Dinge Gedanken machen!«

»Sie wissen es also auch nicht. Übrigens, warum sollte ich mir keine Gedanken machen? Wenn ich nicht irre, waren Sie es, die vorhin das Recht auf ein privates Dasein proklamierte.«

»Das Leben ist so schwierig!« sagte Christine mit einem Seufzer. »Wenn man dümmer wäre, so wäre es entschieden viel weniger schwierig. Für einen unbeteiligten Zuhörer, denke ich, würde die Unterhaltung, die wir hier führen, gewiß sehr oberflächlich klingen. Aber mir kommt sie gar nicht so vor.«

Mahr lächelte. Es war das gute, freundliche Lächeln, das ihr immer wohltat. Er legte die Hände auf den Rücken, ging ein paarmal durch das Zimmer, blickte zum Fenster hinaus und blieb endlich vor einem kleinen Bild stehen, das neben dem Schreibtisch an der Wand hing. Es war ein japanischer Farbholzschnitt.

»Nein, dieser Regen!« sagte er. »Dieses kleine Regenlied! Und wie wunderbar es zu dämmern beginnt! Sehen Sie, wie das Grau vor dem Fenster allmählich blau wird? Hier auf dem Bild kann man das alles lesen (wenn man es lesen kann), denn diese drei senkrechten Zeichenzeilen, die ein Bewunderer des Meisters dazugeschrieben hat, sagen es. Es ist ein Gedicht und heißt:

Frühlingsregen!
Ein Mantel und ein Regenschirm
lustwandeln auf der Straße.«

»Weiter?«

»Aus! — Wenn Ihnen das nicht genügt, kann ich Ihnen nicht helfen.

Ich glaube, der Mann, der das geschrieben hat, war ein großer Dichter. Wir — wir brauchen eine Stunde und kommen nicht weiter, er braucht drei Zeilen und erreicht alles. Das ist der Unterschied zwischen einem Dichter und zwei Chemikern.«

Nach einer stillen Weile sagte Christine mit einer ganz eigentümlich verschleierten Stimme: »Ich gehe jetzt!«

»Haben Sie einen Schirm?«

»Ja. Aber keinen Mantel.« —

Sie ging, es war keine Möglichkeit, in die Straßenbahn hineinzukommen.

Eine halbe Stunde später saß sie in ihrem Zimmer.

Auch hier hatte sich das Grau des Fenstervierecks in Blau verwandelt, jetzt war es ganz tief, aber niemand sagte es.

Es hätte noch viel zu tun gegeben, da sie doch morgen um diese Zeit wegfahren wollte. Sie tat gar nichts, sondern blieb regungslos in ihrem Sessel.

Dies war wohl ein sehr sonderbarer Nachmittag gewesen.

Da lebt man jahrelang neben einem Menschen — und plötzlich stellt sich heraus, daß er sieht, wie aus dem Grau ein Blau wird, und daß er dieses japanische Gedicht kennt und das Regenlied hört und der Meinung ist, daß es schon auch an uns liegt.

Christine, ohne daß es ihr voll zum Bewußtsein kam, erlebte den Nachmittag in der seltsamsten Weise rückwärts, aber eigentlich war dies ein ziemlich trostloses Erlebnis. Nämlich — ach, nicht was Mahr betraf, im Gegenteil.

Im Gegenteil, und das war es gerade. Mahr — ja, der brachte es also fertig, japanische Gedichte zu wissen und den Regen zu lieben.

Wenn ein Mann vierzig Jahre alt ist, dann ist er wesentlich jünger als eine Frau mit dreißig und kann sich's leisten, in seinem privaten Dasein — o Gott, hätt ich nur davon nichts gesagt! — in seinem privaten Dasein auf diese Halbtöne zu horchen, die so weich zwischen den harten Dingen des Lebens stehen. Und dann muß irgendein Herr Schneider auftauchen — nein, es ist einfach zum Weinen.

Aber Christine weinte nicht, dazu hatte sie einen viel zu heftigen Stoß bekommen, sondern sie heulte, ganz ohne Hemmung und Haltung, und das war in diesem Augenblick wohl so ziemlich alles, was sie von dem Recht auf ein privates Dasein übrigbehalten hatte — kein sehr befriedigendes Ergebnis.

Natürlich: die Zeit, die Umstände, die ganze Verfahrenheit und überhaupt.

Worüber sie jedoch am allerwenigsten hinwegkam, war dies, daß sie, als das Wasser noch nicht kochte, sich eingebildet hatte, ihn ein wenig durcheinanderzubringen, als aber der Tee fertig war, da war auch sie fertig, ganz unversehens und plötzlich zugedeckt, mit Halbtönen, mit drei japanischen Zeilen, mit einem Regenschirm, ja, mit einem Regenschirm aus einer anderen Welt, wo sie ihn nie vermutet hätte; nämlich den Professor; aber auch den Regenschirm. Daran hatte sie nun zu schlucken. Ach, wie lag er quer, sie brachte und brachte ihn nicht hinunter.

Als Christine Weiland am nächsten Morgen von daheim fortging, hatte sie die schlimmste Nacht ihres Lebens hinter sich, und das wollte etwas heißen nach den schlimmen Nächten, die man während der vergangenen Jahre erlebt hatte.

Aber jetzt war die Nacht vorbei, jetzt wartete die Arbeit, auch der Regen war vorbei, und darüber mußte man sich wohl freuen, besonders bei dem Gedanken, daß heute abend der Urlaub beginnen sollte.

Nicht gerade frisch, aber mit der ruhigen Freundlichkeit, die man so an ihr schätzte, betrat sie das Labor und fand die ganze Gesellschaft beieinanderstehen und verzückt zur neugetünchten Decke hinaufblikken: nein, es hatte nicht mehr hereingeregnet!

Alle fühlten sich berechtigt, darauf stolz zu sein, denn sie hatten ja alle mitgeholfen. Der Hauptanteil an dieser Genugtuung aber fiel Fräulein Weiland zu, denn sie war es gewesen, welche diese Unmenge von Dachziegeln hergebracht hatte – ohne übrigens zu verraten wie –, aber gerade dieser Umstand trug sehr zu ihrem Ansehen bei.

Christine war heute ein wenig später gekommen als gewöhnlich, deshalb lag schon die Post auf ihrem Schreibtisch, es war nur ein einziger Brief, an sie persönlich adressiert, aber er war groß und von einem feierlichen Äußeren. Absender: Der Minister für Unterricht und Kultus. Dies kam ihr nun gar nicht geheuer vor, sie besah den Brief voll Mißtrauen.

Von jeher hatte sie eine Abneigung gegen amtliche Schriftstücke, denn etwas Angenehmes stand ja niemals darin, meist begannen sie mit einer drohenden und störrischen Wendung wie ›Es besteht Veranlassung darauf hinzuweisen‹, und dann kam stets etwas, worüber man sich ärgern mußte, was einem den Tag und den Spaß an der Arbeit verdarb. Der Mann, der die zuständigen Stellen erfunden hatte, war kein Menschenfreund und sicher magenleidend gewesen. Und schließlich hatte Fräulein Christine Weiland einigen besonderen Anlaß, ihm abgeneigt zu sein. Die Abhandlung, in welcher Professor Mahr dargelegt und nachgewiesen hatte, daß und warum sein Institut einen Dachstuhl und ein Dach brauche, ruhte noch immer unerledigt und mit der Aufschrift ›Eilt sehr‹ bei der zuständigen Stelle; nun, es kam nicht darauf an, denn das, worauf es wirklich ankam, nämlich das Dach, war mittlerweile in der unzuständigsten Weise zustandegekommen — aber jetzt mußte man wohl auf stirnrunzelnde Rückfragen gefaßt sein, denn es war immerhin möglich, daß das neue, leuchtend rote und fünfhundert Quadratmeter große Dach amtlicherseits bemerkt worden war, zumal sich das Kultusministerium gerade jenseits der Anlagen befand.

Deshalb also betrachtete Christine den amtlichen Brief und fand nicht gleich den Mut, ihn zu öffnen, obwohl sie sich hätte sagen sollen, daß eine solche Rückfrage vermutlich an das Institut und nicht an sie persönlich gerichtet werden würde. Aber das schlechte Gewissen!

Zunächst setzte sie sich. Dann warf sie einen Seitenblick auf ihren dreiteiligen Ofenschirm, ob er sie auch wirklich vor einer gegebenenfalls schadenfrohen Mitwelt verberge. Und dann schnitt sie das Schreiben also doch auf.

Schon mit dem ersten Blick erkannte sie, daß keine Veranlassung bestand und daß auf nichts hingewiesen wurde.

Dann machte sie eine hastige Bewegung, als wolle sie sich den Mund zuhalten, zugleich aber entfuhr ihr ein kleiner Schrei, ach, ein winziger, der gewiß nicht über den Ofenschirm hinausdrang, und dann ließ sie das Blatt sinken, lehnte sich zurück und schloß für ein paar Sekunden die Augen.

Inzwischen öffnete Professor Mahr seine Tür. Er tat es ganz leise und auch nur ein wenig und blickte durch den Spalt. »Fräulein Weiland —«, sagte er äußerst rücksichtsvoll.

Christine erhob sich sofort und ging hinein, ihren Brief nahm sie mit.

»Was ist mit Ihnen? Sie kommen mir nicht ganz so munter vor wie sonst?«

»Nein, nicht ganz, das kann sein, wenigstens für den Augenblick. — Deshalb also fragten Sie gestern so angelegentlich nach der Post!«

»Weshalb?«

»Sie wissen es doch!« sagte Christine und hielt ihm den Brief hin.

Er nahm ihn aber nicht, sondern sagte nur: »Ach, vom Kultusministerium, was wollen die denn?«

»Das ahnen Sie natürlich nicht?«

Nun hatte er aber doch nicht mehr den Mut, so gelassen weiterzuheucheln, sondern blickte Christine mit seinem guten Lächeln an und rettete sich in die Frage: »Es scheint ausnahmsweise nichts Unangenehmes zu sein?«

»Nein, nicht gerade unangenehm, und weil Sie so ahnungslos sind, Herr Professor Mahr, muß ich's Ihnen doch erzählen: Die Regierung hat mir den großen Staatspreis zuerkannt.«
»Ach!«
»Man merkt Ihnen die grenzenlose Überraschung an!«
»Ich weiß nicht —«
»Selbstverständlich wissen Sie nicht«, sagte Christine dicht vor ihm. »Selbstverständlich sind Sie an der Sache unbeteiligt. Der Minister, der ja gar nichts anderes zu tun hat, ist ganz von selber auf den Gedanken gekommen, meine beiden Arbeiten über den molekularen Bau der Funktionine gründlich zu studieren und sich — da er Altphilolog ist — ein fachmännisches Urteil darüber zu bilden.«
»Nun, wem Gott ein Amt gibt — woher nähme man sonst die Kultusminister?«
»Und nachdem er sie gründlich studiert hatte, stand es bei ihm fest — — Sie heucheln aber schon wieder, Herr Professor Mahr!«
»Das stand bei ihm fest, meinen Sie?«
Christine mußte sich wirklich sehr beherrschen.
Aber plötzlich streckte er ihr die Hände hin: »Ich freu mich ja so! Wahrhaftig, ich kann mich an nichts erinnern, was mich je so gefreut hat! Und meine Glückwünsche! Aber Sie? Kein Grund blaß zu sein, sollte ich denken! Werden Sie sich nun endlich habilitieren?«
»Ich weiß nicht«, antwortete Christine. »Mir hat es gestern schwer durchs Dach geregnet.«
»Unsinn!«
»Hm. Ja. Man hat so seine Gedanken. Aber lassen wir das, es hängt mit dem Recht auf ein privates Dasein zusammen. Ich bin ein bißchen durcheinander, das muß ich schon sagen.«
»Wir werden darüber nachdenken — über die Habilitation.«
»Ich wüßte nichts, was mir im Augenblick gleichgültiger wäre.«
»Und vor allen Dingen wollen wir uns freuen, nicht?«
Mahr öffnete unversehens die Tür zum Labor, schob Christine schnell hinaus, ehe sie sich wehren konnte.
»Nein, bitte —!«
»Oh, jawohl! Hallo, meine Damen und Herren! — Ich habe Ihnen eine Mitteilung zu machen —«
Fräulein Dr. Weiland konnte sich des Begeisterungsgetöses und der Händeschüttler kaum erwehren und kam vor lauter plötzlichem Überwältigtsein und Verlegenheit aus einem nervösen Lachen nicht heraus.
Besonders die Herren wurden beinahe gewalttätig, und unter diesen wiederum waren es die beiden Unzertrennlichen, denen sie die Namen

Plisch und Plum gegeben hatte unter Hinweis auf die Verse: Wozu, waren seine Worte, wozu nützt mir diese Sorte? – diese beiden Unzertrennlichen also waren es, welche sie durchaus auf den Schultern herumtragen wollten, zwei Schlagetote mit viel zu kurzen Ärmeln beziehungsweise viel zu langen Armen, die in wahre Kaffeebretter von Händen endeten. Der Professor jedoch meinte, daß man Fräulein Weiland sehr dringend noch auf Erden brauche und deshalb ihre Himmelfahrt so lange wie möglich verhindern müsse.
»Wenn Sie aber«, sagte Christine zu Plisch und Plum und half dadurch die Gedanken wieder ins Alltägliche zurückzulenken, »wenn Sie aber wahrhaftig ein so unwiderstehliches Bedürfnis haben, sich auszuarbeiten, dann möchte ich mir wünschen, daß Sie heute gegen Abend meinen großen Koffer zur Bahn bringen!«
Dies sei überhaupt das einzige Ziel ihres Lebens, erklärten Plisch und Plum, wobei sie sich gegenseitig in die Rippen pufften, und sie taumelten vor Entzücken, als Christine hinzufügte, daß es vorher richtigen Tee geben werde.
Nach alledem wurde es wieder still.
Christine saß hinter ihrem Ofenschirm und empfand die Ruhe als große Wohltat. Vielleicht durfte man jetzt endlich einmal darüber nachdenken, was diese Verleihung des Staatspreises bedeutete, für sie bedeuten konnte, ganz abgesehen davon, daß ja auch das Geld nicht völlig zu verachten war.
Aber es wollte ihr nicht recht glücken, die erwünschte Klarheit zu finden – und überhaupt war es doch viel schöner, sich erst einmal vom bloßen Bewußtsein der Tatsache, vom Gefühl dahintreiben zu lassen, mitnehmen zu lassen wie in einem Blumenboot, die Aussicht wechselte, jetzt erschien sie deutlich, dann wieder verschwommen, über allem aber strahlte die Sonne und man durfte glücklich sein; einigermaßen glücklich; verhältnismäßig glücklich.
Es dauerte aber nicht lange und der Professor steckte den Kopf wieder heraus, ahnte das Blumenboot und wollte sich so leise wieder zurückziehen, wie dies Männern eben zu gelingen pflegt.
Aber sie hatte ihn schon gehört und stand auf, das Blumenboot schwamm still davon, sie warf ihm keinen Blick nach, sondern begab sich auf das nüchterne Ufer der Gegenwart.
»Bleiben Sie doch nur!« sagte Mahr. »Ich wollte ja gar nichts.« Er kam vollends heraus und setzte sich auf die Kante ihres Tisches. »Ich bin so froh, wahrhaftig, ich kann Ihnen nicht sagen, wie froh ich bin. Mein Gemüt ist einfach eine sonnige Landschaft mit blühenden Getreidefeldern. Wenn allenfalls ein kleiner, ein ganz geringer Wolken-

schatten darüber hinstreift, so ist es der Gedanke, daß Sie offenbar Ernst machen wollen mit Ihrem Urlaub?«
»Durchaus!« antwortete Christine. »Und ich denke, daß ich ihn verdient habe!«
»Wer zweifelt daran! Jetzt vollends! Ich soll also allein bleiben.«
»Ja.«
»Und das sagen Sie ohne alle seelischen Kräuselungen? Das Meer Ihres Innenlebens bleibt dabei spiegelblank?«
»Seit wann interessieren Sie sich für diese Art Binnenschiffahrt?« fragte Christine mit einer plötzlich wieder aufsteigenden kleinen Bitterkeit. »Das Dasein ist so kurz und wird täglich um volle vierundzwanzig Stunden kürzer, man sollte sich also nicht mit derlei Kreuzfahrten aufhalten.«
»Ja«, sagte Mahr, die Zigarettendose in der Hand, »wenn man sich dermaßen an einen Fahrplan gebunden fühlt wie Sie — eine nicht unwesentliche Station, dächte ich, haben Sie heute erreicht.«
»Wenn Sie rauchen wollen, müssen Sie in Ihr Zimmer gehen.«
»Gut, tun wir das.« Und drinnen, während er mit einer gewissen Heftigkeit zu rauchen begann: »Ich möchte nämlich noch eine Minute mit Ihnen sprechen, Fräulein Weiland. Ich möchte Ihnen sagen, wie sehr ich mich freue — nebenbei auch über den Staatspreis.«
»Nebenbei?« sagte Christine unsicher.
»Ja, nebenbei und nicht einmal ohne gewisse Bedenken. In der Hauptsache aber freue ich mich, daß Sie heute entschieden weniger gut aussehen, als sonst. Dies scheint mir nämlich darauf hinzudeuten, daß Sie schlecht geschlafen haben. Und daß Sie schlecht geschlafen haben, beweist mir, daß Ihnen einiges durch den Kopf gegangen ist. Wenn ich nun den Versuch mache, zu analysieren, *was* Ihnen durch den Kopf gegangen ist —«
»Entschuldigen Sie!« sagte Christine steil. »Wenn ich nicht irre, handelt es sich dabei wohl ausschließlich um *meinen* Kopf!«
»Das macht nichts, im Gegenteil, denn —«
»Im Gegenteil, jawohl, das macht sehr viel. Jeder kehre in seinem eigenen Kopf!«
»Sehen Sie, sehen Sie!« sagte Mahr. »Das ist es! Sie können so unendlich spröde sein, und ich gebe zu, daß ein gewisser Reiz darin liegt. Vergessen Sie aber nicht, daß einmal der Punkt erreicht wird, wo die Sprödigkeit jene Beimischung von Elastizität verliert, die alles wieder ins Gleichgewicht bringt. Ein stählernes Wesen ist interessant, ein gußeisernes nicht. Hoffentlich glauben Sie nicht, daß ich Ihnen damit Grobheiten sagen will?«

»Daß Sie es wollen, glaube ich nicht, aber Sie tun es. Was ist eigentlich seit gestern mit Ihnen?«
»Mit mir? Nichts. Mit Ihnen?«
Christine preßte die Lippen zusammen, sie wußte warum.
Ganz unvermutet sagte Mahr: »An dem silbernen Geplätscher dieses Herrn Schneider ist mir nämlich klar geworden, daß ich Sie wahrscheinlich viel besser kenne, als ich bisher dachte. Es bedarf manchmal eines so munteren Fischchens, um uns darauf aufmerksam zu machen, daß ein Wasser in der Nähe ist. Es muß manchmal einer durch die Wiese daherkommen und mit seinen Schritten das Grillenkonzert verstummen machen, damit wir innewerden, daß es ein solches Konzert überhaupt gibt. Nichts läßt undankbarer werden als die Gewöhnung.«
»Richtig, richtig«, sagte Christine.
»Sie glauben aber gar nicht, wie schön ein solches Konzert ist. Man muß freilich darauf achtgeben. Man muß vor allem begreifen, daß da nicht bloß auf —— oh, glauben Sie mir, Christine, das Leben spielt nicht nur auf den weißen Tasten, nein, die Hälfte des Lebensliedes liegt auf den schwarzen, mindestens die Hälfte, und bestimmt die wichtigere!«
»Gestern war es das Regenlied, heute ist es das Lebenslied und das Grillenkonzert«, sagte Christine. »Man könnte denken, Sie möchten mir den Urlaub verderben.«
Mahr blieb eine Weile stumm.
Dann erwiderte er, still vor sich hin: »Ich wollte ja nur, daß Sie es wieder hören lernen, weiter nichts. Aber das reimt sich freilich nicht auf den großen Staatspreis. Entschuldigen Sie. Wir Männer sind manchmal so taktlos. Da Sie mich aber gerade daran erinnern: Haben Sie wegen Ihrer Vertretung mit Fräulein Bergmüller gesprochen?«

Am Spätnachmittag also, wie verabredet, traten Plisch und Plum bei Fräulein Dr. Weiland an, und zwar mit Getöse. Dank der Baustiege nämlich konnten sie das Leiterwägelchen, das sie klugerweise mitgebracht hatten, gleich bis zu Christine in den dritten Stock hinauf ziehen und schieben, und diese Gelegenheit ließen sie sich selbstverständlich nicht entgehen.
»Aber, meine Herren!« sagte Christine.
»Ja, wenn wir das Ding unten lassen, wird es doch sofort geklaut«, antwortete Plisch, und Plum sagte: »Klar, Mensch!« und zog aus der rückwärtigen Hosentasche einen großen Aluminiumkamm, mit dem er durch seine Mähne fuhr.

Christine, das sahen sie, hatte aus ihrem Zimmer gemacht, was möglich war. Um ein Korbtischchen standen drei Stühle, soviel Platz gab es hier. Was aber auf dem Tisch stand, war doch noch viel überwältigender, und Plum ließ sich von dem Anblick fesseln, während Plisch immerhin so tat, als sei dies nichts gar so Ungewöhnliches und als ob ihm die Bilder an der Wand zunächst beträchtlicher vorkämen.
»Die Sache ist die«, erklärte Christine, »daß die paar Brote, die ich auf die Reise mitnehme, bereits fertig und eingepackt sind. Der Rest, den Sie hier sehen, würde nur verderben, also ist es wohl besser, Sie essen ihn, wenn's Ihnen nichts ausmacht.«
Nein, es würde ihnen wohl nichts ausmachen, sagten die Herren, indem sie ihre Gliedmaßen auf den Stühlen unterbrachten und dabei mit den Knien fast das Korbtischchen umstießen. Übrigens würden sie ihr unter allen Umständen gefällig sein, selbst wenn es ihnen etwas ausmachen sollte. Und dann fingen sie an.
»Friß nicht so!« sagte Plisch und blickte kauend umher. »Pfundig ist das hier. Wie im Film. Schlafen Sie ganz allein in dem Bett, Fräulein Doktor?«
»Wieso?« fragte Christine.
»Oh, bei uns ist das nämlich viel spannender. Wir beide haben auch bloß ein Bett, aber es ist so schmal, zusammen gehen wir nicht hinein. Einer darf drin schlafen, der andere legt sich auf den Teppich, der früher mal dagewesen sein soll. Es wird aber natürlich abgewechselt.«
»Finden Sie das so spannend?«
»Klar!« antwortete Plum. »An geraden Tagen darf er, an ungeraden ich, denn so haben wir's ausgelost. Wenn aber der Monat einunddreißig Tage hat, komme ich zweimal hintereinander dran. Fein, was?«
»Wenn ich erst mal verheiratet bin«, sagte Plisch sentimental, — »das ist tatsächlich echter Tee, prima! Wenn ich verheiratet bin, darf meine Frau immer im Bett schlafen, das hab ich mir fest vorgenommen.«
»Ich hoffe doch, daß Sie dann zwei Betten besitzen«, sagte Christine.
»Glauben Sie? Na ja. Bis dahin vielleicht. Frauen haben manchmal etwas ergreifend Zartes, tatsächlich. Ich könnte sie einfach nicht so auf dem Fußboden herumliegen lassen, nein.«
Christine fragte den anderen: »Und was würden Sie tun?«
»Ich?« Plum dachte nach, das Problem schien ihm neu zu sein. »Ich heirate überhaupt nur in eine komplette Wohnung, Witwe mit Kind nicht ausgeschlossen.«
»Übler Materialist!« sagte Plisch. »Aber so ist er. Auf dich wird eine warten, die eine komplette Wohnung hat! — Daß aber Sie noch nicht geheiratet haben, Fräulein Doktor?«

»Sie sehen ja«, antwortete Christine, »auch ich habe keine komplette Wohnung.«
»Daran kann es in diesem Fall unmöglich liegen«, stellte Plisch kopfschüttelnd fest. »Was ist – teilen wir uns das letzte noch oder knobeln wir? Nein, wir teilen, denn beim Knobeln gewinnt ja doch bloß er. Ja, also, daran kann es in diesem Falle unmöglich liegen, behaupte ich. Bei Ihnen, glaube ich, würde sogar er über das Fehlen eines zweiten –«
»An den ungeraden Tagen schon«, sagte Plum.
»Denn«, fuhr Plisch mit einem Seitenblick voll Mißbilligung fort, »Sie sind einfach unser Ideal.«
»Wegen der vielen Brote«, meinte Christine erkenntnisvoll.
»Nicht nur, sondern überhaupt.«
»So. Und was darf ich unter ›wir‹ verstehen? Entschuldigen Sie meine Neugier, aber es interessiert einen doch.«
»Alles Männliche, was im Labor herumläuft.«
»Ihre Mitteilungen haben etwas Beruhigendes für mich«, sagte Christine. »Finden Sie aber nicht, daß der Altersunterschied –«
»Oh, auch das macht in diesem Falle nichts aus. Übrigens sind Ideale ja stets unerreichbar.«
»Allerdings, in *der* Beziehung werden Sie mich schwer einholen können.«
»Dafür sind Sie um so gescheiter.«
»Und eleganter!« fügte Plum hinzu. »Das ist ja das Spannende, diese Verbindung von Kenntnissen und – und – halt auch. Wenn ich dagegen an unsere Rösser denke, die da im Labor herumtrampeln und nichts, aber alles besser wissen –«
»Sollte man da vielleicht nicht doch etwas nachsichtiger urteilen!« schlug Christine vor. »Denken Sie nur, wenn wir – oder ich will gar nicht von mir sprechen, sondern allein von Professor Mahr – wenn also Professor Mahr denselben Maßstab anlegen wollte, den Sie benützen!«
»Wissen Sie so genau, daß er das nicht tut?« erkundigte sich Plisch, und Plum grinste und nickte.
»Ach –«, sagte Christine, indem sie aufstand, »fast hätte ich ja vergessen –« Sie holte ihre Handtasche von der Kommode und fischte daraus eine hölzerne Zigarettendose. »Jeder von Ihnen kriegt eine – aber dann müssen Sie zum Bahnhof, in einer Stunde fährt mein Zug.«
»Schon lange nicht mehr so feudal gelebt!« paffte Plum. »Aber es wird wohl ein ewiges Rätsel bleiben, weshalb jede Zigarette grundsätzlich und endgültig verdorben ist, sobald sie sich einmal in einer Damenhandtasche aufgehalten hat. Polaritäten oder was weiß ich, jedenfalls scheint es nicht im Sinne der Weltordnung zu sein.«

Ein paar Minuten später also rumpelten sie mit dem Wägelchen und dem Koffer die Baustiege hinab.
Christine folgte ihnen bald.
Die Sonne stand schon sehr tief, die Amseln sangen wieder zwischen den Baumstümpfen der Anlagen, am Himmel blitzten die Mauersegler. Erfaßte man nur dies und schloß dann die Augen, so konnte es scheinen, als ob das Leben voll unbekümmerter Hoffnung sei. Man konnte aber die Augen nicht immer schließen.
An der Sperre gab ihr Plisch den Gepäckschein. Plum, mit einer Bahnsteigkarte, saß im Zug und hatte unerschütterlich einen Platz für sie verteidigt.
»Ich danke Ihnen!« sagte Christine. »Leben Sie wohl, auf Wiedersehen!«
Nun fuhr sie doch in Urlaub – und war ganz unerwartet traurig und bang und voll Unruhe.
Neben den Geleisen brannten schon die Signallichter.
Es wurde Abend.
Der Zug blieb dunkel.

Aber auch diese Nacht ging vorüber, und am Ende der drangvollen Fahrt tat sich ein ganz herrlicher Sommermorgen auf.
Der Bahnhof lag außerhalb der alten Stadt, und als Christine das Zügle verließ, war nichts vor ihr und um sie als ein leichter goldener Dunst, eine leuchtende Frische, in der man befreit atmete, darin die sanften Umrisse der Bäume, deren Wipfel eben im Sonnenlicht deutlicher zu werden begannen, Grau hinter Gold.
Sie sah zu, wie die Leute sich durch die Sperre hinausdrängten, folgte als letzte und genoß diesen Morgen, an dem es nicht eilte und auf eine Viertelstunde nicht ankam.
In dem kleinen Bahnhof hatte sich nichts verändert und hinter dem breiten Schalter der Gepäckausgabe amtete noch Herr Mesle mit seiner Dienstmütze und der grünen Schürze. Er wollte gerade das Fenster herablassen, als Christine hinzutrat und ihm ihren Gepäckschein hinhielt. Herr Mesle hatte einen buschigen Schnauzbart und ein Kinn, das Christine nicht anders kannte als voll grauer Stoppeln; zweifellos rasierte sich Herr Mesle mitunter, denn sonst hätte er ja schon seit vielen Jahren einen Vollbart haben müssen, aber Christine war niemals so vom Glück begünstigt gewesen, dieses Kinn in frisch rasiertem Zustand zu erblicken, und das war eigentlich merkwürdig.
Herr Mesle also prüfte den Gepäckschein. Als aber Christine sagte:

»Guten Morgen, Herr Mesle!«, unterbrach er dieses Studium und betrachtete über den Rand seiner Stahlbrille hinweg die fremde Dame mit ziemlicher Verwunderung. »Ich bin doch Weilands Christel!« sagte sie. »Und vorgestern hat mich Ihre Käthe besucht. Ich habe ja gar nicht gewußt, daß sie verheiratet ist«

»Ja — —«, sagte Herr Mesle, und es war ein außergewöhnlich langes Ja, in dem die verschiedensten Abstufungen des Erstaunens, aber auch eine gewisse Rührung unübertrefflich zum Ausdruck kamen. An der Schürze wischte er die Hand ab und gab sie ihr, wobei er bemerkte, daß er sich sehr freue, sie wiederzusehen, und mit Käthe sei alles in Ordnung.

Weil danach eine kleine Stockung im Gespräch einzutreten drohte, blickte Christine auf ihre Armbanduhr, lachte aber gleich und sagte: »Sie steht nämlich schon seit ein paar Jahren, ich habe sie mitgenommen, weil ich dachte, der Uhrmacher Balthes könnte ihr vielleicht wieder so auf die Beine helfen, daß sie geht — er lebt doch noch, der Herr Balthes?«

»Ja, warum soll er nicht leben?«, fragte Herr Mesle.

»Natürlich!« antwortete sie. »Warum nicht!«

Dann versprach ihr der gute Mann, dafür zu sorgen, daß ihr der Koffer noch im Laufe des Vormittags nach Hause gebracht werde, und sie verabschiedete sich.

Natürlich! dachte Christine mit einem inneren Kopfschütteln, als sie den Bahnhof verließ. Warum soll der Uhrmacher Balthes nicht mehr leben! Kein Grund, das Gegenteil zu vermuten — hier wenigstens.

Während sie nun zur Stadt ging, kam ihr alles noch viel ungewohnter vor, als sie gedacht hatte: eigentümlich sauber, menschenleer, aufgeräumt und irgendwie verschlossen. Zäune, Gartentüren, Häuser sahen so selbstbewußt aus, als könne ihnen gar nichts zustoßen; sie verzichteten darauf, daß man sie beachte, sie wünschten das nicht und schienen zu sagen: Kümmere dich nicht um Dinge, die dich nichts angehen!

Freilich war dies noch nicht die eigentliche alte Stadt, sondern erst der grüne Gürtel, der sich um sie gelegt hatte, Landhäuser und lauter Gärten mit Salatbeeten und rotblühenden Bohnen, und über alles hob sich der Wasserturm in die Sonne.

Nun aber stiegen doch auch die Kirchen deutlicher aus dem goldenen Dunst, in dem es farbiger zu werden begann, und bald konnte man die Häuser unterscheiden, die noch immer so eng zusammengedrängt dastanden wie zu jenen Zeiten, da sie von der alten Stadtmauer eingeschlossen worden waren. Die Stadtmauer gab es schon lange nicht mehr, aber es war, als ob die Häuser sich trotzdem nicht hätten entschließen können, ein wenig freier auseinanderzurücken. Sie gehörten nun einmal zusammen, für zuviel frische Luft waren sie nicht zu haben. So wie jetzt lebten sie schon ein paar hundert Jahre, es hatte sich bewährt.

Wo Christine stehen geblieben war, gab es doch etwas Neues, nämlich eine Bank, und die drei ehrwürdigen Linden dahinter schienen zur öffentlichen Anlage ernannt worden zu sein. Es ließ sich nicht leugnen, daß der Blick von hier aus besonders hübsch war, zumal um diese Zeit der frischen Frühe, da aus den alten Schornsteinen, die selber fast wie Häuschen ausschauten, der Rauch vergnügt in die Luft stieg und die Turmdächer grün aufleuchteten und den heitersten Tag versprachen.

Christine verspürte Lust, sich in die freundlich wärmende Morgensonne zu setzen und dabei mit dem Längstvertrauten aufs neue bekannt zu werden — zugleich aber sagte sie sich, daß dieser Wunsch doch nur eine kindliche kleine Ausflucht sei, hinter der ein bißchen Unbehagen, Unsicherheit steckte: man wußte nicht recht, ob das Wiedersehen ganz so werden würde, wie man es sich vorgestellt hatte.

Sie nahm sich zusammen und ging weiter.

Hier also war das Stadttor, über dem der schöne Turm in den Himmel wuchs und dahinter öffnete sich nun die sehr breite, sehr kopfsteingepflasterte Straße, die mit ihren beiden bunten Giebelreihen den Hauptteil der Stadt bildete, ja früher einmal die ganze Stadt gewesen war; am anderen Ende wurde sie durch einen zweiten Torturm abgeschlossen.

Das alles aber war nicht von ungefähr so gewachsen. Denn dort erhob sich, hinter den Häusern, das alte Schloß auf seinem Hügel, mit einem weit ins Land blickenden Zwiebelturm, und man konnte sich ohne Mühe vergegenwärtigen, wie neben ihm erst ein paar Häuser, dann ein Markt und schließlich eine Stadt geworden sein mochten. Aber auch das Schloß stand ja nicht zufällig da, sondern es war geschaffen, um die Brücke über den Strom zu bewachen, der eine Viertelstunde jenseits des Hügels und wesentlich tiefer durch die Auen floß, die noch heute sumpfig waren.

Dies alles, Schloß, Türme, Tore, Altstadt, so lebendig es aussah, schien ein wenig seinen Sinn verloren zu haben. Das Grafengeschlecht gab es nur noch auf Grabsteinen, im Schloß waren das Amtsgericht und das Finanzamt und ein paar andere Ämter eingezogen, deren Dasein aller Vermutung nach weniger gemütlich war als früher das der Grafen. Aber die Brücke, der Strom, der Himmel darüber und die strahlende Sonne hatten ihre Geltung behalten

Ich kann hier doch nicht anfangen, Heimatkunde zu treiben! dachte

Christine mißbilligend. Ich bin wahrhaftig eine schlechte Tochter, daß es mir so wenig eilt, nach Hause zu kommen; meine Mutter schaut alle Minuten aus dem Fenster, fürchtet, daß ich den Zug versäumt habe, und seufzt herzzerbrechend!

Sie ging durch das Tor und die Hauptstraße entlang – und geriet schon wieder in jene gedankenvolle Unentschlossenheit, die ihr sonst fremd war. Da standen nun also die Renaissance- und Barockgiebel, wie aus Lebkuchen zusammengebacken, nur hier und da rückten sie gleichsam widerwillig einen Schritt auseinander, damit zwischen ihnen ein Gäßchen in eine wunderliche kleine Winkelei hineinschlüpfen konnte. Groß waren die Häuser gewiß nicht, sondern meist engbrüstig, aber sie hatten doch etwas Behäbiges und Freundliches mit den alten, blankgewetzten steinernen Einfassungen um die Haustüren und den oft noch gewölbten Fensterscheiben – trotzdem gab es auch bei ihnen etwas, das verschlossen wirkte. Was wollen Sie denn? hörte Christine eine sehr bekannte Stimme fragen die jetzt freilich weit entfernt war. Was wollen Sie denn, dies ist das Recht auf ein privates Dasein das doch gerade Sie so nachdrücklich fordern – oh, es wundert mich nicht mehr, denn jetzt weiß ich, woher Sie das haben!

Schon gut, erwiderte Christine ziemlich kampfbereit, Sie dürfen aber auch nicht nur nach dem äußeren Verhalten und Anschein urteilen! Sie wissen wohl nicht, wic hübsch, ja wie geradezu überraschend schön und tief diese Häuser sein können, und daß beinahe jedes von ihnen einen Garten hinter sich verbirgt, von dem der Fremde nichts ahnt; man sollte eben nicht nur vorübergehen wenn es auch nur ein altes Haus ist, sondern den Mut haben, anzuklopfen. Auch das Haus meiner Eltern, Verehrtester, hat einen solchen Garten, der früher ein Teil des Stadtgrabens war. Sehen Sie, dort ist das Haus, und –

Anna Weiland, Christinens Mutter, beugte sich wieder einmal aus dem Fenster, um recht weit die Straße entlang blicken zu können, und jetzt entdeckte sie ihre Tochter.

Christine winkte und vergaß alles.

Nun war es aber doch nicht so, daß Mutter und Tochter sich während dieser Jahre überhaupt nie gesehen hatten. Allerdings, wenn Christine heimfahren wollte, war immer etwas dazwischen gekommen – wieviel hatte es gegeben, was dazwischen kam, und stets war es etwas noch Übleres. Aber dafür hatte Anna Weiland doch ein paarmal Gelegenheit gefunden ihre Tochter aufzusuchen und ihr dies und das mitzubringen, wie Mütter eben tun.

Trotzdem wurden jetzt natürlich mehrere Tränen vergossen, besonders von Anna, indessen suchte sich der Fluß der Rührung doch alsbald seinen Lauf in einer mehr unsichtbaren Tiefe des Gemüts, während sich auf der wieder beruhigten Oberfläche Wärme und Heiterkeit ausbreiteten.

Christine tat ein übriges, indem sie möglichst trocken bemerkte, für den Augenblick habe sie nur zwei Wünsche: sich gründlich zu waschen und dann womöglich noch gründlicher zu frühstücken

Die Weilands wohnten seit vielen Jahren im zweiten Stock dieses alten Hauses, dessen Giebel mit mehreren barock geschwungenen Absätzen sich recht stattlich ausnahm. Über der Wohnung hatte der Giebel noch ein Fenster, aber das gehörte zum Speicher, der einmal Heuboden gewesen war. Nach rückwärts jedoch, in den Garten hinaus, war seinerzeit für die heranwachsende Tochter eine Dachstube ausgebaut worden, und dort hinauf gingen die beiden jetzt.

»Daß ihr sie habt behalten dürfen!« wunderte sich Christine.

»Nein«, sagte Anna, »so ging das natürlich nicht. Aber für die paar Wochen, die du hier bist, ist unser Zwangsmieter anderswo untergekommen, er bot es uns selber an.«

»Nicht zu glauben!« sagte Christine. »Gibt es so etwas heutzutage überhaupt noch?«

»Ja, wir vertragen uns gut miteinander und er ist ein sehr solider Mensch«, antwortete die Mutter, »und dann war es ja auch Ehrensache – für eine so berühmte Persönlichkeit!«

Anna Weiland lächelte, man sah, wie ihr das Herz übergehen wollte.

»Ha –?« fragte aber Christine. »Für – – ach, verdammt!« Sie erschrak über diese labormäßige Entgleisung, die ihr einen fast entsetzten Blick eintrug. »Wer – ich meine – wieso –?«

»Gestern abend kam es doch im Rundfunk!« sagte die Mutter, unbeschreiblich stolz. »Ganz genau: Doktor Christine Weiland. Das hättest du miterleben müssen, wir ahnten doch nichts, es war einfach überwältigend, wie er den Kopf hob und mich ansah, und dann ging er noch in den Stern, obwohl gar nicht Mittwoch war – na! Und daß du gerade jetzt kommst, das ist doch schön.«

»Ja«, sagte Christine und kämpfte mit dunklen Ahnungen, »ja ja ... nun, darüber sprechen wir noch, und ich erzähle euch alles.«

»Das mußt du freilich tun, Tante Lisbeth hat sich dazu schon angesagt.«

»So!« murmelte Christine und sah Tante Lisbeth im Geiste vor sich. »Aber einstweilen und fürs erste –« Sie warf einen sehnsüchtigen Blick nach dem Wasserkrug und der Waschschüssel und machte schon das Handköfferchen auf. Die Mutter schaute noch einmal sorglich prüfend in der Stube umher und ging.

Das war ja nun wirklich eine Überraschung für Christine gewesen. Daran hatte sie nicht gedacht.
Ach, was dachte man überhaupt, woran hatte man gedacht, nicht nur jetzt, sondern auch und ganz besonders früher, als man noch zwischen diesen gemütlich schiefen Wänden hauste und hier ganz daheim war. Alles hatte man sich gedacht, nur nicht das, was kam. Aber so ist es ja immer. In diesem Fall übrigens hätte keine Phantasie ausgereicht, das zu denken, was dann wirklich kam. Bisweilen, wenn man morgens aufwachte, hatte man das Gefühl: dies könne doch ganz unmöglich wahr und müsse ein Höllenfiebertraum sein, richtig aufwachen aber werde man erst in der nächsten Minute.
Und es steht zu befürchten, überlegte Christine, daß es mir gerade hier, in dieser Stube, jeden Morgen so geht, ach, Gott, ja.
Aber das mit dem großen Staatspreis — sich vorzustellen, wie die Nachricht in den abendlichen Kartoffelbrei mit grünem Salat hineinplatzte! Und später im Stern!
Christine lachte hell auf, plötzlich seelenvergnügt, und gleichzeitig erschrak sie beinah, denn dieses fröhliche kleine Lachen fand hier an der Dachschräge einen unvermuteten, vergessenen Widerhall. Christine Weiland also hörte sich lachen, und was das Merkwürdige daran war, es klang genau so, wie jenes junge Ding namens Christine Weiland vor fünfzehn Jahren hier hatte lachen können, ohne zu ahnen, daß es einmal den großen Staatspreis bekommen werde.
Sie wusch sich in aller Ruhe und stand während des Abtrocknens am offenen Fenster, denn hier gab es keine Nachbarn, sondern nur wunderschöne friedliche, besonnte Baumwipfel und kleine bunte Zwischenblicke in ferne Gärten, und eine Grasmücke sang das lieblichste und mozarthafteste aller Vogellieder.
Das Haar wurde in Ordnung gebracht, aber der Lippenstift kam unbenutzt in die Schublade, nicht ganz vorn hin.
Vom Turm der Katharinenkirche ... gab es die auch noch? Warum sollte es sie nicht geben? würde Herr Mesle verwundert fragen. Also die Turmuhr der Katharinenkirche schlug, es war wirklich erst acht Uhr; für feine Leute, die nicht ins Labor müssen, gerade die richtige Zeit zum Frühstücken. Christine brachte die Stube in Ordnung, wie sie es als Kind gelernt hatte, und ging hinunter.
Im Wohnzimmer war alles nach ihrer Erinnerung, sogar noch viel freundlicher und aufgeräumter. Die Sonne schien durch das Erkerfenster herein auf den Tisch, wo neben der Kaffeekanne ein Blumenstrauß leuchtete, alles war so hübsch und blitzsauber wie ehedem, ein Hefezopf lag auf dem Holzbrettchen und wartete darauf, angeschnitten zu

werden, und neben Christinens Teller stand ein Eierbecher, über den ein aus grüner Wolle gestrickter Gockel gestülpt war, so daß man allen Ernstes annehmen durfte, es befinde sich ein gekochtes Ei darunter.
»Den Zopf«, sagte die Mutter, »hab ich gestern abend schnell noch gemacht — nein, ordentlich, Christel, iß nur, er ist doch für dich!«
So saßen sie beisammen, frühstückten und schwatzten, ja, Christine schwatzte geradezu mit Wollust, sie hatte es keineswegs verlernt, und es gab ja auch so viel, was besprochen werden mußte, man konnte in der Geschwindigkeit nur den allergeringsten Teil davon erledigen.
Kein Zuhörer hätte vermutet, daß diese Dame, aus der es immer munterer hervorschwäbelte, noch gestern mit dem Staatspreis für Chemie ausgezeichnet worden sei. Als sie eben dabei waren, festzustellen, daß man doch wahrhaftig wissen möchte, wo alle die Eier hinkämen, und als Anna Weiland sagte, die Nähmittel seien auch bloß ein Dreck, und als Christine Weiland die Frage aufwarf, ob es wohl jemals wieder Wolle geben werde, und als Anna meinte: Ha, und wo denn eigentlich die viele Baumwolle bleibe, von der doch immer drinsteht, daß — ja, und stell dir vor —
Mitten hinein in diese Verbraucherrevolte schlug es von der Katharinenkirche neun Uhr, und Anna schlug die Hände zusammen und konnte das gar nicht glauben, denn so etwas war ihr doch noch nie passiert, seit sie verheiratet war: eine volle Stunde am Frühstückstisch! Christine bot sich zwar zum Kartoffelschälen und Gemüseputzen an, aber Anna sagte: Ja, morgen, ganz gut, heute dagegen sei ein Festtag und Christine dürfe nichts weiter tun als spazierengehen, und dabei fing sie schon mit dem Abräumen an, denn das wäre ja noch schöner, wenn gerade heute das Mittagessen zu spät fertig würde, seit fünfunddreißig Jahren zum erstenmal.
Christine trödelte noch ein wenig in der Wohnung herum, wo — ebenfalls seit fünfunddreißig Jahren — alles am gewohnten Platz stand. Sie hatte nicht übel Lust, ein Kissen aufs Fensterbrett zu legen und mit aller Behaglichkeit hinauszuschauen und das Leben auf der Straße zu beobachten; die Sonne schien so freundlich, die Reihe der alten Häuser gegenüber sah lustig aus wie der gemalte Hintergrund eines Kasperltheaters, und es wäre beinahe wichtig gewesen, zu wissen, wer alles in die Apotheke hineinging — aber das fiel ihr noch rechtzeitig ein, daß man vormittags nicht aus dem Fenster sieht, weil das nur Leute tun, die nichts anderes zu tun haben, es macht einen schlechten Eindruck. Nun gehörte sie zwar wirklich zu diesen Leuten, die nichts anderes zu tun hatten, aber einen schlechten Eindruck durfte sie natürlich nicht machen.

Im ersten Stock, übrigens, schienen andere Leute zu wohnen, denn dort wurde jetzt Klavier gespielt, das war früher nie geschehen. Nicht zuletzt diese Klavierübungen bestärkten Christine in dem Entschluß, einen Gang durch die Stadt zu machen.
Aber sie wußte doch bereits wieder, was sie ihrer Familie schuldig war, und lief nicht einfach los, wie sie es gern getan hätte, sondern sie ging wie eine richtige Dame mit Hut und Handschuhen aus dem Haus.
Die alte Steinschwelle, über die sie in den Sonnenschein hinaustrat, war ganz ausgehöhlt von den ungezählten tausend Malen, da ein Fuß auf ihr gestanden hatte. Christine erinnerte sich daran, wie oft sie, nach Hause kommend, auf dieser Schwelle gezögert und sich mit nicht völlig reinem Gewissen und nicht völlig reinen Fingernägeln irgendeine Ausrede wegen irgendeiner Lumperei schnell noch einmal vorgesagt hatte, um dann ein paar Minuten später doch beim Schwindeln ertappt zu werden.
Überhaupt wußte diese alte Türschwelle wohl viele Geschichten. Was hatte sie in dunklen Nächten flüstern hören, wieviel Küsse hatte sie miterlebt, wie manches Hochzeitspaar, wie manches neugetaufte Kind, wie manchen Sarg mochte sie gesehen haben; welche Nachrichten allein hatte der Postbote gebracht, der seinen Fuß auf sie zu stellen pflegte, wenn er die Hand nach dem Messinggriff der Türglocke hob; wieviel Brot nur war über sie hinweggetragen worden!
Der Gedanke verfolgte Christine ordentlich, während sie nun die Straße entlangging. Es hätte so viel Ablenkungen gegeben; denn gleich hier war zum Beispiel das Papierlädchen mit dem schmalen Schaufenster, in dem man die herrlichsten Dinge gekauft hatte, bunte Stifte und Knallerbsen, und für Glückwunschgedichte gab es Papierbogen, deren Rand wie eine gehäkelte Spitze aussah; dann kam die Drogerie, die im Frühjahr immer ein ganzes Fenster voll buntbedruckter Samentütchen ausgestellt und die man nie anders als in der stillen Hoffnung betreten hatte, der Drogist werde vielleicht ein Hustenbonbon mit einer Biene darauf zugeben – ach, es kam überhaupt in dieser Ladenreihe so ziemlich alles, was die Bewunderung und Sehnsucht des Kinderherzens wachgerufen hatte – aber nein, heute gingen die Memoiren der Türschwelle ernsthaft neben Christine her und beschäftigten sie so, daß sie kaum innewurde, wie sie, aus alter Gewohnheit, an einer bestimmten Stelle von der Hauptstraße in eine von jenen Winkeleien abbog, freilich in eine ganz grüne, baumüberwölbte, die jetzt nichts anderes als der Platz vor einer recht zierlichen Kirche aus der Barockzeit, früher aber gewiß einmal deren Friedhof gewesen war.
Wo sie sich befand, merkte Christine erst, als sie sich von einem leis

hinträumenden Orgelspiel umfangen fühlte, so zart und behutsam, als wolle der Mann, der da musizierte, den lieben Gott zwar loben, aber nicht stören. Also gab es auch Herrn Stefan noch, denn so konnte — hier wenigstens — nur er spielen.

Christine mußte wieder einmal lächeln, bei dem Gedanken nämlich, wie er, als Musiklehrer am Gymnasium, sich damit geplagt hatte, ihr einige Kenntnisse der Harmonielehre beizubringen, allerdings ziemlich erfolglos, weil ihr schon damals der Benzolring verständlicher gewesen war als der Quintenzirkel. Herr Stefan behauptete zwar, die Schülerin Weiland sei von Natur aus nicht unmusikalisch, aber das erwies sich eben als einer von den vielen freundlichen und wohlwollenden Irrtümern, aus denen sich das Leben dieses Mannes zusammenzusetzen schien, welches, wie sein Orgelspiel, sozusagen an der Welt vorbei und auch auf nichts anderes ausging als Gott zu loben, ohne ihn zu stören. Das begriff man freilich erst jetzt.

Christine nahm sich vor, Herrn Stefan zu besuchen, denn sie hatte das Gefühl, als müsse sie ihm mancherlei Schnödes abbitten, gerade ihm.

Es lag da ein großer Steinwürfel im Gras, gewiß ein alter Grabstein, an Ecken und Kanten blankpoliert von Kinderhänden. Auf den setzte sich Christine, denn sie war vor lauter Besinnlichkeit etwas müde geworden, und hörte den Klängen der Orgel zu, die in ihrer Art den goldenen Sonnenflecken im Laubschatten auf dem Rasen glichen.

Man konnte nicht sagen, daß sie nachdachte, eigentlich tat sie das nicht, sie empfand nur so vor sich hin, hier und dort tauchte wohl eine Erinnerung mit größerer Deutlichkeit auf, meist aber waren es lauter Bilder, die, ohne Schärfe der Wirklichkeit, an ihr vorüberglitten, mattfarbige Eindrücke, sie hatten ihre Leuchtkraft verloren, machten aber noch das Recht auf ein ungewisses Dasein geltend.

Dann kam Herr Stefan aus der Kirche; Christine hatte gar nicht gemerkt, daß die Orgel schwieg. Er sah noch so aus wie früher, ein wenig zeitlos; wie gewöhnlich trug er keinen Hut, sein Haar war grau geworden, sein Blick streifte, auch wie früher, unbeteiligt über das Gegenständliche hinaus, und dazu mußte sich Christine wohl rechnen, weil er sie kaum sah und sicher nicht erkannte, obwohl sie ihn anblickte.

Sie erinnerte sich ganz gut, daß sie ihn einmal vier Wochen lang heftig geliebt hatte, weil ihr gerade danach war, und er sich so rührende Mühe mit ihr gab; aber das begriff er natürlich nicht, glücklicherweise, und dann war sie doppelt schnöde gegen ihn gewesen, bockbeinig und faul, wie verschmähte Liebe sich eben äußert. Ja, so hatte die Welt einmal ausgesehen.

Aber jetzt war es Zeit heimzugehen, denn jetzt kam ja der städtische Registrator Gustav Weiland aus der Kanzlei, und da er nur anderthalb Stunden Mittagspause hatte, so mußte man pünktlich sein, das konnte er verlangen, und man war pünktlich.
Christine wartete im Wohnzimmer neben dem gedeckten Tisch, die Mutter hantierte in der Küche herum, damit die Suppe sogleich gebracht werden konnte.
Man hörte, wie der Vater die Flurtür aufschloß, dann kam er herein.
Der kurze Vollbart, den er trug, weil er seit dem ersten Krieg eine große Narbe am Kinn hatte, war auch viel grauer geworden, im übrigen jedoch hatte sich Gustav Weiland kaum verändert.
»Christine!« sagte er und streckte ihr die Hände entgegen. »Das ist aber schön! Meine herzlichsten Glückwünsche!« Er gab ihr einen Kuß und nahm dann die Brille ab, weil er sie putzen mußte, das half über diese ersten Augenblicke hinweg. »Ja. – Manchmal war ich beinah im Zweifel, ob wir uns je wiedersehen würden, Christel. Aber jetzt ist es doch so weit. – Hans, ja, der ist nun freilich nicht mehr da ... der ist nicht mehr da.« Weiland setzte umständlich die Brille wieder auf, sein Blick streifte über die Fotografie des Sohnes, die im schwarzen Rahmen an der Wand hing.» Der hätte sich auch gefreut. – Tag, Mutter!«
Sie setzten sich. »Na!« sagte Weiland. »Das hättet ihr heute miterleben müssen in der Kanzlei. Beinah als ob ich selber den Staatspreis bekommen hätte! Und der Bürgermeister kam herein und gratulierte und wollte wissen, was die Funktionine sind – er hatte so eine Idee, als ob es etwas mit einem Haarwuchsmittel zu tun hätte –, aber ich mußte gestehen, daß ich's auch nicht weiß. Du, Christel, ich werde doch bestimmt noch öfter danach gefragt, also, was ist das?«
»Funktionine«, sagte sie, »sind Pflanzenwuchsstoffe, die nur in ganz winzigen Mengen vorhanden sind, gewissermaßen die Hormone des Pflanzenlebens, und wenn sie der Pflanze fehlen, kann sie nicht ordentlich wachsen. Es ist noch gar nicht so lange her, daß man das überhaupt herausgefunden hat, und deshalb war es wichtig, festzustellen, was es eigentlich für ein Zeug ist.«
»Und das hast du getan?«
»Wenigstens hab ich in gewisser Hinsicht etwas dazu beigetragen.«
»So!« sagte der Registrator Weiland und betrachtete seine Tochter.
Christine mußte an die Zeiten denken, da sie vor einem so prüfenden Blick ihres Vaters am liebsten unter den Tisch gekrochen wäre, aber das hatte sich freilich von Grund auf geändert. Eigentlich war es doch erhebend, daß man jetzt einfach so hier sitzen konnte. Plötzlich wurde ihr klar, wie komisch diese Überlegung war, und sie lachte.

Früher — früher hätte der Registrator Weiland sogleich stirnrunzelnd gesagt: »Was gibt es da zu lachen?«, heute aber sagte er: »Ja, da lachst du, denn für dich ist es etwas Selbstverständliches. Aber wie soll unsereins wissen, was Funktionine sind? Alle Tage hecken sie etwas Neues aus, die Zeitung kommt gar nicht mehr mit. Ihr werdet das noch so lange machen, bis alles in die Luft fliegt!«

Seine Tochter erklärte, damit habe ihre Arbeit nun bestimmt nichts zu tun.

Aber Anna war ebenfalls mißtrauisch und meinte, das sei auch ihr erster Gedanke gewesen, denn wenn jemand den großen Staatspreis bekomme, dann handle es sich wohl immer um so etwas Gefährliches, womit man die Leute in möglichst großer Zahl umbringen könne. Natürlich, jetzt sei sie davon überzeugt, daß es sich nicht so verhalte, und Christine werde ja wohl wissen, was sie tue, aber so im ersten Schrecken —

»Nein, also«, beschloß der Vater, »die Sache ist erledigt, wenigstens was das betrifft. Im übrigen aber, Christel, scheint sie doch noch nicht ganz erledigt zu sein.«

Seine Tochter sah ihn fragend an.

Er machte ein geheimnisvolles und amtliches Gesicht, hob die Schultern und sagte, darüber dürfe und wolle er nicht reden. »Aber je länger ich dich betrachte, Christel, desto hübscher kommst du mir vor, nein wirklich! Geradezu häßlich warst du ja nie, aber ein Trampel, und das hat sich mittlerweile verloren.«

»War ich ein Trampel?« fragte Christine, von gewissen Erinnerungen gestreift, die etwa einen halben Tag alt waren.

»Ach«, meinte Anna, »das sind so diese Jahre. Jetzt bist du eben fertig, das ist der Unterschied. Man hat ja auch genug durchgemacht, ei ja, und ich muß gestehen, ich wundere mich auch, wie gut du aussiehst.«

»Gut, ja«, sagte der Registrator. »Ein bißchen blaß. Aber der gute Eindruck kommt von der Haltung«, fügte er hinzu, »und die hat sie von mir.«

Mit alledem sei es nicht gar so weit her, meinte Christine dagegen, vollends heute nicht, nach dieser widerlichen Nacht in der Eisenbahn.

»Also legt euch nur ein bißchen hin, heute abend wird es sowieso anstrengend«, sagte Anna und übernahm wieder die Regierung, die sie während des Essens an ihren Mann abzutreten pflegte, damit er in seiner Mittagspause nicht aus der Übung kam.

»Anstrengend?«

»Ja —« Anna warf ihrem Mann einen Blick zu. »Heute abend kommt doch Tante Lisbeth, es ließ sich nicht vermeiden, na, und dann haben

wir's hinter uns, weißt du. Lange wird sie ja wohl nicht bleiben, sie geht überhaupt immer seltener aus.«
Der Registrator hielt es für angezeigt, Tante Lisbeth, die seine ältere Schwester war und nichts Geringeres als eine Oberstudienratswitwe, ein wenig in Schutz zu nehmen, aber er tat es merkbar ohne die Stoßkraft der Überzeugung. »So schlimm«, sagte er, »so schlimm ist sie ja nun auch wieder nicht.«
Anna schwieg. Ihre Tochter hingegen fühlte sich zu der friedfertigen Bemerkung veranlaßt, daß sie mit Tante Lisbeth eigentlich immer recht gut ausgekommen sei. Indessen, obwohl Anna auch dazu schwieg, hörte man doch, was sie dachte, während sie begann, das Tischtuch zusammenzulegen.
Weiland zwinkerte seiner Tochter ein bißchen zu — er konnte das überraschend gut — und Christine sagte, sie glaube, dies werde das erste Mittagsschläfchen sein, das sie seit wenigstens fünf Jahren mache, und niemand könne ihr nachfühlen, wie sie sich darauf freue.
Dann ging sie also in ihr Zimmer hinauf, packte erst den Koffer aus, der inzwischen gekommen war, und brachte ihre Sachen ordentlich unter. Danach legte sie sich hin, hörte noch eine Weile der Grasmücke zu, sah an der Stubendecke den sanften grünen Schimmer, der von den jetzt besonnten Bäumen hereinfloß — und schlief ganz wunderbar ein, nämlich ungefähr mit dem Gefühl, in einem grüngoldenen, warmen Wasser zu liegen und allmählich so leicht zu werden, daß diese milde Flut sie trug.
Als Christine aufwachte, war es ziemlich heiß in der Stube, und um die Milchglaskugel der Deckenlampe machten zwei Fliegen ein Non-Stop-Rennen, dem man eine Zeitlang zusehen konnte, dann aber wurde es doch zu idiotisch.
Was aber entschieden noch stumpfsinniger war, das waren die Klavierübungen, die vom ersten Stock heraufklangen. Dort also saß schon wieder jemand und bemühte sich, ein Lied zu spielen, dem Instrument eine Melodie zu entlocken, aber das Peinliche daran war, daß sie sich nicht oder vielmehr jedesmal nur bis zu einem gewissen Punkt locken ließ, um sich dann stets in der hartnäckigsten Weise mit allen Vieren gegen alle weiteren Bemühungen zu stemmen wie ein widerspenstiges Kalb, worauf jener Musikbeflissene — nach einer verdutzten Pause — ganz rücksichtslos am Strick zerrte, um die Sache zu einem befriedigenden Ende zu bringen, und plötzlich begann nun das Kalb zu galoppieren, kam förmlich ins Rasen und schien seinen Peiniger hinter sich herzuschleifen, ohne daß es diesem glückte, die Herrschaft über das eigenwillige Tier wiederzugewinnen.

Dabei wäre ja nichts weiter gewesen. Es war aber doch etwas dabei, sogar zweierlei.
Erstens nämlich hatte sich dieser Tierquäler ganz offenbar vorgenommen, sein beklagenswertes Opfer, und wenn er hundert Jahre alt werden müßte, so weit zu bändigen, daß es gehorsam hinter ihm hertrabte. Auch dies war, mit freundlichem Sinn betrachtet, nicht gar so schlimm, denn man durfte immerhin hoffen, daß das Kalb, als der klügere Teil, doch einmal nachgeben werde. Zweitens aber — und das erwies sich auf die Dauer als das Schlimmere — zweitens kannte Christine das Lied sehr genau, aber der Text wollte ihr nicht einfallen, nicht ums Hängen, und das gehörte nun doch wohl zu jenen Tücken, die den Menschen zur Verzweiflung bringen können.
Sie summte die Melodie erst in Gedanken, dann wirklich mit, in der Hoffnung, die Worte möchten ihr einfallen, aber nein, nichts fiel ihr ein, auch ihr gegenüber zeigte sich das Kalb als beispiellos widerspenstig, ja geradezu als ein Gespensterkalb, insofern es nämlich gewissermaßen nur der Idee nach vorhanden war, jedoch keine rechte Körperlichkeit annehmen wollte, dabei aber anklagend, ja beinah erlösungsbedürftig dastand und sie aus großen Glotzaugen wortlos — ach, wortlos! — anstarrte, ein nur halb materialisierter Seufzer der Kreatur —
Und dazu die beiden Fliegen, welche ihren milchgläsernen Atomkern gerade so irrsinnig umkreisten wie zwei Elektronen, man wußte nie, wo sie sich eigentlich befanden, wobei Fräulein Doktor Weiland an gewisse Unschärfebeziehungen und an die tolle Idee einer akausalen Physik überhaupt denken mußte — nein, jetzt aber Schluß!
Sie sprang mit einem geradezu gesundheitsschädlichen Ruck auf.
Die schiefen Wände sahen so freundlich aus, so angenehm beschränkt. Wie arglos, ahnungslos war man doch gewesen, als dieses Stübchen noch den Mittelpunkt der Welt gebildet und man hier geträumt hatte, halb Kinderspiele, halb Gott im Herzen, in der Jugendzeit —
Ha!
Christine tat wahrhaftig einen kleinen Schrei, denn in diesem Augenblick, bei diesem Stichwort gab die Hemmung in ihrem Hirn plötzlich nach, das bewußte Kalb wurde greifbar — natürlich, dies war das Lied:

Aus der Jugendzeit, aus der Jugendzeit
klingt ein Lied mir immerdar.
O wie liegt so weit, o wie liegt so weit,
was mein einst war!

Jetzt wußte Christine sogar, daß es ein Gedicht von Rückert war. Indessen begann sofort wieder ein anderer Gedanke sie zu plagen, nämlich der, wie es weiterging und ob vielleicht auch der Vers ›Was die

Schwalbe sang‹ (der sie nun unversehens überfiel) in demselben Gedicht vorkomme oder zu einem anderen gehöre und sich nur bei dieser Gelegenheit hereinschwindeln möchte.
Aber das war jetzt nicht so wichtig. Hauptsache blieb die Jugendzeit. Die Klavierbemühungen hatten mittlerweile aufgehört, aber natürlich begann nun Christine, das Lied vor sich hinzusummen, und während sie sich fertigmachte, summte sie unablässig weiter, nahezu gedankenlos und immer wieder von vorn und so lange, bis sie zu ihrem Schrecken inneward, daß das Kalb sich nicht mehr im ersten Stock befand, sondern sich hier in ihr Zimmer eingeschlichen hatte, um sie auf diese Weise mit sanftgewaltiger Verblödung peinigen zu können. Aus einem ärgerniserregenden, aber harmlosen Gespenst schien sich's in einen Dämon zu verwandeln, ja, es drohte geradezu thematische Bedeutung anzunehmen: Aus der Jugendzeit –
Ein Glück, daß Mutter Anna erschien und meinte, Christine würde ihr einen großen Gefallen tun, wenn sie ein paar Erdbeeren holte; denn es sollte einen Erdbeerkuchen geben, man müsse Tante Lisbeth doch etwas anbieten; Tante Lisbeth bekam auf Erdbeerkuchen zwar immer Nesselausschlag, aber dafür und daß jetzt Erdbeerzeit war, konnte sie, Anna, ja nun wirklich nichts.
Christine dachte sich etwas, nahm jedoch bereitwillig das Körbchen und fragte nur, wo sie Erdbeeren bekommen werde.
»Geh nur zum Uhrmacher Balthes«, sagte Anna, »ich habe schon mit ihm gesprochen, er gibt uns ein paar Pfund aus seinem Garten, das sind besonders gute, und einen recht schönen Gruß.«
Christine machte sich mit Vergnügen auf den Weg.
Als sie am Rathause vorbeikam, blieb sie ein wenig stehen, um es zu betrachten, nicht, weil ihr Vater da seine Kanzlei hatte, sondern weil der schöne Giebel ihr von jeher so gefiel, daß sie ihn immer wieder bewunderte. Da waren, im ersten Stock, die großen echten Butzenscheibenfenster des Saales, in dem die besonderen Festlichkeiten stattfanden, und über den beiden mittleren war die Uhr mit den verschnörkelten Zeigern und dem kreisförmigen Loch im Zifferblatt, worin sich die halb schwarze, halb goldene Mondkugel zu drehen pflegte – ›pflegte‹ war aber wohl zu viel gesagt, denn sie drehte sich eben nicht, weil im Weltlauf ewig etwas nicht in Ordnung war.
Ein paar Minuten weiter wohnte also der Uhrmacher Balthes, von jeher Christinens besonderer Freund. Er hatte einen Laden, und hinter dem Laden eine Uhrmacherwerkstatt, in die man auch vom Hausflur aus gelangen konnte.
Herr Balthes sagte zwar ›Herein!‹, als Christine klopfte, vielmehr durfte

man vermuten, daß er's gesagt hatte. Er saß an seinem Arbeitstisch, auf den die Nachmittagssonne schien, hatte die Lupe im Auge, ein Werk in der linken und einen winzigen Schraubenzieher in der rechten Hand und blickte natürlich überhaupt nicht auf, als da jemand eintrat, denn sonst wäre er ja kein richtiger Uhrmacher gewesen. Man mußte vielmehr eine ziemliche Zeitlang warten und sich mäuschenstill verhalten, das gehörte durchaus dazu.

Die Sonne schien auch auf das weiße Haar des Herrn Balthes und ließ die Falten seines zergrübelten Gesichts noch schärfer hervortreten, als sie ohnehin schon waren. Christine rührte sich nicht und betrachtete das friedliche Bild mit Vergnügen. Endlich ließ er die Lupe in die Hand fallen, wandte den Kopf ein wenig und fragte: »Meine Dame?«

»Keine Dame, sondern Weilands Christel!« antwortete sie.

Da trennte er sich nun doch vollends von seiner Arbeit und sah sehr verwundert aus. »Christel! Wahrhaftig! Und groß und ordentlich und überhaupt – ach ja, und tüchtig! Du hast doch Zeit?«

Christine machte von ihrem alten Vorrecht Gebrauch, welches darin bestand, daß sie den Stuhl neben der Tür, der für wartende Kunden bestimmt war, ganz dicht an den Arbeitstisch rücken und sich dort hinsetzen durfte. So hatte sie schon als Kind dagesessen, stundenlang, und die blanken, winzigen Dinge betrachtet, aus denen diese sonderbare Uhrmacherwelt bestand.

Herr Balthes nahm ihre Hand und behielt sie lange, wobei er Christine prüfend anschaute und ein immer freundlicheres Lächeln in die Augen bekam. »Nun bist du also wieder da«, sagte er, »und es scheint sogar etwas sehr Gescheites aus dir geworden zu sein, das ist großartig.«

Aber dann war es, wie wenn ein Wolkenschatten über sein Gesicht ginge. Er gab ihre Hand frei, als müsse er sich wieder seiner Arbeit zuwenden, tastete aber nur gedankenlos über die Schräubchen und Rädchen, die da lagen. »Doch wenigstens einer, der wieder da ist –«, sagte er. »Wenigstens einer. Bei mir ist es leer geworden, Christel. Meine Frau, die lebt ja noch. Aber sonst. Von den Buben ist keiner zurückgekommen, das weißt du wohl. Nein, keiner. Dein Bruder ja auch nicht. Verstehst du das?«

»Man versteht so vieles nicht«, antwortete sie.

»Ja, das meiste. Manchmal denk ich, ob dies nicht alles nur deshalb so ist, damit wir einsehen, daß wir nichts verstehen. Ich weiß nicht. Bleibst du länger bei uns? Nun, dann wirst du mich wohl öfter besuchen.«

Christine gab ihm die Armbanduhr, die durch Löschwasser so gründlich verdorben war, dann gingen sie in den Garten hinter dem Haus und sie durfte Erdbeeren pflücken, so viel sie wollte.

Abends kam nun also Tante Lisbeth.
Sie trug ein winziges schwarzes Spitzenhäubchen auf dem vermutlich etwas schütter gewordenen Scheitel.
Vor Tante Lisbeth hatte Christine stets ein wenig Angst gehabt, schon weil sie immer so kerzengerade dasaß und dasselbe auch von ihr verlangte, und weil sie so durchdringend blicken konnte, wie sie es wahrscheinlich von ihrem Seligen, dem Oberstudienrat, gelernt hatte. Tante Lisbeth saß da wie gemalt, und so benahm sie sich auch. Das Preziöse an ihr war es, worüber sich Anna zeitlebens ärgern mußte, ihrer Tochter jedoch kam es insgeheim außerordentlich vor.
Zugegeben, Tante Lisbeth war etwas anstrengend, denn man mußte laut reden, und wenn man etwas gesagt hatte, konnte es geschehen, daß sie die Hand ans Ohr legte, sich ein wenig vorbeugte und fragte: »Wie bitte?«, und dann mußte man die ganze Geschichte wiederholen, wenn man nicht so war wie Anna Weiland, welche diese Frage meist mit der Bemerkung: »Ach, es ist nicht so wichtig!« abtat, worauf Tante Lisbeth sich jedesmal noch kerzengerader aufrichtete, als ob jemand sie in den Rücken gepufft hätte.
Aber das Spitzenhäubchen war entzückend.
Eigentlich wußte man nicht genau, weshalb Tante Lisbeth im Hause Weiland so wenig beliebt war, denn sie tat niemandem etwas zuleide, wenigstens nicht absichtlich. Daß sie ihrem längst verstorbenen Oberstudienrat keine Ruhe im Grabe ließ, sondern ihn des öfteren zitierte, war schließlich ihre Sache, und daß sie nicht alles geduldig hinnahm, war ihr gutes Recht. Aber Anna, die war so natürlich und sagte immer geradeheraus, was sie dachte, sie konnte den Mund nicht halten, und Tante Lisbeth machte kein Geheimnis daraus, daß ihr dies unpassend vorkam; dafür war sie aber auch eine Oberstudienratswitwe und zur Bildung verpflichtet — sagte Anna.
»So, so, von Balthes!« nickte Tante Lisbeth und meinte die Erdbeeren, die es nach dem Abendbrot gab und die sie nicht anrührte. »Das weißt du wohl schon, Christine, was sich Balthes für eine Riesenarbeit gemacht hat?«
»Nein, welche?«
»Ja, er hat doch die große Kunstuhr im Rathaussaal wieder in Gang gebracht, obwohl das gerade heute, wo so viele Dinge noch fehlen, besonders schwierig ist, und nun geht sie also wieder.«
»Sie geht eben nicht!« sagte der Registrator.
»Nicht? Es stand aber doch sogar in der Zeitung, und die Nachricht ist nicht demontiert worden.«
»Dementiert!«

»Wie bitte? Das sag ich ja. Warum geht sie also nicht?«
»Da mußt du ihn schon selber fragen, ich glaube, er hat eben doch noch nicht alles beisammen.«
Angenommen aber, sie ginge — sagte Tante Lisbeth mit schöner Beharrlichkeit —, dann wäre es ein wahres Wunderwerk und die Stadt um eine große Sehenswürdigkeit reicher. »Mein Mann erklärte immer, daß es in ganz Süddeutschland kaum etwas Ähnliches gebe, er hat sie mir einmal gezeigt, wir waren jung verheiratet, und ich muß sagen, daß sie nach etwas Außerordentlichem aussieht, obwohl sie auch damals nicht ging. Was meinst du, Anna?«
Anna meinte, daß sie in ihrem Haushalt immer genug zu tun und also keine Zeit gehabt habe, spazieren zu gehen und alte Uhren zu betrachten, und dabei stützte sie sich auf die Redensart, die hierzulande das Rückgrat des Daseins zu bilden schien, obgleich sie das Dasein in Wirklichkeit eher zu ersticken drohte, nämlich auf die Wendung ›Das braucht's nicht‹.
»Das braucht's nicht!« sagte also Anna.
Nein, es ließ sich wahrhaftig nicht behaupten, daß dieses Beisammensein sonderlich genußreich war. Zugegeben, Tante Lisbeth vermied es deutlich, von Kochrezepten zu sprechen, und sie hielt sich so sehr an die Bildung, daß sie manchmal an einem Fremdwort hangen blieb. Aber das Spitzenhäubchen fand Christine reizend, und sie wurde das Gefühl nicht los, daß man der alten Dame in diesem Hause von jeher Unrecht tat. Jetzt wurde ihr klar, daß sie dieses Gefühl schon als Kind gehabt hatte, freilich ohne es genau zu wissen. Anna war ausgesprochen widerborstig — so war sie der Schwägerin gegenüber stets gewesen —, Christine dagegen nahm sich vor, bei nächster Gelegenheit zu versuchen, ob sie das nicht wieder gutmachen könne. Sie sah Tante Lisbeth jetzt mit ganz anderen Augen als früher.
»Nun muß ich aber gehen«, sagte jene, zeitig genug.
»O!« sagte Christine, sie ganz allein.
»Ja, ich habe den ganzen Tag über Kopfweh gehabt, vielleicht wäre ich besser daheim geblieben.«
»O!« sagte diesmal Anna.
»Aber ich wollte euch doch die Freude nicht verderben.« Das klang so eigentümlich, daß Christine aufhorchte.
Unglaublich, aber wahr: der Registrator kam gar nicht auf den Gedanken, seine Schwester nach Hause zu begleiten. Freilich wohnte sie, wie alle Leute in dieser Stadt, nur eben um die Ecke. Aber die Nacht war mondlos dunkel und das Pflaster schlecht und es trieb sich — vielleicht sogar auch hier — allerhand Gesindel in der Welt herum.

Christine verlor kein Wort. Als man sich an der Flurtüre verabschiedete, nahm sie einfach den Schlüsselbund vom Haken und die Kerzenlaterne von der Kommode, zündete die Kerze darin an, gab Tante Lisbeth den Arm und ging mit ihr nicht nur bis zur Haustür hinunter, sondern sie schloß hinter sich ab, und nun standen sie auf der einsamen, finsteren Straße, über die sich ein Ausschnitt des Sternhimmels spannte, und das Licht der Kerze schwankte und versuchte, an den Hausmauern emporzuklimmen, kam aber nicht hoch.

»Ich müßte ja nun wohl sagen«, begann Tante Lisbeth, »daß es wirklich nicht nötig gewesen wäre. Es war auch nicht nötig, aber es war nett. Jawohl, es ist sehr nett von dir, Christine, daß du mich begleitest. Hoffentlich macht es dir nicht allzuviel aus, oder bist du sehr müde?«

Christine antwortete, daß sie überhaupt nicht müde sei, weil sie, zum erstenmal seit vielen Jahren, einen Mittagsschlaf gemacht und übrigens — auch zum erstenmal seit vielen Jahren — einen ganzen Tag lang buchstäblich nichts getan habe.

»So!« sagte Tante Lisbeth darauf. »Na, dann könntest du ja eigentlich noch auf einen Sprung zu mir hineinschauen und eine Tasse Kaffee trinken — oder ist dir nicht danach?«

Christine antwortete, es sei ihr sogar sehr danach, und wunderte sich immer mehr.

Worauf Tante Lisbeth ihren großen Hausschlüssel zog, denn man war bereits am Ziel.

Sie wohnte zu ebener Erde, aber nach der Straße hinaus blickte nur ihr Schlafzimmer, denn, sagte sie, was auf der Straße geschehe, sei ihr schon lange gleichgültig. Das Wohnzimmer jedoch, das sie jetzt betraten, hatte zwei Fenster in den Garten, und das Licht der Hängelampe lag freundlich und sanft in Laub und Blüten, die, wie zur Gegengabe, alle Süße und Frische der Nacht hereinschickten.

»Ja, siehst du«, sagte Tante Lisbeth, während sie den Wassertopf auf den Kocher stellte, »so kommt man allmählich dahinter, daß es im Grunde genommen nicht nur viel hübscher, sondern auch viel klüger ist, dem betriebsameren Teil der Welt den Rücken zu kehren. Das Leben wird dadurch bedeutend friedlicher. O ich will nicht etwa behaupten, daß dies eine Regel ist, die für alle paßt, ich meine es nur so für mich. Aber ich habe natürlich nicht die Absicht, von mir zu reden, ach du lieber Himmel. Ein Lehnstuhl und der Blick in den Garten, und ab und zu kommt eine Biene zu Besuch aufs Fensterbrett.«

Christine seufzte.

»Wie bitte?«

»Ich habe keine Zeit für die Gartenseite des Lebens!« sagte Christine.

»Ein Glück nur, daß es einem so selten zum Bewußtsein kommt.«
Tante Lisbeth machte sich dies und das zu schaffen, sie nahm aus dem Glasschrank sogar zwei Tassen, die innen ganz golden waren und außen bunte Ansichten von Karlsbad und Marienbad hatten. »Was mich betrifft«, sagte sie schließlich, »so hab ich ja auch nicht immer hier gesessen und in den Garten geschaut. Alles, wohin es gehört. In deinen Jahren gibt es andere Dinge. – Wir haben uns lange nicht gesehen, Christine.«
»Das soll also heißen, daß du mich sehr verändert findest?«
»Der Mensch kann sich auch zu seinem Vorteil verändern, und das ist dann immer besonders interessant.«
»Die Veränderung?«
»Vor allem die Gründe dafür.« – Christine schwieg. Nein, wie grenzenlos falsch hatte sie diese alte Frau früher beurteilt!
Der Kaffee wurde fertig, man mußte nicht mehr herumlaufen, es wurde eigentümlich still in dem Zimmer, und die Nacht stand greifbar und atmend vor dem Fenster wie jemand, der hereinblicken möchte.
Es gab wohl nichts Harmloseres, als nachts gegen elf Uhr bei einer alten Tante zu sitzen und Kaffee zu trinken – trotzdem war die Stimmung sonderbar genug, denn hier sah alles ganz anders aus als in Christinens Alltag: die polierten Möbel, die nachgedunkelten Bilder in ihren Goldrahmen, viele liebenswürdige Kleinigkeiten, die sich im Lauf eines langen Lebens angesammelt und angeerbt hatten und von denen jede eine Geschichte oder doch wenigstens einen Teil davon zu wissen schien, und schließlich: außer einer akkurat zusammengefalteten Zeitung nichts, was an die Gegenwart erinnerte oder sie auch nur zur Kenntnis nahm. Daß es so etwas noch gab?
»Siehst du«, sagte Tante Lisbeth mit einer Kopfbewegung nach dem Fenster, »da draußen ist alles dunkel. Und wenn ich nachts hier sitze – das tue ich nämlich sehr oft und sehr lange, denn ich kann ja doch nicht schlafen –, dann kommt mir das Lampenlicht, das in den Garten fällt, manchmal vor wie ein erhellter Tunnel, der durch einen fürchterlichen schwarzen Berg führt; sehr gemütlich ist ja auch der Tunnel nicht, aber ein bißchen Licht ist doch immer noch besser als gar keins. Und so, denke ich, ist unser Leben. Wenn man am Eingang des Tunnels steht oder noch nicht sehr weit darin vorwärtsgekommen ist, sieht man noch das Licht von draußen, dann aber wird's immer dunkler, man tastet sich nur so vorwärts und muß Angst haben, daß die Kerze in der Laterne verlischt, und das ist kein angenehmer Zustand.«
»Ich hätte dir so viel Finsternis des Gemüts gar nicht zugetraut!« sagte Christine mit einem nicht sehr geglückten Versuch zu scherzen. Sie kam sich immer kleiner vor.

»Wieso denn?« fragte Tante Lisbeth und lächelte auf ihre besondere Weise. »Es ist doch nur, so lange man mitten drin geht. Später nämlich wird es schon wieder heller, denn auf der anderen Seite des schwarzen Berges hat jeder Tunnel einen Ausgang, sonst wäre er ja sinnlos. Wenn man daran denkt, macht einem die Finsternis wenig aus, weil man sie nicht ganz ernstzunehmen braucht. Aber das sind freilich Einsamkeitsgedanken, Gedanken auf dem Wege vom Diesseits ins Jenseits, mit denen ein Mensch wie du sich nicht plagt.«

»Eigentlich nur, weil ich keine Zeit dazu habe«, sagte Christine erkenntnisvoll.

»Du bist auch noch jung, da braucht man die Zeit zu anderen Dingen.«

»Es ist nicht so, wie du jetzt wohl denkst«, antwortete Christine.

Nun war aber die Reihe, zu schweigen, an Tante Lisbeth, und sie tat es auf eine freundlich abwartende Weise. Schließlich meinte sie mit einer kleinen, ermutigenden Kopfbewegung: »Ich wollte nicht neugierig sein. Es kam mir nur so vor – ich meine, mitunter hat man das Bedürfnis, irgend etwas zu erzählen, nicht, damit es ein anderer erfährt, sondern weil man sich über vieles erst dann klarzuwerden beginnt, wenn man davon spricht. Dinge, die man beim Namen nennt, sind nicht mehr so beunruhigend. Du hast ja auch dein Teil durchgemacht, Christine.«

»Wie kommst du darauf?«

»Wenn man so wenig Berührung mit der Welt hat wie ich, dann spürt man alles deutlicher. Übrigens ist es bei dir wohl nicht sehr schwer zu merken.«

»Ja«, sagte Christine befangen. »Jawohl. – Aber das ist nun auch schon lange her, die Zeit kommt mir sogar viel länger vor, als sie wirklich ist, und hier weiß es niemand, hat mich auch noch niemand danach gefragt. Heute hat jeder genug zu tun, um mit seinem eigenen bißchen Leben fertig zu werden. Meines wäre ganz anders geworden, das ist gewiß. Aber –«, sie hob die Schultern und sah vor sich hin. »Wer will wissen, was gut und was besser ist?«

»Gefallen?«

»Gleich anfangs.«

Als hätte Tante Lisbeth nur dies und nichts Näheres zu erfahren begehrt, fing sie jetzt von etwas ganz anderem zu reden an. Vielleicht fürchtete sie auch, Erinnerungen allzu lebendig werden zu lassen. Christine mochte diesen Gedanken fühlen und ging mit deutlicher Bereitwilligkeit auf ihn ein. Aber es war wohl schon zu nahe an Mitternacht – oder in dieser kleinen Stadt gab es eine Vergangenheit so wenig wie eine Zukunft: alles stand plötzlich nahe da und man wußte doch, daß es nicht vorhanden war. Ähnlich wie diese alten, alten Häuser, die am

Schloßberg so eng nebeneinandergeschachtelt waren und gewiß schon Landsknechte beherbergt hatten: selbstverständlich waren viele Generationen von Menschen darin gewesen, natürlich hatte jedes von ihnen viel erlebt und hatte seine Geschichte, das stand fest – aber man wußte doch nichts davon, und deshalb war es nicht vorhanden, wenn auch diese alten, alten Häuser heute noch bewohnt sein und ihre Geschichte im stillen weiter erleben mochten.
Der große Fluß der Geschehnisse wogte hier nicht mit einem Rauschen vorbei, er nagte auch nicht heimlich und tief an den Grundfesten. Sondern er machte einen sanften Bogen um diese Welt. Aber gerade das war, wenn man es in einer solchen Nacht empfand, das Gespenstische daran. Durch den Großstadtlärm drang nur ein Trompetenstoß. Hier, in diesem versteckten kleinen Dasein, hörte man jede Grille zirpen. Verwunderlich übrigens, wieviel Grillen es gab – eine ganze Welt für sich, die da zum Vorschein kommen wollte. Wie wenn man auf einer Wiese sitzt, ganz ruhig und still. Erst nach einiger Zeit merkt man, was alles sich da rührt. Zunächst sieht es nur lustig aus. Dann aber wird es beinah unheimlich.
»Christine!« sagte Tante Lisbeth.
»Ja?« Sie konnte aus dieser eigentümlichen Nachtstimmung nicht völlig aufwachen, wollte es auch nicht. Vom Tatsächlichen entfernt zu sein – darin lag etwas Bezauberndes.
»Die kleinen Granatohrringe, die ich dir einmal geschenkt habe, trägst du wohl nie?«
»Selten. Ich habe so wenig Gelegenheit. Warum? Übrigens sind sie hier in meiner Handtasche; ich habe sie mitgenommen, mir war so.«
»Ja, wirklich? Das ist hübsch. Darf ich sie einmal sehen?«
Christine kramte in der Tasche und brachte die Granatrosetten zum Vorschein, vielfach in Seidenpapier gewickelt.
»Wahrhaftig!« sagte Tante Lisbeth, legte sie vor sich auf den Tisch und strich mit zärtlichen, nachdenklichen Fingerspitzen darüber hin. »Aber das weißt du wohl nicht, wie ich dazu kam? Selbstverständlich weißt du es nicht, denn erzählt hab ich dir's nicht und schreiben wollte ich es nicht. Es gibt Dinge und Ereignisse, die man nicht aufschreiben kann, ohne daß sie Schaden nehmen.«
»Ich dachte, sie seien von deinem Mann?«
»So? – Nein«, antwortete Tante Lisbeth. »Ich bekam sie einmal geschenkt. Als ich noch nicht verheiratet war. Schlägt es da wirklich schon Mitternacht? Ja, um diese Zeit wachen die Geister, wacht die Vergangenheit auf.« Christine lauschte auf die langsamen Rufe der Turmuhr, die aus dem Dunkel kamen.

»Die Vergangenheit«, sagte die alte Frau, »das ist meistens Mahnung oder gar so etwas wie Reue, sie ist das Zuspät. Du bist ja noch jung, du wirst das wohl noch nicht so wissen.«
Christine schwieg. – »Aber so jung«, fuhr Tante Lisbeth fort, »so jung bist du wohl auch nicht mehr.«
»Nein.«
»Siehst du. Ich habe dich lange nicht gesehen, und wenn man dann einem Menschen wieder begegnet, ist er natürlich verändert, das versteht sich von selbst. Du weißt, ich lebe sehr zurückgezogen, da wird man sonderbar empfindlich für alles, was unter der Oberfläche liegt. Daß ich nicht sehr gut höre, stört mich gar nicht, vollends nicht, was dich betrifft – ich verstehe dich trotzdem ausgezeichnet, bild ich mir ein. Vielleicht aus einem ganz bestimmten Grunde, Christine. Vielleicht, weil ich Dich besser kenne, als du denkst. Vielleicht weil ich selber einmal so war. Warum sagst du nichts?«
»Ich höre in mich hinein«, antwortete Christine. Ihr war, als träume sie.
»Ja, tue das. Und sei froh, daß du es kannst. Also die Ohrringe, die bekam ich einmal geschenkt, ganz heimlich, ich habe sie nie getragen, wenigstens nicht, wenn es jemand sah. Denn wenn ich sie hergezeigt hätte, dann hätten die Leute natürlich alles wissen wollen, was damit zusammenhing, und so weit war es noch nicht. Es ist auch nie so weit gekommen. Eine Liebesgeschichte wie tausend andere auch, Christine. Dann habe ich einen anderen geheiratet – später; zu spät. Es war kein Zauber mehr dabei. Wir leben hier in einer sehr kleinen Stadt.«
»Ist er gestorben?« fragte Christine.
»Gestorben? Ach, durchaus nicht. Er lebt heute noch, du kennst ihn sogar. Und nun möchtest du wissen, weshalb eigentlich nichts daraus wurde. Aber das kann ich dir nicht sagen, denn ich weiß es selber nicht genau. Es gibt Augenblicke, in denen man sich entschließen muß. Solche Menschen wie wir, Christine, sind meistens der Überzeugung, daß sie mit allem allein fertig werden können. Das traut man sich zu. Oft ist das richtig, manchmal aber auch nicht – und gerade in den wichtigsten Augenblicken ist es nicht richtig, aber das merkt man immer erst hinterher. Die Leute, die hier in der Stadt wohnen, von denen kann man nicht verlangen, daß sie es begreifen. Aber ich war immer ein bißchen aus der Art geschlagen, genau wie du, Christine, denn eigentlich ist es ja komisch, daß mein Bruder und seine liebe Frau ein solches Kind haben sollten wie du es bist. Eigentlich – irgendwie – bist du meine Tochter, und es tut mir nur leid, daß du's nicht wirklich bist. Aber das Schicksal hat eine Vorliebe für solche Sprünge und Überraschungen. – Du verstehst mich doch?«

»O sehr gut«, sagte Christine. »Viel zu gut!«
»Ich habe keine Kinder gehabt«, sagte Tante Lisbeth, »aber wenn ich eins gehabt hätte, dann wärst du es gewesen. Und, Christine: du bist jetzt genau so alt wie ich damals war, als ich die Ohrringe bekam. Ich weiß, wie es in dir aussieht. Ich bin der einzige Mensch, der es weiß, der es in dieser kleinen Stadt wissen kann; und wahrscheinlich werde ich nie wieder Gelegenheit haben, es dir zu sagen, als eben jetzt in dieser merkwürdigen Stunde. Denn solche Stunden gehören zu den Dingen, die es nur einmal im Leben gibt. Und da muß ich dir doch sagen: ich habe ein bißchen Angst um dich, Christine!«
»Ich auch«, sagte Christine aus ihrem Traum heraus, der weit in die Vergangenheit zurückging und in dem sie sich doch selber begegnete.
»Ja, nun weißt du also, weshalb ich darauf zu sprechen kam, es war wirklich nicht, weil eine alte Frau das Bedürfnis hat, mit alten Ohrringen eine alte Liebesgeschichte auszukramen. Im Gegenteil, es war, damit diese alte Geschichte sich nicht etwa genau so wiederholt. Das sind diese Zeiten, diese Augenblicke, Christine. Und das sind diese Geschichten ohne Schluß. Du verstehst mich also. Dann braucht man nicht weiter davon zu reden.«
»Da sind wir nun mitten in der Nacht«, sagte Christine. »Nur diese Lampe brennt, ringsum bis in alle Ferne ist es ganz dunkel. Soll man sich da nicht fürchten?«
»Aber die Sterne stehen am Himmel«, antwortete die alte Frau. »Einer davon ist dein Stern. Dem muß man nachgehen, das war schon immer so. Denn die Sterne wissen ihren Lauf; wenn wir Menschen nur auch den unseren wüßten.«

Der Bürgermeister wohnte im Rathaus, in denselben Räumen, die seit dem Dreißigjährigen Krieg alle Bürgermeister der Stadt innegehabt hatten.
Die Wohnung war nicht groß, dafür aber um so verwickelter; immer an den dunkelsten Stellen befand sich eine Stufe, man mußte erst lernen, da zu wohnen, es war nicht so wie in diesen modernen Häusern, die zwar bequem, aber auch so charakterlos sind, daß selbst der Ungeübteste darin hausen kann; nein, in diesem alten Gebäude war es anders, es gab mehr Überraschungen, und wenn zum Beispiel etwas Rundes zu Boden fiel, ein Strickknäuel oder ein Ball, dann rollte dieser Gegenstand jedesmal bis in die Mitte der Stube, und das hatte ja auch seine Vorteile, denn man brauchte nicht lange unter Schränken und Kommoden zu suchen. Auch hier also hatte das Leben seine Eigenheiten.

Dafür war die Aussicht um so schöner. Denn die Stadt lag auf einer Terrasse über der Ebene, durch die der Strom dahinzog, deshalb reichte der Blick von dieser Rückseite des Rathauses fast so weit wie vom nahen Schlosse.
Zunächst gab es da, den Hang hinab, zwischen Akazienwipfeln noch die paar kleinen, steilen Dächer mit ihren komischen und wichtigtuerischen Schornsteinen; dann, schon in der Tiefe, kamen Wiesen, auf denen braune Kühe weideten, dann ein breiter Streifen Au-Wald, der den Strom verdeckte, und dann jene sonnendunstige, ins Endlose verschwimmende Ebene mit sanften, in der lieblichsten Weise durcheinanderziehenden Farben, die nur ganz dünn auf einen sehr hellen Goldgrund aufgetragen zu sein schienen.
Das schönste aber war der wunderbar hohe Himmel, ein vollkommener Inbegriff alles überirdischen Glanzes – und es ist, in diesem Zusammenhang, ziemlich banal zu sagen, daß der Bürgermeister Hagenauer, wenn er im Bett lag, nichts sah als diesen Himmel.
Die Feststellung läßt sich aber nicht vermeiden, denn der Bürgermeister lag tatsächlich im Bett, angenehm gestreichelt von dem Bewußtsein des Sonntagmorgens, in dessen Pflichtenlosigkeit er wie in einem lauwarmen Bade schwebte. Aufgeweckt hatte ihn der Gesang der Vögel, welcher jetzt, im Juni, noch von einer schmetternden Inbrunst war.
Hagenauer gehörte zu den Menschen, die bei vollem Wach-Sein außerordentlich rührig sind, wieselhaft durch das Leben zu schlüpfen und immer einen Ausweg oder ein Loch zum rechtzeitigen Verschwinden wissen – deren wahrhaft bedeutende und schöpferische Gedanken sich aber nur in solchen Stunden einzustellen pflegen, wo jene Wieselhaftigkeit unnötig und der Körper, in waagrechter Lage ganz entspannt, kein Hindernis mehr für den Höhenflug des Geistes bildet.
Das war eben jetzt der Fall, und deshalb fragte der Bürgermeister Hagenauer, nachdem er eine halbe Stunde lang das Walten des Genius immer deutlicher in sich gespürt hatte – und nichts beglückt den Menschen mehr als dieses Gefühl –, der Bürgermeister also fragte sanft, klar und groß.
»Luise, was braucht man eigentlich zu einer Buttercremetorte?«
Luise schlief noch. Aber selbst in diesem Zustande, welcher nach allgemeinem Dafürhalten einen hohen Grad von Unzurechnungsfähigkeit mit sich bringt, war sie eine so vortreffliche Frau, daß sie sofort, wenn auch undeutlich, antwortete: »Acht Eier, ein halbes Pfund Butter, ein halbes Pfund Zucker, ein halbes Pfund Mehl!« Danach tat sie, gleichsam erstaunt über ihre eigene Tüchtigkeit, einen kleinen Schnarcher und schlief weiter.

Ihr Mann betrachtete sie oder vielmehr das, was von ihr erkennbar war, nämlich etwas zugedecktes Rundliches, nicht ohne Anerkennung und verfiel darauf neuerdings in ein langes und scharfes Nachdenken, bei dem er ungestört bleiben muß. –

Es ist etwas Eigentümliches um einen schönen Sonntagmorgen. Alles sieht blankgeputzt und still aus, kein Wagen rumpelt über das alte Kopfsteinpflaster, die Straßen sind leer, sogar die Hühner bleiben in ihren Höfen und scheinen zu wissen, daß ihre übliche kratzende und pickende Geschäftigkeit heute unpassend wirken würde, ja sogar die Dohlen fliegen nicht um die Turmkuppen, über welche heute nur weiße Wolken feiertäglich dahinziehen, auch sie ganz blank und entschieden ordentlicher als wochentags.

Die Leute, wenn sie nicht in der Kirche sind, bleiben daheim, und während der unverdrossenere Teil der Menschheit, nämlich die Frauen, schon am Küchenherd beschäftigt ist, wissen dic Männer nicht recht, was sie mit sich anfangen sollen; sie gehen nicht aus, sondern ihren Frauen auf die Nerven, besonders wenn sie, wie der Registrator Weiland, den faulen Morgen gar nicht anders genießen zu können glauben als in Hausschuhen, Hemdärmeln und ohne Kragen.

Christine erinnerte sich, daß sie schon immer etwas gegen den Sonntagmorgen gehabt hatte, sozusagen: was es jedoch gewesen war, das kam ihr erst jetzt zum Bewußtsein; denn damals hatte sie, halb noch Kind, viel zu viel Respekt vor ihrem Vater empfunden, um diese Sonntagmorgenkragenlosigkeit, die sich in dem goldenen Knöpfchen am Halse wie in einem Brennpunkt sammelte, unangebracht zu finden. Es hatte sie aber schon damals gestört, das fiel ihr jetzt auf, und jetzt störte es sie noch mehr.

Natürlich ließ sie sich nichts anmerken, denn eine Berechtigung, diese geheiligte Feiertagsschlamperei zu tadeln, fühlte sie auch heute noch nicht. Weil es im Wohnzimmer aber noch dazu nach einer schlechten Zigarre roch, verzog sie sich in die Küche, um der Mutter zu helfen; indessen hatte Anna Weiland sonntags immer eine Frau, und so blieb Christine beinahe nichts anderes übrig, als spazieren zu gehen.

Sie tat es mit dem größten Vergnügen.

Da die Hauptstraße fast menschenleer war, so erkannte sie schon von weitem den Uhrmacher Balthes, der dem Rathause gegenüberstand und zu der Mondkugel hinaufblickte, die sich unmerklich drehen und die Phasen des Nachtgestirns anzeigen sollte.

Herr Balthes war so in Gedanken, daß er Christine zunächst gar nicht bemerkte. Es schien ihr aber, als ob die noch gestern ganz schmale goldene Sichel der Monduhr bereits ein wenig breiter geworden sei. Viel-

leicht bewegte sie sich doch, vielleicht hatte Tante Lisbeth richtig gehört?
»Natürlich geht sie!« sagte Herr Balthes. »Denn ich habe sie ja instandgesetzt ... das heißt ... der Mond war allerdings nur eine Kleinigkeit, denn die Hauptuhr ist ja im Rathaussaal, innen, die eigentliche Kunstuhr, wenn du dich erinnern kannst.«
Christine konnte sich nur sehr dunkel erinnern, sie war in ihrem Leben ein einziges Mal in dem Saal gewesen, und daß dort eine so berühmte Kunstuhr war, wußte sie eigentlich nur vom Hörensagen. Seit Jahrzehnten stand die Uhr still, vielleicht seit Jahrhunderten, weshalb also hätte man sie betrachten sollen?
»Was tust du?« erkundigte sich Herr Balthes mit seiner gewohnten Freundlichkeit und sagte, daß er an diesem schönen Morgen im Begriffe sei, die Uhr des Schloßturms aufzuziehen.
Eine kurze Gasse führte zum Schloß, das auf sehr alten Quadergrundmauern stand und in seinem ganzen Aufbau samt Toreinfahrten, Hof und Türmen eine richtige gotische Burg war, die man später freilich mit den schnurrigsten barocken Schnörkeln beklebt hatte, ja, hier und da zeigte ein niedriges und wuchtiges Gewölbe sogar allerliebste Rokokoverzierungen aus Gips — früher hatte Christine das nie bemerkt, aber nun fiel es ihr sofort auf.
»Ja«, sagte Herr Balthes, »so wächst das eben, wenn nicht rechtzeitig ein Krieg für Stilreinheit sorgt.« Und auf ihren etwas verwunderten Blick fügte er hinzu: »Du weißt ja wohl, daß ich unser Heimatmuseum verwalte.« Sie wußte es aber nicht, und er meinte: »Da muß man vieles lesen und noch mehr denken.«
Und nun holte er einen großen Schlüssel aus der Tasche und schloß das Turmpförtchen auf.
Sie kletterten eine sehr steile und sehr enge Wendeltreppe hoch, die nur gelegentlich durch eine Scharte in der unmäßig dicken Mauer ein wenig Licht bekam.
Das alte Holz roch nach Staub und Vergangenheit, und immer an den Lichtluken blieb man stehen, blickte hinaus und sah, daß die Welt schon wieder um ein beträchtliches Stück tiefer gesunken und der Himmel um ebensoviel näher gekommen war.
Endlich aber erreichte die Treppe einen kreisrunden Raum, eine Art Glockenstube, in der es freilich keine Glocken gab, sondern eben nur das alte eiserne Uhrwerk. Hier waren aber richtige fensterförmige Schalllöcher, durch die das Licht heiter und sommerhell hereinfloß, und schaute man hinab, so mußte man sich in acht nehmen, daß man nicht vom Schwindel gepackt wurde, so unheimlich war die Tiefe, und so über alle Begriffe groß war die Welt, über die man hinwegblickte.

Während Balthes sich mit dem Räderwerk zu schaffen machte, aber nicht viel, versuchte Christine diese ganz von Licht berauschte Welt zu erfassen. Auf der Ebene lag indessen noch immer der goldene Frühdunst und ließ nur wenig erkennen.
Dann trat Balthes neben sie, goß aus einem Fläschchen ein wenig Benzin auf einen mitgebrachten Lappen und reinigte mit großer Sorgfalt seine Finger; von jeher tat er alles mit dieser Bedachtsamkeit. »Nun ist also wieder einmal dafür gesorgt«, sagte er, »daß die Zeit richtig läuft. Hier und dort ein Tropfen Öl, das ist alles, was sie braucht. Das Werk ist noch tadellos, man muß nur aufpassen, daß keiner die Treppe heraufkommt und einen Stecken zwischen die Räder klemmt.«
Er nahm den Hut ab, der Sommerwind spielte mit seinem weißen Haar und das Gesicht war von der Überfülle des Lichtes so geklärt, daß Christine an den Gott Chronos denken mußte, der nun hier oben stand und mit überirdischer Gelassenheit auf die Zeitläufte hinabsah.
So sehr sie an Balthes hing, der Gedanke war ihr nicht geheuer. Er machte ihr geradezu körperlich zu schaffen, aber vielleicht kam es auch vom Treppensteigen und davon, daß sie sich nicht völlig schwindelfrei fühlte. Jedenfalls war es augenblicklich eine recht sonderbare Stimmung.
»Dort gegen Osten«, fragte sie, um der Minute Herr zu werden, »mein ich in der Ferne ein großes Haus zu sehen oder was es sein mag. War das schon immer da?«
»Schon immer«, antwortete er. »Es ist Schloß Uggla.«
»Wahrhaftig! So vergißt man die Landkarte. Uggla! Ich hätte es weiter links gesucht. Ein sonderbarer Name übrigens, der mir gar nicht in unsere Gegend zu passen scheint.«
»Dieser Tage«, sagte Balthes mit einer Art von gedankenvoller Feierlichkeit und scheinbar ohne auf Christinens Worte einzugehen, »dieser Tage werde ich nun wohl mit der großen Arbeit zustandekommen.«
»Mit der Uhr?«
»Du hast wohl schon gehört, daß ich mich darangewagt habe, sie wieder in Gang zu setzen. Es war ein Gelöbnis von mir: Wenn unsere Stadt verschont bliebe. Aber es ist heutzutage sehr schwer, dieses Gelöbnis zu erfüllen, denn zu einer solchen Arbeit fehlt beinahe alles.«
»So ist das!« sagte Christine. »Ja, ich habe davon gehört.«
»Von wem?«
»Gestern, von Tante Lisbeth.«
Balthes nickte. »Und eben gestern bekam ich eines von diesen ganz dünnen Laubsägeblättern, wie wir Uhrmacher sie brauchen, und nun hoffe ich also fertig zu werden. Man muß sich behelfen, man muß alles selber machen, so gut es geht, es gehört eine unendliche Geduld dazu. Aber

es ist ein Gelöbnis, Christine. Wenn Gott Wort gehalten hat, dann muß es der Uhrmacher Balthes auch tun, meinst du nicht?«
Christine sagte, sie wisse wirklich nicht, ob sich Gott durch die Aussicht, daß die große Uhr wieder in Gang kommen solle, zu einer Änderung des Weltlaufes habe bestimmen lassen.
Aber Balthes schüttelte den Kopf und sagte: »Weltlauf? Ja, siehst du, das heißt doch wohl, daß es sich auch dabei um eine Uhr handelt, freilich um eine noch viel größere. Man tut, was man kann, jeder nach seinem Vermögen. Was glaubst du, wie viele Monate, Nacht für Nacht, ich mir den Kopf zerbrochen habe über das Werk?«
»Über welches?«
»Nein, über das im Rathaus natürlich; das andere ist für unsereinen zu verwickelt, und wenn es einmal verpfuscht ist, läßt es sich nicht mehr reparieren, das sieht man ja. Aber du wirst auch sehen, wie wunderbar und kunstreich das alles läuft – im Rathaus. Es handelt sich nämlich nicht nur um die Zeit, sondern auch um Sonne und Mond und sogar um die Planeten, und oben treten die Planetengötter aus ihren Häusern und zeigen sich den Menschen; aber noch weiter oben sitzt die heilige Dreifaltigkeit, die macht mir am wenigsten zu schaffen, denn sie rührt sich nicht. Hingegen hab ich die vier Evangelisten und die zwölf Apostel wieder zum Erscheinen gebracht – aber da liegt nun der Haken, denn einstweilen sind es nur elf, weil der wichtigste, nämlich Petrus, durchaus noch nicht mag. Ich verstehe das ja, ich an seiner Stelle möchte auch nicht, denn es ist doch eine sehr peinliche Sache. Aber ich kann's nicht ändern, er muß, denn so steht es geschrieben, und heute nachmittag mache ich ihn fertig.«
»Was steht geschrieben?« fragte Christine.
»Da gibt es Leute«, antwortete Balthes, »die behaupten, Christus sei ein Schwärmer und Idealist gewesen. Aber ich behaupte, daß beinahe das Gegenteil wahr ist, er kannte die Menschen recht gut, zu gut. Hielt er nicht alles auf Petrus, wollte er nicht auf diesem Felsen seine Kirche gründen? Und doch wußte er: Ehe der Hahn zweimal kräht, wirst du mich dreimal verleugnen. Er behielt recht, und Petrus ging hin und weinte bitterlich. Ich kann ihn aber drehen, wie ich will, er tut's nicht.«
»Petrus?« fragte Christine. »Und was tut er nicht?«
»Er geht nicht hin, er weint nicht bitterlich! Den Hahn hab ich zum Krähen gebracht, der Heidengott Jupiter weist den Planeten wieder ihre Wege, die noch viel heidnischere Venus beschaut sich im Spiegel, das alles, Christine, war nicht gar so schwierig – aber daß einer hingeht und sich ordentlich schämt, du glaubst nicht, wie schwer das ist, vollends heutzutage. Aber jetzt hab ich endlich dieses feine Sägeblatt und kann

das Metallhäkchen machen, das mir bisher gefehlt hat. Besuchst du mich?«

Christine erwiderte, daß sie es gern täte, aber nicht fest versprechen wolle.

»Ja«, sagte Balthes, »du bist freilich kein kleines Mädchen mehr, sondern, wie ich höre, eine berühmte Persönlichkeit, da hat man wohl nicht mehr so viel freie Zeit, das ist die Schattenseite davon. Aber du solltest den großen Augenblick, nämlich wenn Petrus nun doch wieder hingeht, nicht versäumen. Es ist eine lange Geschichte, Christel.«

»Eine Geschichte?« fragte sie mit erwachender Neugier, denn sie wußte, daß niemand eigentümlichere Geschichten erfinden und erzählen konnte als der Uhrmacher Balthes, damit hatte seinerzeit ihre Freundschaft angefangen.

»Wundert dich das?« Er blickte mit seinem leisen Lächeln in das weite Land hinaus, man spürte, daß er besondere Gedanken hatte, und es war auch eine besondere Stimmung: hier oben in der hellen luftigen Glokkenstube, hoch über den Menschen, an diesem Sonntagmorgen. Denn plötzlich konnte man die Welt mit ganz anderen Augen ansehen, man sah oder ahnte doch wenigstens eine Art von Dingen, die in der großen Stadt durchaus verborgen und stumm blieben, falls sie dort überhaupt noch vorhanden waren.

»Alles hat seine Geschichte, alles ist eine Geschichte«, sagte der Uhrmacher, »und wenn man sich nur Mühe gibt, so kann man diese Geschichten zurückverfolgen, ach, weit! Dann entdeckt man, daß sie eigentlich alle miteinander zusammenhängen, es kann ja auch gar nicht anders sein, denn die Menschen sind ja auch alle miteinander verwandt — wenn man sich's ausrechnet. Meinst du nicht? Du mußt nur weit genug zurückgehen.«

»Vielleicht ist es so«, sagte Christine, »wahrscheinlich sogar. Aber das ist eine merkwürdige Sache, denn die Gegenwart wird dadurch immer bedeutungsloser.«

»Bedeutungsloser? Nein, das will ich nicht behaupten. Bedeutungslos kann sie gar nicht sein, weil doch auch auf ihr sich unendlich viel Kommendes aufbaut bis in die fernsten Zeiten, nicht wahr? Aber etwas anderes, Christel, was viel merkwürdiger ist: daß nämlich nichts, buchstäblich gar nichts, was einmal da war, tot und vorbei sein kann! Denn es wirkt ja noch, wenn man's auch nicht so erkennt und schon lange vergessen hat. Ich sage: Alles ist unsterblich!«

»Eine sehr gespenstische Meinung, Vater Balthes!«

»Gespenstisch oder nicht, jedenfalls ist es so. Der Mann, der vor ein paar hundert Jahren diese Bretter festgenagelt hat, auf denen du jetzt stehst, kann doch eigentlich nicht tot sein, denn er wirkt ja noch, wie? Die Bretter sind doch noch da! Seinen Namen wissen wir freilich nicht mehr, deshalb hat er keine Geschichte, wie man so sagt. Er hat aber trotzdem eine, sie dauert bis zu diesem Augenblick, weil du eben jetzt auf seinen Brettern stehst. Je länger man darüber nachdenkt, desto sonderbarer wird das.«

»Aber dann gäbe es überhaupt keine Geschichte, die einen Schluß hat!«

»Sehr richtig!«

»Im Ernst?«

»Durchaus.«

»Dann müßten wir wohl bald den Verstand verlieren«, sagte Christine kopfschüttelnd, »denn wir wären in einem Netz von unzähligen Geschichten, die niemals aufhören.«

»Das müßten wir auch«, sagte er. »Daß wir's nicht tun, kommt nur daher, daß wir die meisten dieser Geschichten nicht kennen und uns also keine Gedanken darüber machen. Aber das ändert nichts an der Tatsache. Weil du vorhin von Schloß Uggla sprachst, Christine, und daß der Name so fremdartig klingt — da hast du gleich so eine Geschichte, die nicht aufhört. Bei diesen Dingen ist es so, wie wenn's unter der Asche glimmt, niemand ahnt etwas davon und jeder denkt, das Feuer sei schon lange tot. Es ist aber nicht tot, nein. Wenn einmal ein Windstoß kommt, oder jemand streift mit dem Fuß die Asche beiseite — plötzlich flackert es wieder. Und welche Zusammenhänge gibt es da unversehens! Denn das würdest du nun wohl auch nicht glauben, daß mein Petrus nicht hingehen und sich nicht schämen will, weil dort drüben Schloß Uggla steht?«

Christine sah den Uhrmacher Balthes aus den Augenwinkeln an. »Ist das die Geschichte, die Sie mir heute nachmittag erzählen werden?«

Er nickte. —

Als sie heimkam, war es gerade Zeit zum Mittagessen, und ihr Vater hatte sich einen Kragen und einen Schlips umgebunden.

Und dann, während sie abspülten, kam Anna schonend darauf zu sprechen, daß es — möglicherweise — einen leider etwas unruhigen Sonntagnachmittag geben könne, »denn, weißt du, heute haben die Leute Zeit, und es ist doch klar, daß sie schrecklich neugierig sind; da erinnern sie sich dann plötzlich, daß sie uns schon längst einmal hätten besuchen wollen.«

Aber Christine hatte sich wohl während dieser letzten Jahre eine unerhörte Rücksichtslosigkeit angewöhnt, oder sie war zu stolz geworden. Denn sie erklärte der still entsetzten Anna, daß sie hier sei, um Ruhe und Erholung zu finden, und wenn es auch Leute gebe, die sich plötzlich

erinnerten, so habe doch sie, Christine, diese Absicht keineswegs, o nein.
Und tatsächlich, als sie den letzten Teller blankpoliert hatte, verschwand sie einfach und überließ es dem verblüfften Elternpaar, den Ruhm der Tochter auszubaden.
Aber der Registrator Gustav Weiland, nachdem er einige Zeit lang über dieses schnöde Benehmen nachgedacht hatte und darüber, daß die neue Generation eben doch sehr anders war und so gemütlos, kam zu dem Ergebnis, daß es seine Sache nun wohl auch nicht sei, für die halbe Nachbarschaft den Kopf hinzuhalten und Kaffee auf den Tisch zu stellen, und er sprach zu seiner Frau: »Mach dich fertig, Anna, wir gehen spazieren.«
Inzwischen saß Christine Weiland schon bei Herrn Balthes, auf dessen Arbeitstisch sich natürlich auch der heilige Petrus eingefunden hatte und darauf wartete, daß seine Hemmungen beseitigt würden und er endlich hingehen und bereuen könne.
Draußen auf der Straße war es ganz still, sonntäglich still. Hier in der Werkstatt tickte eine kleine Schwarzwälderuhr, und in seinem Käfig am Fenster knabberte manchmal der Kanarienvogel an dem Stückchen Sepiaknochen, das zwischen den Drahtstäben stak, und dann blickte er jedesmal auf, als müsse er nachsehen, ob dieses winzige Geräusch auch niemanden störe. Irgendwie hatte er eine Ähnlichkeit mit dem Organisten Stefan.
Wie Christine Herrn Balthes am Tisch hantieren sah und seinen Kopf betrachtete, der ihr schon von jeher als etwas Außerordentliches erschienen war, dachte sie an die sonderbare Nacht, die sie hinter sich hatte, und an die Granatohrringe. Daß Tante Lisbeth mit Herrn Balthes eng befreundet war, wußte sie, aber es fiel ihr erst heute auf.
Wie merkwürdig war doch die Welt, wenn man nicht nur das Äußerliche sah!
Aus einem Messingplättchen sägte Herr Balthes gerade ein schwierig aussehendes Häkchen heraus, das bei richtiger Führung nach drei Seiten hin greifen und damit die erhoffte moralische Wendung des Patienten bewirken konnte.
Dabei also begann er versprochenermaßen und so kunstgerecht zu erzählen, wie er seine Handarbeit ausführte, und zwar

Die Geschichte der alten Uhr

Ich weiß nicht, Christine, ob ich die Geschichte, die ich dir erzählen will, traurig oder heiter nennen soll. Es kommt manches Traurige darin vor, und manches, worüber ich lachen möchte. Es verhält sich eben auch hier wie häufig im Leben, daß wir nicht wissen, ob wir lachen oder weinen sollen.

Unser Dasein ist ein Ding, das zwischen Himmel und Hölle schwebt, wie der Mensch überhaupt; deshalb fällt es uns so schwer, den Sinn des Lebens zu erkennen. Von oben gesehen erscheint alles leicht und schön, im Pechkessel aber merkt man erst, wie tief der Abgrund ist. Darüber mag sich aber jeder seine eigenen Gedanken machen, auch hier bei uns, die wir ein bißchen abseits liegen von dem, was man die Welt nennt.

Mitunter ist es gar nicht so übel, ein bißchen abseits zu liegen. So war auch während des Dreißigjährigen Krieges unsere Stadt lange verschont geblieben, die schlimmen Ereignisse hatten einen Bogen um sie gemacht.

Überhaupt war es ja damals nicht so wie heute; ich muß immer den Kopf schütteln, wenn ich mich an die Gänsehaut erinnere, die wir als Kinder bekamen, wenn in der Schule vom Dreißigjährigen Krieg und seinen Schrecken erzählt wurde; damals ist eine Anzahl Dörfer vom Erdboden verschwunden und eine einzige Stadt, nämlich Magdeburg, zerstört worden – du lieber Gott, mittlerweile hat die Menschheit so große Fortschritte gemacht! – Und dann muß man auch bedenken, daß damals nur während der guten Jahreszeit Krieg geführt wurde, im Winter aber lagen die Truppen gemütlich im Quartier und taten nicht dergleichen, und damit beginnt meine Geschichte.

Eines schönen oder unschönen Tages nämlich tauchte hier in der Gegend eben doch ein schwedisches Reiterregiment auf. Es war schon ziemlich spät im Herbst, die Schweden scheinen nirgends recht untergekommen zu sein, und hier, dachten sie, würde sich ein Winteraufenthalt gewiß lohnen.

Die Stadt aber, die damals zu ihrem Glücke noch hinter Wall und Graben lag, schloß die Tore. Das war für die Schweden sehr ärgerlich, denn sie hatten keine Kanonen mitgebracht und konnten deshalb im Bösen nichts ausrichten, und auf Verstärkungen durften sie wohl nicht hoffen.

Der schwedische Oberst war ein junger, großer, blonder Mensch, ein Herr von Uggla, von dem ich einstweilen nichts zu sagen brauche, als daß er entsetzlich soff, aber das war ja zu jener Zeit die große Mode.

Es mag ihm schwer genug angekommen sein, daß er sich aufs Verhandeln legen mußte. Mit zwei Begleitern ließ man ihn herein, empfing ihn höflich und gab sogar ein großes Bankett im Rathaussaal, denn erstens hatten die Leute damals ohne Zweifel mehr Lebensart, zweitens aber auch mehr zu essen als heute, und gerade auf diesen Punkt kam es den Stadtvätern an, denn sie wollten dem Schweden zeigen, wie vortrefflich die Stadt verproviantiert sei und daß sie es im Ernstfalle sehr lange würde aushalten können.

Du hast sicherlich gelesen, wie prunkvoll man im siebzehnten Jahrhundert zu tafeln verstand, daß es die pompösesten Schaugerichte gab, die überhaupt nur um den Tisch herum und dann gleich wieder hinausgetragen wurden, etwa einen in den Federn gebratenen Pfau und solche Dinge, die wirklich nur für die Augen gut sein mögen, und daß besonders die Kunst der Konditoren auf einer staunenswerten Höhe stand und man den ganzen Olymp in Biskuit, Zuckerguß und Schlagrahm auf den Tisch stellte und dann in christliche Mägen verstaute. Das Tollste aber war wohl, daß man auch den Wein keineswegs immer so trank, wie Gott ihn geschaffen hat, sondern ihn oft genug mit Pfeffer, Zimt und anderen Zutaten interessanter machte und ihn anwärmte – nun, wohl bekomm's, mein Geschmack wäre das nicht und mir wird schon schlecht, wenn ich nur daran denke.
Was nun den jungen Herrn von Uggla betrifft, den schwedischen Oberst, so wurde ihm natürlich noch viel schlechter, denn, wie gesagt, er soff entsetzlich, und wenn er auch viel vertragen konnte, weil er nie aus der Übung kam, so gab es doch auch bei ihm eine Grenze, und die überschritt er bei dem großen Staatsbankett um so mehr, als er mit seinem Besuch nicht das Mindeste erreicht hatte, denn die Ratsherren gaben ihm zu verstehen, daß er nur dieses eine Mal innerhalb der Stadtmauern sei, die er, um ein zweites Mal hineinzukommen, wohl oder übel werde umlegen müssen, und eben dazu bestand für ihn keine Aussicht.
Dies alles jedoch ging in der höflichsten und freundlichsten Weise vor sich, mit schönen Reden und Zutrinken. Die Ratsherren wechselten einander dabei wohlweislich ab, indessen der Herr von Uggla seinerseits alles allein auf sich nehmen mußte, sowohl das Reden wie das Trinken, und als er schließlich bei Fackelschein (und von der frischen Abendluft wie mit einer Keule vor den Kopf geschlagen) zu Pferde steigen wollte, kam er die ersten paarmal überhaupt nicht hinauf und, als es ihm schließlich doch glückte, auf der anderen Seite so erstaunlich schnell wieder herunter, daß man einsah, so ginge es nun bestimmt nicht, und christlicherweise beschloß, ihn über Nacht in der Stadt zu behalten, was um so gefahrloser erschien, als er offenbar gänzlich kampfunfähig war.
Zunächst legte man ihn in den Garten eines benachbarten Hauses, denn die Stube, in der er schlafen sollte, mußte erst hergerichtet werden.
In diesem Hause nun diente eine junge Magd – nein, ich muß lachen, ja, hier muß ich nun wirklich lachen, denn es ist mir noch niemals aufgefallen, daß sie Christine hieß! Sie hieß aber tatsächlich so.
Diese Christine wußte zwar, daß es sich bei dem Mann auf dem Rasen um einen fremden Offizier handelte. Wie ernst und wichtig aber sein

Besuch war, das wußte sie nicht, übrigens darf man vermuten, daß es auch wenig Eindruck auf sie gemacht haben würde, denn sie pflegte die Dinge mit ihren Augen und von ihrem Standpunkt aus anzusehen. Das tat sie auch diesmal, und da sah sie nichts als einen hübschen jungen Kerl, der dalag und sich weder schlecht noch gut, sondern überhaupt nicht benahm.
Sie sollte ihn in seine Stube bringen, aber das war unmöglich. Da sagte sie: »Ja, warte du nur!«, ergriff einen Stalleimer und begoß den hohen Gast so lange mit kaltem Wasser, bis er wieder einigermaßen zum Bewußtsein kam und man ihn hinaufschleppen und -schieben konnte.
Naß wie er war, mußte sie ihn ausziehen und ins Bett legen und versorgen, und das tat sie gewissenhaft und mit längeren Äußerungen, die sich aber mehr auf die Männer im allgemeinen bezogen als auf diesen Fall im besonderen, und die ich hier nicht nachzuerfinden brauche wie ein alter griechischer Geschichtsschreiber, da sie den Frauen ohnedies bekannt genug sind.
Als der Herr von Uggla endlich aufwachte, besann er sich lange, wo er und was mit ihm geschehen war, kam jedoch zu keinem rechten Ergebnis, denn diesmal hatte es ihn ganz besonders schlimm erwischt und sein Kopf war wüst und leer wie die Welt, bevor etwas in sie hineinerschaffen wurde. Während aber damals Gott das Weib zuletzt machte — vermutlich weil er alles andere für wichtiger hielt —, tauchte es für den Obersten von Uggla als erstes aus dem Chaos, und zwar in Gestalt der Magd Christine, die am Tische stand und sein frischgewaschenes Hemd bügelte, das einen besonders schönen Spitzenkragen hatte, welcher bei dem Bankett und auch später durch die kalten Wassergüsse in einen schrecklichen Zustand geraten war.
Diese hemdenbügelnde Eva nun erschien dem Herrn von Uggla so lieblich, daß er fürs erste weder etwas fragte noch sagte, obwohl er dazu schon wieder fähig gewesen wäre, sondern sich mäuschenstill verhielt und das angenehme Bild mit wachsender Anteilnahme betrachtete, wobei der dumpfe Druck in seinem Schädel langsam leichter wurde und die Gedanken sich wieder in leidlich vernünftiger Bahn zu bewegen anfingen.
Als er nun merkte, daß Christine mit ihrer Arbeit zu einem Ende kam und sich wohl alsbald aufrichten werde, schloß er die Augen und stellte sich schlafend, teils in dem Wunsche, das Bild in seinem Geiste zu behalten, teils aber auch, weil er neugierig war, was sie jetzt tun und wie es weitergehen würde.
Christine tat das Bügeleisen beiseite. Dann faßte sie das schöne, zu neuer Vornehmheit erblühte Hemd mit spitzen Fingern und legte es

höchst behutsam über die Lehne des Stuhles, der neben Ugglas Bette stand. Danach blieb sie eine Weile voll Nachdenklichkeit vor dem Obersten stehen und betrachtete ihn, wobei sie ihren Kopf schief drehte, um sein Gesicht nur ja recht genau prüfen zu können, und schließlich strich sie dem scheinbar Schlummernden mit sanften Fingern eine Haarsträhne aus der Stirn und sagte noch unendlich viel sanfter, ja mit einer — wie ihn deuchte — geradezu engelhaften Zartheit: »So, du versoffenes Schwein!«

Zugegeben, daß diese Bemerkung, ihrem Inhalte nach, wohl durch manche andere an Zärtlichkeit übertroffen werden könnte, aber schon damals machte der Ton die Musik, und dem Herrn von Uggla erschien eben der Ton ganz himmlisch, wie ja überhaupt die Musik über die unvergleichlichsten Ausdrucksmöglichkeiten verfügt und Dinge aufklingen lassen kann, die dem Menschen sonst ganz und gar verschlossen bleiben würden. Weil uns nämlich die Musik unmittelbar und viel näher zu dem hinführt, was eigentlich gemeint ist, und keinen Umweg über die Worte braucht.

Deshalb verstand denn auch der schwedische Oberst sogleich, was Christine meinte, und da er schon lange von seiner Mutter fort war und nichts anderes mehr kannte als das rauhe Lagerleben, so tat es ihm unsagbar wohl. Er beschloß, zu erwachen, und zwar sofort, denn er hatte sich mittlerweile in der Lage völlig zurechtgefunden.

Er grunzte also erst ein wenig, drehte den Kopf auf die andere Seite, öffnete die Augen, starrte die Wand an und richtete sich schließlich einigermaßen in die Höhe.

Christine beobachtete dies aus schicklicher Entfernung und wartete, ob sie ihm wohl einige Hilfe leisten müsse. Ich kann aber die nächsten paar Minuten getrost übergehen, denn sie brachten nicht das geringste Außerordentliche.

Herr von Uggla fuhr aus dem Bett und in Hosen und Stiefel, befahl der Magd, mit dem Handtuch bereitzustehen, während er Kopf und Schultern in ein Schaff mit kaltem Wasser tauchte. Sie mußte ihn trockenreiben, was sie stumm und mit einer geradezu wütenden Energie tat, und zuletzt setzte er sich auf einen Stuhl und ließ sich kämmen, denn er trug das Haar nach der damaligen Art bis auf die Schultern wie Max Piccolomini im Augsburger Stadttheater.

Dabei führte er sich bereits wieder einigermaßen martialisch auf, fluchte, wie er's gelernt hatte, sagte auch, daß man ihn und sein Regiment nicht in die Stadt aufnehmen wolle, was eine unauslöschliche Schmach für die Schweden bedeute, weshalb er sich zu seinem Bedauern genötigt sehe, die Stadt alsbald dem Erdboden gleichzumachen und alles Lebendige

darin, Mann, Weib, Knecht, Magd, Vieh, an den Galgen zu hängen, zu vierteilen und zu ersäufen. Und was man eben so sagt, wenn man Kopfweh hat.
Christine schwieg hartnäckig zu allen diesen Drohungen, riß ihn dafür aber beim Kämmen ganz entsetzlich an den Haaren, und sowohl das Schweigen wie das Reißen ärgerte ihn sehr, denn er hatte erwartet, daß sie nun wenigstens einen Fußfall tun und für die Stadt bitten und ihm dadurch die Möglichkeit verschaffen werde, später einmal im Schullesebuch, ja vielleicht sogar in einem Festspiel vorzukommen.
Aber es fiel ihr gar nicht ein, etwas dergleichen zu tun, und der Oberst fing allmählich an, sich zu beunruhigen, denn er hatte diese gräßlichen Drohungen nun einmal ausgestoßen und würde sie, wenn er sich nicht lächerlich machen wollte, ausführen müssen, wozu er jedoch nur wenig Lust verspürte, weil er's nämlich gar nicht konnte. Also mußte er darauf denken, sich mit Anstand aus der von ihm herbeigeführten Lage zu ziehen.
Und da hatte er einen glänzenden Einfall. Er betrachtete sich in dem Handspiegel, den sie ihm gegeben hatte, und stellte fest, daß er unbedingt noch rasiert werden müsse, also möge Christine ihm einen Bader herbeiholen.
Der listige Uggla dachte nun, sie werde dem Bader in aller Geschwindigkeit zuflüstern, welche Gefahr der Stadt drohe, und der Bader werde, wenn er mit dem Messer an Ugglas Gurgel herumschabte, nach berühmten Mustern und so ganz beiläufig erwähnen: Wenn der Herr Oberst ihm nicht sofort einen heiligen Schwur tue, daß er die Stadt verschonen wolle, so werde er ihm mit dem Messer, bei allem Respekt, einen oder zwei Finger tief unter die Haut fahren — diesen heiligen Schwur hätte dann der von Uggla sofort und mit gut gespieltem Zähneknirschen geleistet und sich damit einen vortrefflichen und gleichfalls schullesebuchwürdigen Rückzugsweg freigemacht, denn zurück wollte und mußte er, aber großmütig.
Christine antwortete jedoch: sie brauche gar niemanden zu rufen, denn sie selber sei eine Baderstochter wie Agnes Bernauer, habe daheim alles Nötige gelernt und werde ihn gewiß zu seiner Zufriedenheit rasieren, wenn er nur eine Minute warten wolle, damit sie die dazu unentbehrlichen Sachen herbeihole, die sie übrigens im Hause habe, weil sie ihre Kunst auch an ihrem Dienstherrn auszuüben pflege.
Darüber freute sich der Oberst zwar, indessen war ihm die Sache doch nicht ganz geheuer, wegen seines Planes nämlich und des Edelmuts, den er an den Tag legen wollte, aber nur, wenn man ihm keine andere Wahl ließ. Daß nun aber Christine auf den Einfall kommen werde, sein Leben

mit dem Messer zu bedrohen, erschien dem von Uggla ziemlich zweifelhaft und er beschloß, sie zur Sicherheit noch tüchtig in Verzweiflung und Wut zu bringen.

Nachdem sie zurückgekommen war und während sie ihn einseifte, stieß er also wiederum die gräßlichsten Drohungen aus gegen die Stadt und ihre Bewohner, wurde laut und heftig und riß das Maul gewaltig auf — Christine fuhr ihm einfach mit dem Seifenpinsel hinein, ganz aus Versehen, aber dem schwedischen Obersten wollte es unter solchen Umständen durchaus nicht glücken, furchterregend zu wirken. Sie erbleichte auch nicht bei den Brandmalereien, deren er sich befleißigte, brachte ihn damit vollständig aus dem Konzept, und zum Schluß setzte sie ihm nicht etwa das Messer an die Kehle, sondern wusch ihm die Seifenreste fürsorglich aus dem Gesicht und ließ dann sein Kinn mehrmals zwischen ihrem Daumen und Zeigefinger dahingleiten, wobei ihm äußerst zweierlei wurde, wenngleich er zum andernmal einsehen mußte, daß es ihm hier durchaus nicht glücken wollte, als Held zu erscheinen — und was sind Männer, wenn sie keine Helden sind?

Da er für sich, seine Leute und Pferde noch kein Winterquartier habe — sagte Christine dabei ganz ruhig —, so könne sie ihm wohl einen vernünftigen Rat geben; der Gedanke, in der Stadt unterzukommen, sei nicht gut, denn da müsse er ja das Pferdefutter von weither zusammenholen, nämlich von allen Dörfern der Umgegend. Also sei es doch viel gescheiter, er lege seine Leute gleich in die Dörfer, und zwar ordentlich verteilt, daß nirgends ein Mangel entstehe. Sie selber, Christine, sei aus der Gegend und vermöge ihm dabei zu helfen. Wem, fragte sie, käme es denn zugute, wenn er die Stadt niederbrenne? Gar niemandem, und ihm am wenigsten, ganz abgesehen davon, daß er ja wohl ein Christenmensch sei?

Der Oberst brummte, erst wie ein Bär, dann wie ein gestreichelter Kater und sagte, daß er in seinem Leben noch nie so gut rasiert worden sei, und er habe schon Dümmeres gehört als ihren Vorschlag. Aber natürlich, helfen solle und müsse sie dabei.

Er merkte gar nicht, wie fest das unsichtbare Halsband bereits war, das sie ihm umgelegt hatte — nun, vielleicht merkte er's auch, jedenfalls aber tat er nichts dagegen, sondern drängte jetzt zum Aufbruch, nahm die Magd samt ihrem schnell geschnürten Bündel vor sich auf den Sattel, versprach, sie heil zurückzubringen oder auch nicht und ritt alsbald aus der Stadt.

Hinter ihm erhob sich das Gerücht, er sei verhext, und daran mochte etwas Wahres sein.

Indessen war die Hexe, die ihm das angetan, gewiß keine von den bösen,

sondern sie erwies sich als der gute Geist und Schutzengel des Landes und brachte es während der nächsten Monate nicht nur fertig, daß der Herr von Uggla das Saufen aufgab, sondern auch, daß er zu der Meinung und Erkenntnis kam, er habe den Krieg schon längst und von Herzen satt.
Als daher das Regiment im Frühjahr abzog, ohne großen Schaden verursacht zu haben, wurde es von einem anderen Obersten geführt, denn der von Uggla hatte seinen Abschied genommen und begann sogleich mit dem Bau des Schlosses in der Ebene, das noch heute seinen Namen trägt, wenn es auch schon längst keinen Uggla mehr gibt.
Dies wäre nun alles recht schön und gut und rührend und, obwohl es in ein anderes Geleise gekommen war, doch sehr für's Lesebuch geeignet, aber die Geschichte ist noch nicht zu Ende. Ich sage: keine wirkliche Geschichte hat überhaupt je ein Ende, ebensowenig wie der Wind, der wohl manchmal ruht, sich dann aber wieder auf sein altes Lied besinnt, aufsteht und unermüdlich weiter wandert und singt; wie könnte er auch ein Ende haben, da ja doch die Erde, um die er läuft, eine Kugel ist?
Und zumal eine Geschichte, in der ein Weib vorkommt – da kann man überhaupt nicht wissen, wie sie ausgeht.
Der Herr von Uggla baute also sein Schloß und hatte seine schöne, kluge Hexe und wäre aller Vermutung nach durchaus glücklich gewesen, zumal sehr bald der Westfälische Friede geschlossen wurde – aber wem in dieser Welt ist es denn gegönnt, glücklich zu sein?
Da stand nun das prächtige Schloß und da war die schöne, kluge Frau und der lustige Uggla und alles kam wie vom Himmel – was aber nicht kam, das waren Kinder, und gerade in diesem Falle mußte das die Lustigkeit sehr betrüben, denn niemand baut sich ein so großes Schloß, um allein mit seiner Frau ein paar Jahre darin zu leben und dann zu sterben und die ganze Herrlichkeit verwaist und sinnlos stehen zu lassen.
Als es nun mit den Kindern durchaus nichts werden wollte, begann der Herr von Uggla sein früheres Leben, das wohl auch schon sehr lustig gewesen war, zu überdenken; er dachte immer mehr und mehr, wurde dabei immer stiller und stiller und richtete den Blick immer tiefsinniger und angelegentlicher auf den Sinn und Lauf der Welt, ohne indessen dahinterzukommen.
Ein gelehrter Mann half ihm dabei, aber gleichfalls ohne rechten Erfolg, und so geriet der von Uggla auf einen reichlich sonderbaren, aber gar nicht so unverständlichen Einfall.
Er dachte, daß es ohne Zweifel ein verdienstliches Werk sein müsse, dem leichtsinnigen Menschengeschlechte den Lauf der Welt recht deut-

lich und eindrucksvoll vor Augen zu führen, und deshalb tat er, wenn auch nicht öffentlich, so doch im stillen Kämmerlein das Gelöbnis: Er wollte unserem Rathaus, das ja am Beginn seiner Geschichte und Wandlung stand, eine überaus kunstvolle Uhr verehren, welche eben den Lauf der Welt zeigen sollte, vielen Geschlechtern zu Nutz und Frommen, und er bat sich von der Vorsehung nichts weiter dafür aus als ein Kind, und das war wohl nicht unbescheiden, wenn man sich vergegenwärtigt, wieviel Kinder unerbeten und ohne jede Stiftung geboren werden.

Nun war es auch damals keine Kleinigkeit, eine solche Uhr zu bekommen, aber doch sehr viel leichter als heutzutage, denn zu den Zeiten des Dreißigjährigen Krieges muß Europa, nach allem, was man liest, noch eine ziemlich zivilisierte Gegend gewesen sein. Es ist ja auch schon dreihundert Jahre her.

Immerhin, die Beschaffung der Uhr war schwierig genug, denn der Herr von Uggla ließ sich nichts abdingen. Natürlicherweise hatte er jetzt freien Zutritt in die Stadt; er ließ einen Nürnberger und einen Augsburger und einen Pariser Meister kommen, zeigte ihnen die Fensterwand im Rathaussaal, wo er die Uhr aufgestellt zu sehen wünschte, und die Meister begannen Vorschläge auszuarbeiten. Uggla hatte ihnen gesagt, daß er nur das Beste und Großartigste haben wollte, was es gab. Nobel war er, das muß man ihm lassen — aber kein Uhrmacher, denn sonst hätte er nicht immer noch etwas und immer noch etwas dazuverlangt, wodurch das riesige Werk noch verkünstelter wurde. Man muß bedenken, daß es allein ein Dutzend Zifferblätter hat, von den Figuren und sonstigen Spielwerken gar nicht zu sprechen.

Als nun die einzelnen Teile, die natürlich in die Tausende gehen, beschafft, hergestellt und zusammengepaßt waren und auch das Gehäuse mit seinen Holzbildhauerarbeiten und aller anderen Ausstattung einigermaßen fertig war, schickte der Nürnberger Meister, der schließlich den Auftrag erhalten hatte, seinen Sohn und ein paar Gesellen herunter, damit dieser die Uhr aufstelle und überhaupt alles soweit fertigmache, daß der Meister nur noch seinen Segen dazu zu geben brauchte.

Das war keine geringe Aufgabe und sie ließ sich nicht von heut auf morgen erledigen, denn die verschiedensten Nebenarbeiten hingen damit zusammen, von denen der Laie gar keine Vorstellung hat, und manchmal stockte es wegen eines bißchens Schreiner- oder Maurerarbeit und ging wochenlang nicht weiter.

Der junge Uhrmacher, der das Ganze leitete, hatte also reichlich Zeit und kam oft genug nach Uggla zu Besuch, um dem Herrn Bericht zu erstatten.

Da er ein angenehmer, hübscher und kluger Mensch war, so gewöhnte

sich nicht nur der Herr, sondern auch die Frau von Uggla sehr an seine Gegenwart.
Im Schloß Uggla hängt noch heute ein großes Ölgemälde, welches damals entstanden sein muß und — wenn man die Geschichte bis hierher kennt — soviel zu erzählen hat, daß man sich von dem Bilde gar nicht losmachen kann.
Ich will es deshalb mit ein paar Worten beschreiben, nicht etwa aus Freude an einer gewissen klatschsüchtigen Weitschweifigkeit, sondern in dem Bestreben, die Ereignisse in ihrer ganzen sonderbaren und wortlosen Knappheit erscheinen zu lassen.
Was die Weitschweifigkeit anbetrifft, so läßt sich seltsamerweise oft genug beobachten, daß sie sich beim Erzählen besonders gerne dann einstellt, wenn die Geschichte eine dunkle Wendung ins Verhängnisvolle und Unglückliche nimmt, denn nichts scheint für den Menschen anregender zu sein als wenn es dem lieben Nächsten schlecht geht — und deshalb wäre sie wohl hier am Platze, aber sie kann uns eben durch jenes Gemälde erspart bleiben.
Es ist ein schöner Sommertag. Wir befinden uns unter den Bäumen eines wohlangelegten Gartens, deren üppiges Laubwerk das Ganze überwölbt. Links erblickt man im Mittelgrunde das Schloß Uggla, wie es heute noch aussieht, rechts gleitet der Blick in die Ferne, wo man, am Horizont, unsere Stadt erkennt, die von ihrer Terrasse herabblickt; ihr zu Füßen — nicht völlig wahrheitsgetreu, aber dekorativ sehr glücklich — trägt der nur wenig sichtbare Strom eine Ulmer Schachtel und ein anderes buntbesegeltes Schiff nach Osten. Dieses Landschaftliche ist in den satten, ein wenig schweren Farben des Barock gehalten, das bräunliche Grün der Bäume steht vor einem nachgedunkelten Blau des Himmels und seinen schönen Wolken, die jedoch ebenfalls etwas schwer wirken, besonders eine, in der man wohl den Keim eines Unwetters fühlen möchte.
Nun zu den Figuren. Der Herr von Uggla steht eindrucksvoll genug da, und wenn er auch im übrigen gekleidet ist wie ein Landedelmann seiner Zeit, so erinnern doch die großen Reiterstiefel und die feldherrnmäßige Geste, mit der er auf das von ihm erbaute Schloß weist, noch an den früheren Offizier; mit der Rechten hält er eine gefleckte Dogge am Halsband.
Ihm gegenüber, näher dem rechten Rande des Bildes sitzt Christine von Uggla, eine Blondine, wie Rubens sie gemalt haben würde.
Zwischen beiden jedoch, auf einem Schemel zu Füßen der Dame, sieht man einen auffallend schönen jungen Menschen in bürgerlich-einfacher Kleidung; er blickt mit klugen, lebhaften, braunen Augen zu Christine

auf und hält ihr ein Figürchen entgegen, das sie mit lächelnder Aufmerksamkeit betrachtet. – Dieses Figürchen befindet sich noch heute an der großen Uhr, es ist die Venus, die sich im Spiegel beschaut, und man braucht daher auch nicht lange zu raten, wer der junge Mensch auf dem Fußbänkchen sein mag, nämlich der Uhrmacher.

Ob der Herr von Uggla sich bei dieser Szene etwas gedacht hat, wollen wir dahingestellt sein lassen – ganz offenbar jedoch hat sich der Maler etwas dabei gedacht, das erkennt man, je länger man das Bild betrachtet. Oder soll man annehmen, Uggla habe so über dem Ganzen gestanden, daß er dieses Bild gleichsam als Beweis dafür malen ließ, wie wenig wichtig er die Geschichte nahm? So viel Überlegenheit jedoch hätte kaum ein chinesischer Philosoph, um wieviel weniger ein schwedischer Reiteroberst aufgebracht. Indessen, wer will behaupten, daß er in den Falten des menschlichen Herzens wirklich Bescheid weiß?

Glaubhafter will mir freilich der Ausweg erscheinen, daß Uggla sein Gelübde unter allen Umständen zu erfüllen wünschte und eben befürchten mußte, dazu nicht imstande zu sein, wenn er in den Gang dieses bukolischen Uhrmacheridylls mit rauhen Händen eingriff.

Aber das ist freilich alles von einem Männerstandpunkt und noch dazu sehr klein gesehen, und dieser Männerstandpunkt pflegt, wenn eine Frau im Spiel ist, falsch zu sein.

Man müßte wissen, was Christine von Uggla dachte, die üppige, gescheite Hexe, die den Schweden so fingerzahm gemacht hatte. Man müßte wissen, was sie darüber dachte und wie sie sich verhielt. Ein Mann aber kann das nicht wissen, denn bei den Weibern ist immer alles anders, als unsereiner sich einbildet. Die Weiberseelen haben ihre eigenen Gesetze, die von der männlichen Naturwissenschaft noch nicht ergründet sind, und es besteht wohl auch keine Hoffnung, daß das jemals geschehen wird, vermutlich wäre es auch gar nicht im Sinne der Erfindung.

Um nun wieder in die Ebene der Wirklichkeit hinunterzuwechseln, so ist noch festzustellen, daß die große Kunstuhr eines Tages fertig und im Rathaussaale aufgestellt war; auf den zwölf Zifferblättern kreisten die Zeiger, der eine schnell, der andere langsam, die Planeten zogen ihre Bahnen, der Mond nahm ab und wieder zu, die Heidengötter und die Tierkreiszeichen erschienen, jedes zu seiner Zeit, die Apostel – eine Stufe höher – gingen ihre Wege, der Hahn krähte, und die Dreifaltigkeit thronte stumm über diesem ganzen Weltlauf und niemand weiß, was sie sich dabei dachte, wenn auch nach menschlichem Ermessen zu vermuten steht, daß sie ihn mit Wohlgefallen betrachtete, ihn und den Herrn von Uggla, der das Ganze gestiftet hatte.

Aber wer will das genau wissen?
Nachdem der Herr von Uggla nunmehr sein Gelöbnis erfüllt hatte, trat ein, worauf er gehofft: Christine bekam ein Kind, eine Tochter.
Aber sie starb am Kindbettfieber.
Es geht in der Welt nun einmal nicht so, wie der Mensch sich's ausrechnet, selbst wenn er noch so vortrefflich rechnen kann.
Uggla hatte und hätte sich mit allem abgefunden, nur nicht mit Christinens Tod, das ging über seine Kraft.
Das große neue Schloß war plötzlich leer und hallend geworden wie das ganze Dasein, für den Herrn lebte das Kind darin nicht als ein Ausblick in die Zukunft, sondern nur als ein Rückblick in die Vergangenheit, gleichsam das Endchen eines verwehenden Schleiers, dessen Trägerin hinabgegangen war; damit kam etwas durchaus Gespenstisches in jede Gegenwart, und das Bedenkliche war, daß Uggla sich nicht mehr in der Gegenwart, sondern eben in jenem Gespenstischen recht eigentlich zu Hause fühlte.
Da war das Schloß, das Gut, das Kind, aber auch Christinens Grab. Er fühlte sich nicht nur entwurzelt und umgestürzt, sondern irgendwie betrogen, ja geradezu geprellt, und am bohrendsten wirkte auf ihn der Gedanke, daß gerade er es gewesen war, der eine so großartige Uhr als Sinnbild einer weisen, unbeirrbaren Weltordnung gestiftet hatte, er, der jetzt plötzlich nicht mehr an diese Weltordnung glauben konnte! Es war nicht zu vermuten gewesen, daß er selbst der erste sein würde, der in die Lage kam, aus der Betrachtung jenes Sinnbildes neue Kraft und neues Vertrauen zu schöpfen.
Er war auch außerstande, dies zu tun.
Im Gegenteil, die Uhr erschien ihm nur noch als ein Hohn auf sein eigenes Leben, statt des Sinnbildes erblickte er ein Unsinnbild je länger er darüber nachgrübelte, und das Dasein bestand für ihn fast nur noch im Grübeln.
Das ging nun so weiter und weiter und immer mehr in eine hoffnungslose Verwirrung hinein.
Eines Tages — seit Christinens Tod waren drei oder vier Jahre verflossen — fiel dem Herrn von Uggla etwas auf.
Christine hatte blaue Augen gehabt und auch seine Augen waren blau, und Christinens Tochter hatte bisher ebenfalls blaue Augen gehabt. Jetzt aber wurden die Augen des Kindes zusehends dunkler, es ließ sich erkennen, daß sie binnen kurzem braun und von einem eigentümlich lebhaften klugen Glanze sein würden.
Man kann nun wohl nicht annehmen, daß der Herr von Uggla durch diese Entdeckung sehr überrascht gewesen ist. Aber darauf kam es wohl

nicht eigentlich an. Sondern das Entscheidende war, daß dies bedenkliche Zeugnis nun so offenkundig wurde. Das war es, was er nicht ertragen konnte. Wie die Menschen eben sind.

An jenem Tage schnallte der Uggla sein altes Reiterschwert um, ritt zur Stadt und begab sich in den Saal des Rathauses.

Er verstand nichts von Uhren, aber er hatte dem Zusammenbau oft genug zugesehen, um zu wissen, wo ein Deckel oder eine Klappe hochzuheben war, um zu dem Werk zu gelangen. Das tat er, zog alsdann sein Schwert und hauste höchst übel in der Weltordnung, die ihm so teuer zu stehen gekommen war. Dermaßen gründlich stocherte, stach und hebelte er darin herum, daß es aussichtslos erscheinen mußte, die Geschichte jemals wieder in Gang zu bringen.

Dann ritt er nach Uggla zurück, lachte manchmal vor sich hin und sang manchmal ein bißchen — und nichts weiter ist von ihm zu erzählen, als daß er bei diesem Lachen und Singen blieb, denn er war der festen Überzeugung, dem lieben Gott gründlich ins Handwerk gepfuscht, ja sogar ihn überwunden zu haben, und dies zeigt, daß er leider den Verstand verloren hatte.

Er fand ihn bis zu seinem Tode nicht wieder, schon weil er gar nicht danach suchte, es hätte sich wohl auch kaum gelohnt.

Was nun seine oder vielmehr Christinens Tochter betrifft, so wuchs diese mit den Jahren zu einem schönen und klugen Fräulein heran und hatte braune, fränkische Augen. Als sie heiratete, blieb der Name Uggla nur noch für das Schloß lebendig; ihre Kinder und Kindeskinder heirateten natürlich ebenfalls, mehrere davon zu unseren Grafen in die Stadt herein, so daß um die Mitte des achtzehnten Jahrhunderts die Familien ganz ineinander aufgegangen waren, als man nun auch das Stadtschloß verließ und sich draußen im wildreichen Hinterland den Park und das Schlößchen von Monrepos anlegte.

Es könnte scheinen, als ob dies mit der Geschichte der alten Uhr nichts mehr zu tun habe und auf einem ganz andern Blatt stehe — aber das gibt es gar nicht, denn alle Dinge dieser Welt haben auf irgendeine Weise miteinander zu tun, nur laufen die Wurzel- und Verbindungsfäden meist unter der Oberfläche und bleiben dem unaufmerksamen Auge verborgen, wie denn überhaupt unser Auge — ich meine jetzt das geistige — eine recht mangelhafte, oft geradezu täuschende Einrichtung ist. Blicke doch einmal in ein altes Haus oder in einen Garten, die schon ein paar hundert Jahre erlebt haben! Wieviele Menschen sind darin glücklich gewesen, wieviel mag darin gelacht worden sein! Denkt noch jemand daran? Ach nein. Aber wenn es da einmal einen Mord gegeben hat, erinnern sich noch die fernsten Geschlechter an ihn und wissen den

Fleck zu zeigen. Das Üble bleibt hartnäckiger in der Erinnerung der Menschen haften als das Gute, es sammelt ihre Aufmerksamkeit stets mehr auf sich — vielleicht ist es das Ureigentliche, einzig Wirkliche, und das Gute nichts weiter als eine bloße Abwesenheit des Übels? Nun, das sind Gedanken, über die von jeher viel gegrübelt worden ist und die sich natürlich auch umkehren lassen, aber wohl doch nicht ganz mit der gleichen Berechtigung.

Im Falle des Hauses Uggla schien es wahrhaftig so, als ob das, was nicht in Ordnung war, nämlich jenes Üble, aus dem immer wieder Übles wird, weit mächtiger und dauerhafter sei als das Gute, Erfreuliche und Verheißungsvolle.

Alle Nachkommen von Christinens Tochter — und das waren, wie ich schon sagte, sehr bald auch unsere Grafen hier in der Stadt — gerieten in der seltsamsten Weise nach ihrer Ahnin auf Uggla. Es mochte so viel anderes Blut hinzukommen, wie sich nur denken und ausrechnen läßt, so viel Blondheit und Blauäugigkeit, wie man im Land überhaupt auftreiben kann — seit Christinens Tochter hatten sie alle den eigentümlich lebhaften, klugen Glanz in den braunen Augen, den man auf dem alten Gemälde sieht, wenn auch nicht gerade bei dem Herrn von Uggla und seiner Frau, sondern bei dem Nürnberger Uhrmacher.

Das wäre nun kein so großes Unglück gewesen und vielleicht nur als Eigenwilligkeit der Natur bemerkenswert. Wirklich schlimm dagegen war, daß alle diese Nachfahren, besonders aber die männlichen, zwar in den Spiegel der Venus geblickt zu haben schienen und einen leidenschaftlichen Hang zum anderen Geschlecht bekundeten, aber mit dieser Hinneigung verband sich ein grenzenloses Mißtrauen gegenüber dem anderen Teil. Weit mehr als Männer sonst nämlich waren sie von dem Argwohn geplagt, daß ihre Frauen nicht treu seien, und daraus ergab sich ein Zwiespalt, der bei vielen Mitgliedern der Familie und ihren Abkömmlingen zu sehr bedenklichen Äußerungen von Melancholie geführt hat und schließlich auch der Grund war, weshalb die Letzten des Hauses sich ganz und gar aus dem Stadtschloß in die Einsamkeit von Monrepos zurückzogen, wo der alte Baum vor hundert Jahren abstarb.

Und wie in der Familie das Dunkle — in jedem Sinn — immer wieder zum Durchbruch kam und sich als das eigentlich Bleibende erwies, so tauchte auch immer wieder der Wunsch auf, das alte, kunstreiche Uhrwerk repariert zu sehen, welches der Herr von Uggla, gerade noch auf des Messers Schneide zwischen Vernunft und Wahnsinn, Licht und Nacht so gründlich in Unordnung gebracht hatte, weil er mit dem lieben Gott nicht mehr einverstanden gewesen war.

Sie wollten aber einverstanden sein, alle wollten sie's. Durchschnittlich einmal in jeder Uhrmachergeneration mußte sich einer an den Versuch wagen, die Weltordnung, soweit sie sich im Rathause befand, wiederherzustellen, und den meisten glückte es – allerdings immer nur für einige Zeit, denn sie scheinen eben doch nur Pfuscher gewesen zu sein, wenn man nicht annehmen will, daß der Geist eines schwedischen Reiters jedesmal das Ergebnis ihrer Bemühungen zerstörte; aber einen so lange ausdauernden Geist kann man von einem Kavallerieobersten wohl doch nicht erwarten.

Immerhin ist es merkwürdig, daß jedesmal, wenn die Uhr wieder für einige Zeit ging, sich in dem Hause des Stifters, vielmehr seiner Nachkommen, etwas Besonderes ereignete, wie denn auch zum Beispiel der Letzte der Familie vor hundert Jahren in Monrepos am gleichen Tage starb, an dem hier in der Stadt die alte Uhr wieder ging.

Seit hundert Jahren freilich gibt es keinen des Geschlechtes mehr, und deshalb erhielt auch kein Uhrmacher mehr den Auftrag, das Werk wieder in Ordnung zu bringen.

Man sollte also glauben, die Geschichte sei zu Ende – ist es aber freilich nicht, denn hier sitzt der Uhrmacher Balthes, den der Hafer stach, nun seinerseits ein Gelöbnis zu tun. Da sieht man eben, daß eine richtige Geschichte überhaupt niemals ein Ende hat, das kann sie gar nicht, da ja auch die Kette von Ursache und Wirkung ohne Ende ist.

Und jetzt halte mir einmal den heiligen Petrus, Christine, denn ich will ihm dieses Häkchen in seine Moral hineinlöten; dann kann er wieder hingehen und bitterlich weinen, und das ist wohl das Letzte, was sich für diese Welt heutzutage noch tun läßt.

Christine Weiland sagte: »Sie haben eine Art zu erzählen, die mich aufregt, das muß ich gestehen.«

Der Uhrmacher Balthes schüttelte lächelnd den Kopf: »Ich bin kein gelehrter Mann.«

»Aber es ist und bleibt so viel Ungelöstes in der Geschichte!«

»Das freilich, und gut, wenn du es begriffen hast, darauf kam's mir an, das sage ich ja immer wieder. Die Vergangenheit ist niemals tot, denke nur immer an die Glut unter der Asche. Wir sind von lauter Gespenstern umgeben, nur sehen wir sie meistens nicht, aber das beweist ja nichts gegen ihr Dasein, sondern nur etwas gegen unsere Augen.«

»Seit hundert Jahren«, sagte Christine beinah unwirsch, »ist diese Familie ausgestorben.«

»Gespenster«, antwortete Balthes, »haben nun einmal die Eigenschaft, daß sie gestorben sind, oder wie soll ich das ausdrücken. Aber die Uhr wird wieder gehen!« –

Zum Abendbrot war Christine daheim. Sie saß recht abwesend am Tisch, hörte alles nur halb und zog sich in ihr Dachstübchen zurück, sobald sie das tun konnte, ohne unhöflich zu sein.
Es war eine nervöse Rastlosigkeit und Lebendigkeit in ihr, als ob sie zu viel Kaffee getrunken hätte, eine unerquickliche Nacht stand zu vermuten, wenn das so blieb. Um sie herum warteten viele Gedanken, aber wie beim Blindekuhspiel konnte sie keinen recht fassen, obwohl sie ihre Gegenwart in greifbarer Nähe verspürte. Überhaupt schien alles mögliche in der Nähe zu sein, alles mögliche, nur nicht die Gegenwart selber.
Sie hatte das Licht nicht ausgedreht, saß am Fenster und blickte in die Nacht hinaus, die dämmerig blieb, als könne auch der Himmel nicht recht einschlafen, und auch die Dämmerung war erfüllt von einer heimlichen Unruhe.
»Ich weiß gar nicht . . .« dachte Christine seufzend.
Als sie in die Heimat zurückgekommen war, hatte es sie keineswegs gewundert, daß ihr alles ein bißchen fremd erschien, obwohl es doch nichts auf der Welt gab, das sie länger und vertrauter kannte. Aber es war wohl so, wie wenn das Auge, das in die weiteste Ferne geblickt hat, sich plötzlich auf etwas ganz Nahes und Winziges einstellen soll — das braucht seine Zeit.
Indessen war diese Zeit jetzt doch um — und alles blieb nicht nur fremd und befremdend, sondern wurde es sogar von Tag zu Tag mehr. Wie sonderbar! Am sonderbarsten aber: Daß die Wirklichkeit beinah eine Unwirklichkeit zu sein schien!
Und die Nacht, nein, die will auch nicht wirklich kommen um diese Jahreszeit, es bleibt dämmerig, die Welt träumt unruhig zwischen Hell und Dunkel und kann sich für nichts entscheiden. Überall scheint es zu wispern und zu huschen, Unsichtbares geht um, schlüpft und verschlüpft in alten Mauern, ohne Spur, aber doch wirklich.
Und fern, jenseits der Eisenbahn, quaken die Frösche im Chor.

Als der Registrator Weiland sich am folgenden Mittag erkundigte, wie Christine geschlafen habe — eine solche Frage war bei ihm äußerst ungewöhnlich — und als seine Tochter mißtrauisch zögernd antwortete, es hätte besser sein können, danke, und als er darauf sagte: »Jaja, auf Lorbeeren ruht sich's gar nicht so gut, wie die meisten denken!«, da war es deutlich, daß er sich diese Wendung und diese Szene sorgfältig ausgedachte und etwas Theatralisches vorhatte, aber auch, daß Christinens Mißtrauen berechtigt gewesen war, denn wenn ein städtischer Registrator theatralisch wird, darf man wohl einiges befürchten.

Er lächelte, strich den Vollbart und sprach: »Es steht uns nämlich etwas Großes bevor!« Worauf er eine Pause machte, um so viel Monumentalität zur gehörigen Wirkung kommen zu lassen.
»So!« sagte Christine.
»Stadtrat und Bürgermeister haben beschlossen, die große Tochter unseres Gemeinwesens durch eine öffentliche Ehrung auszuzeichnen!«
»Große Tochter?« fragte Christine, und das war nun wieder eine von ihren Herzlosigkeiten. »Soll ich das sein?«
»Du bist es!« antwortete Herr Weiland. Der Ton war noch immer sehr bedeutend, aber es schwang doch schon eine Enttäuschung mit, die bereits beinah eingeschüchtert klang. Deshalb rettete er sich ins Sachliche und fügte kurz hinzu: »Mittwoch Vormittag um elf Uhr im Saal des Rathauses, vor geladenen Gästen, und du sollst dich in das goldene Buch der Stadt eintragen!«
Nicht die große Tochter, wohl aber die kleinere Mutter schlug die Hände zusammen, sank auf einen Stuhl und sagte: »O Gott, mein Schwarzseidenes! Gegen zwei Dutzend Friedensputzlumpen hab ich's damals hergegeben!«
»Dann zieh die Putzlumpen an!« versetzte der Registrator mit aufsteigendem Ärger über so viel Mangel an Format. Der große Augenblick fand wieder einmal ein kleines Geschlecht.
Nun mochte sich Fräulein Dr. Weiland aber so schnöde stellen, wie sie wollte, es tat ihr doch wohl — nicht gerade in jeder Beziehung, aber so ganz im allgemeinen und innerhalb einer gewiß erlaubten Eitelkeitsgrenze. Oder hatte man es vielleicht nicht verdient? Und besonders gönnte sie es ihren Eltern, für welche die Angelegenheit ja eine ungleich größere Bedeutung haben würde als für Christine.
Es zeigte sich auch, daß die Feier ordentlich vorbereitet wurde, denn anderntags brachte Herr Weiland ein paar von den Einladungskarten mit, die man in aller Geschwindigkeit hatte drucken lassen. Sie sahen gut aus, das mußte man zugeben. Christine nahm eine und schickte sie mit der Post weg.
Nun hatte man noch knapp vierundzwanzig Stunden Zeit. Anna Weiland sagte, dann müsse sie eben den langen schwarzen Mantel anziehen, und Christine war doch froh, daß sie ihr dunkelblaues Kostüm mitgebracht hatte, und der Friseur nahm sie außer der Reihe an, er wußte, was er der Weltgeschichte schuldig war.
Am Mittwoch stand man zeitiger auf als sonst. Gustav Weiland erschien beim Frühstück nicht in dem Lüsterjackettchen, mit dem er gewöhnlich ins Büro ging, sondern in einem Bratenrock, den er sich schon vor dem ersten Krieg hatte machen lassen und der ihm jetzt wieder paßte, und

in einer weißen Weste. Aber ins Büro ging er natürlich wie stets, das verstand sich von selbst. »Ihr kommt also dann zu mir in die Kanzlei und holt mich ab, wenn es so weit ist, etwa zehn Minuten vor elf Uhr, denke ich!« sagte er noch auf der Treppe.

Die Frauen waren froh, als sie ihn draußen hatten, denn es war noch allerhand zu besprechen und in Ordnung zu bringen, und schließlich lief Christine herum und Anna fragte, was sie denn eigentlich so verzweifelt suche, und Christine antwortete »Mach mich nicht nervös!«, dabei brauchte sie doch nur Nadel und Faden, und die befanden sich seit dreißig Jahren im Nadelkissen auf dem Nähtischchen im Wohnzimmer, ganz deutlich sichtbar, man brauchte nur hinzulangen. »Sei bloß nicht so aufgeregt!« sagte aber Christine zu ihrer Mutter. »Du hast ja ein knallrotes Gesicht, nimm ein bißchen Puder!« Dabei hielt sie ihr die Puderdose hin, aber: »Pfui, niemals!« erwiderte Anna und puderte sich dermaßen, daß sie aussah wie ein Bäcker und abgebürstet werden mußte, und nun war es aber wirklich allerhöchste Zeit.

Auf dem kurzen Weg – man mußte ja nur schräg über die Straße gehen – sahen sie ziemlich viele feierlich gekleidete Menschen demselben Ziel zustreben; man konnte nicht bezweifeln, daß dies Christinens wegen geschah, und Anna Weiland streifte ihre Tochter mit einem unbeschreiblichen Blick.

Zur selben Minute stand der Bürgermeister Hagenauer in seiner Wohnung vor dem Spiegel.

»Du hättest doch mitgehen sollen!« sagte er und überflog den Zettel, auf dem er sich ein paar Stichworte für die bevorstehende Ansprache notiert hatte; er war weit davon entfernt, Lampenfieber zu haben, und brauchte auch nichts als Stichworte, denn als alter und sehr gewandter Parlamentarier konnte er ohne große Vorbereitung über jeden Gegenstand gleichermaßen hinreißend, sachverständig und erschöpfend sprechen.

»Du hättest wohl mitgehen sollen«, sagte er also zu seiner Frau, denn er liebte es, daß sie ihn reden hörte.

Aber »Nein!« sagte die Frau Bürgermeister. »Erstens will heute das Feuer in der Küche nicht brennen, und zweitens – alles was recht ist – zweitens soll man diese Leute, die Weilands, doch nicht mit Gewalt größenwahnsinnig machen; schließlich ist er doch bloß Registrator.«

Hagenauer schüttelte mißbilligend den Kopf. »Die Feier gilt ja nicht ihm, sondern seiner Tochter; übrigens wird er nächstes Jahr Oberregistrator.«

»Ich weiß gar nicht, was sie nun eigentlich erfunden hat?«

»Erfunden?« fragte Herr Hagenauer und warf einen Blick auf den Zet-

tel. »Geradezu erfunden hat sie wohl nichts, sondern mehr ... untersucht, jawohl. Die Funktionine.«
Frau Hagenauer wäre imstande gewesen, zu fragen, was Funktionine sind, aber da klopfte es glücklicherweise, und das war der Bürodiener Schörle, der alsbald den struppigen Kopf zur Tür hereinsteckte.
»Entschuldigen, Herr Bürgermeister«, sagte er, »aber jetzt wird's höchste Zeit!«
»Es hat noch nicht elf Uhr geschlagen.«
»Nicht deswegen«, erwiderte Schörle, »sondern wegen der Torte.«
»Was ist damit?«
Dies, sagte Herr Schörle, möchte er eben wissen! Als sie vor einer Viertelstunde noch nicht dagewesen sei, habe er bei Konditor Wurz angerufen, und dort habe man ihm mitgeteilt, daß sich die Torte bereits seit längerem unterwegs befinde. Aber angekommen war sie bis jetzt noch nicht. Herr Schörle wischte mit dem Sacktuch über seine Stirn, denn er konnte sich schrecklich aufregen, wenn bei solchen Gelegenheiten etwas nicht klappte, weil er sich dafür verantwortlich fühlte.
»Dumm!« sagte dagegen der Bürgermeister mit seiner schönsten Seelenruhe. »Nun, sie wird schon noch kommen. Nötigenfalls rede ich eine halbe Stunde länger.« Er war nicht der Mann, der über eine gar nicht vorhandene Torte stolperte.
Es schlug elf Uhr, die beiden begaben sich zum Saal hinüber. Herr Schörle riß die Flügeltür mit einem so bedeutenden Ruck auf, daß das Stimmengewirr drinnen plötzlich verstummte. Der Bürgermeister kam genau zehn Schritte nach Schörle, und die so entstandene Pause war gerade recht, um die Erwartung zu erhöhen, ohne sie zu überhöhen und allzu bedeutend zu machen. Man hatte das längst erprobt und es bewährte sich auch diesmal.
Mit einer liebenswürdigen Verbeugung, die dem Volksganzen galt, betrat also Herr Hagenauer den ehrwürdigen Saal, durch dessen Butzenscheiben um diese Zeit noch ein paar Vormittagssonnenstrahlen in ein Rembrandtsches Helldunkel fielen, wodurch ohne Zweifel die Vorbedingung für eine feierlich-trauliche und gerührte Stimmung geschaffen wurde.
In der Mitte der ersten Reihe hatte Christine ihren Platz. Links neben ihr saß Gustav Weiland, rechts neben ihr Anna Weiland, und neben dieser wiederum Tante Lisbeth, denn sie gehörte doch auch zur Familie und hatte, damit ihr ja nichts entgehe, ihr messingnes Hörrohr mitgebracht, welches sich in dieser etwas Wallensteinschen Umgebung recht gut ausnahm.
Wen man aber jetzt blasen hörte, das war natürlich nicht Tante Lisbeth,

sondern die Stadtkapelle, die, auf der Empore, nur den Eintritt des Bürgermeisters abgewartet hatte, um sogleich ihr Bestes zu tun, und zwar mit dem Einzug der Gäste auf der Wartburg.
Christine war ein unfeierliches Frauenzimmer. Seit sie, von rückwärts und von zweihundert Blicken wie mit Spießen durchbohrt, hier in der ersten Reihe vor dem leeren Rednerpult und den beiden geliehenen Oleanderbäumchen saß, war bei ihr jegliche Aufregung geschwunden und hatte eben jener gemütlosen Nüchternheit Platz gemacht, die nicht abgeneigt ist, das Strahlende zu schwärzen und das Erhabene in den Staub zu ziehn. Wie nun der Bürgermeister Hagenauer seine unerschütterlich glatte Selbstsicherheit nebst seinem Spitzbäuchlein auf Christine zutrug und dabei die Füße etwas zu sehr nach auswärts setzte; wie die Musik begann und das Horn richtig sogleich einen Kickser machte; wie die Gefeierte, wie der Registrator Gustav Weiland in seinem Bratenröckchen, wie Anna Weiland und Tante Lisbeth aufstanden; wie der Registrator ununterbrochen kleine Verbeugungen vor dem Bürgermeister machte und sich zweifellos auf dem Gipfel seines Daseins fühlte — dies alles war, einzeln und zusammen, so bedeutend, daß Christine ihre ganze Selbstbeherrschung brauchte, um sich nicht unpassend, sondern angemessen zu benehmen.
Es gelang ihr auch. Nur eine einzige Sekunde drohte wahrhaft gefährlich zu werden, die Sekunde nämlich, in der ihr der Gedanke durch den Kopf schoß, was für ein Gesicht wohl der Professor Mahr machen würde, wenn er jetzt hier wäre. Er war aber nicht hier, die Gefahr dauerte also nur eine Sekunde, dann war sie vorüber und endlich auch der Einzug der Gäste auf der Wartburg. Die Familie Weiland durfte sich wieder hinsetzen, während der Bürgermeister das Rednerpult bestieg und den sehr verehrten Anwesenden zu erklären begann, daß und warum —
Man kann ihn aber getrost sich selber und seiner Gewandtheit überlassen, dies um so mehr, als der Schwerpunkt des Geschehens — wie es in wahrhaft historischen Augenblicken häufig der Fall ist — sich während eben dieser Augenblicke gar nicht dort befand, wo geredet, sondern dort, wo gehandelt wurde, und das war, wenn es auch seltsam klingen mag, eine etwas unwirtliche Bauwiese am Stadtrand.
Auf dieser Wiese nämlich hatten sich mehrere junge Herren im Alter zwischen zwölf und fünfzehn Jahren versammelt, teils um einen für den Nachmittag angesetzten Kriegszug gegen eine Anzahl eben solcher junger Herren aus der Seelgasse zu besprechen, hauptsächlich aber, um einen Fußball zu erproben, den eines der Mitglieder dieser ehrenwerten Gesellschaft geschenkt bekommen hatte. Nach Festlegung des Vernichtungsplanes gegen die Seelgäßler kam es daher zu einem kleinen aber

leidenschaftlichen Übungsspiel, bei dem eine Fußballzukunftshoffnung namens Gottlieb sich als Torhüter so hervortat, daß man das Elfuhrschlagen völlig überhörte, und dies war nun vermutlich Gott weniger lieb, denn der künftige Nationaltorhüter übte nebenher den Beruf eines Lehrlings beim Konditor Wurz aus und hatte den Auftrag, eine gewisse kreisrunde Schachtel allerspätestens um dreiviertel Elf im Rathaus abzuliefern.

Einstweilen aber lag diese Schachtel nebst dem zu Herrn Gottlieb gehörigen Fahrrad im Gras und in der freundlichen Sommersonne. Allerdings nicht mehr besonders lange, weil ein gütiges Schicksal es fügte, daß der Ball gerade vor dem gegnerischen Tor heiß und laut umkämpft wurde, daß also Gottlieb sich außerhalb des geradezu homerischen Kampfgeschehens befand, als es ein Viertel nach elf Uhr schlug, und daß er diese Mahnung aus der himmlischen Höhe also deutlich vernahm. Seine Mannschaft war nicht wenig erstaunt, als sie — eine halbe Minute später ins eigene Feld zurückgedrängt — bemerken mußte, daß ihr Torhüter verschwunden, ja wie von der Erde verschlungen war.

Dieser bewährte sich jedoch inzwischen nicht weniger, nämlich als Rennfahrer. Um nicht weiter behindert zu sein und sich ordentlich in die Pedale legen zu können, hatte er die bewußte Schachtel an den Lenker gehängt, und so gelang es ihm denn auch, sogar auf dem Kopfsteinpflaster der Hauptstraße, die er alsbald erreichte, eine Rekordgeschwindigkeit herauszuholen.

Unverständlicherweise bewunderte Herr Schörle, welcher vor dem Rathause fiebernd nach Gottlieb Ausschau hielt, diese Leistung nur wenig. Im Gegenteil — als er die Schachtel in Empfang nahm, machte er ein so mißtrauenerweckendes Gesicht und eine so unzweideutige Handbewegung, daß Gottlieb es vorzog, seinerseits einen Rennaufstieg und sich selber aus dem Staube zu machen, da seine Verdienste hier offenbar nicht genügend anerkannt wurden.

Einige Minuten später beendete der Bürgermeister Hagenauer seine Ansprache, denn er hatte recht wohl bemerkt, daß Schörle mit der Schachtel sich zur Tür hereindrückte.

Kaum aber hatte Herr Hagenauer das letzte Wort gesprochen, als auch schon die Blasmusik auf der Empore nach so langem Stillschweigen ihren Tatendrang durchaus nicht mehr zu bändigen vermochte und mit einem mehr lauten als mustergültigen Einsatze begann:

Aus der Jugendzeit, aus der Jugendzeit
klingt ein Lied mir immerdar . . .

Christine konnte nicht umhin, auch dies als Huldigung aufzufassen und leicht ergriffen auszusehen, obwohl sie sich in mehrfacher Hinsicht

schmerzlich berührt fühlte und immer gespannter wurde, je mehr die Melodie sich jener gewissen Stelle näherte, an welcher der Kunstbeflissene vom ersten Stock so unweigerlich ins Stolpern geriet. Aber die Stadtkapelle, das war eben doch etwas anderes. Sie kam darüber hinweg, als ob gar nichts dabei sei, stürzte sich sogar tollkühn auf die zweite Strophe und brachte das Ganze trotzdem zu einem guten Ende.
Nun folgte die Szene, in der die große Tochter sich in das goldene Buch der kleinen Stadt eintrug – und während sie dies tat, übergab Herr Schörle dem Bürgermeister die Schachtel, wobei er beschwörend flüsterte: »Nicht aufmachen!«
Die Schachtel wanderte also gleich darauf zu Christine, unter dem belustigten Beifallsgemurmel der verehrten Anwesenden, es gab noch ein Händeschütteln, dann war die Feier zu Ende, die Versammlung zerstreute sich, aber die Familie Weiland mußte natürlich noch eine Zeitlang an ihrem Platze bleiben und Glückwünsche entgegennehmen.
Der erste, der auf Christine zutrat, war der Organist Stefan, ihr früherer Musiklehrer, und er leuchtete ganz brucknerisch vor lauter innerer Beglückung, besonders als Christine fragte, ob sie ihn wohl einmal besuchen dürfe. – Dann war auch das vorbei.
Nachmittags freilich konnte man sich diesmal unter keinen Umständen schnöde benehmen, sondern mußte die Kaffeegesellschaft erdulden, die sich im Weilandschen Wohnzimmer geradezu drängte vor Aufregung und Neugier, und Christine beneidete ihren Vater, der so wenig berühmt war, daß er währenddessen in seiner Kanzlei sitzen durfte.
Aber, wie gesagt, das ließ sich nun nicht ändern, und Anna Weiland und ihre Tochter bewahrten Haltung, obwohl es, ein paar Minuten bevor der erste Besuch an der Wohnungstür klingelte, diese schreckliche Geschichte mit der Schachtel gab. Herr Bürgermeister Hagenauer hatte doch eine zarte, unmißverständliche Andeutung gemacht und die Damen hatten sich deshalb und überhaupt berechtigt gefühlt, in der Schachtel so etwas wie eine Torte zu vermuten, »und die kommt uns gerade recht«, sagte Mutter Anna, »denn jetzt langt es auf alle Fälle.«
Christine wollte zwar Einspruch erheben und zu bedenken geben, daß die Torte zweifellos ihr persönlich geschenkt worden sei und man doch wohl annehmen dürfe, daß die Stadt sich bei einer solchen Gelegenheit nicht lumpen lassen werde – aber dann sah sie, wie tief und rücksichtslos Anna in ihre Vorräte gegriffen hatte und wie sehr sie ihren Haushaltsplan zu Ehren der großen Tochter durcheinanderbrachte, und da verzichtete Christine auf alle Eigentumsrechte.
Sie knüpften vorsichtig die Schnur auf, hoben den Deckel ab, und da zeigte sich, wie verrohend der Sport wirkt.

Natürlich wußten sie nichts Genaues, aber es fiel ihnen nicht schwer, von der Wirkung auf die Ursache zu schließen, und dabei trafen sie schon ungefähr das Richtige. Aber das Rad der Weltgeschichte ließ sich, wie angeblich meistens, auch hier nicht zurückdrehen (wenn es diesmal auch nur ein Fahrrad gewesen war), und aus dem graugelben, aufdringlich süßduftenden Brei, der die Schachtel anfüllte, ließ sich keine Buttercremetorte rekonstruieren; so groß war Anna Weilands Erfahrung in Haushaltsdingen, daß ihre Rückschlüsse ganz genau ins einzelne gingen — »acht Eier und mindestens ein halbes Pfund Butter, vom Zucker ganz zu schweigen!« sagte sie und hätte beinahe geweint.
Aber Christine? Oh, die brachte es fertig zu lachen. Sie erklärte, daß sie schon Schlimmeres erlebt habe, und im übrigen zeige sich ja jetzt, daß die Vorsehung auf ihrer Seite stehe und ihr unbeschränktes, wenn auch nur mehr ideelles Eigentums- und Verfügungsrecht anerkenne, denn jetzt dürfe sie diesen Brei ganz allein aufessen, da man ihn unmöglich jemandem anbieten könne, ganz abgesehen davon, daß es sich empfehlen werde, strenges Stillschweigen über die Sache zu bewahren, denn sie müsse der Stadt und ihrem Oberhaupt doch fatal sein, und einem geschenkten Gaul sehe man nicht ins Maul, heute noch weniger als früher. »Aber zum Konditor Wurz geh ich doch!« sagte Anna rachsüchtig.
Dergestalt also begann der unumgängliche Kaffeenachmittag, und schon deshalb war es kein Wunder, daß Christine seiner nicht recht froh wurde. Das einzige, was ihr Vergnügen machte, war, daß Käthe Buch, die geborene Mesle, für eine Viertelstunde heraufkam; es wurde nochmals verabredet, daß Christine für ein paar Tage nach Monrepos kommen sollte — »vorausgesetzt, daß ich Zeit dazu habe!« sagte Christine wieder, aber Käthe antwortete: »Du kommst schon, dich machen sie auch noch fertig!«, eine sibyllinische Weissagung, deren Sinn um so dunkler bleiben mußte, als Käthe sie tat, während sie schon auf der obersten Treppenstufe stand und, sich im gleichen Augenblick hinabwendend, dem Herrn Amtsrichter Schellhorn ausweichen mußte, welcher gerade heraufkam, auch er mit Besuchsabsichten.
Es war vielleicht ganz gut, daß es diesen belanglosen kleinen Wirbel gab und das Treppenhaus nicht besonders hell war, denn Christine Weiland, als sie Herrn Schellhorn erkannte, wurde doch ein bißchen rot, ach, natürlich nur ganz wenig, ungefähr wie wenn man eine Schublade schließt, deren Inhalt niemand zu sehen braucht, und gerade in diesem Augenblick öffnet sich die Tür: Christine schloß die Schublade vielleicht mit einem etwas zu munteren Schwung und wandte sich dem Eintretenden etwas zu unbefangen entgegen. »Walter!« sagte sie. »Nun,

das ist aber nett von dir, daß du dich an deine alte Freundin erinnerst, bei dieser Gelegenheit!«
»Unmöglich, es nicht zu tun!« antwortete der Amtsrichter Schellhorn. »Man will doch auch etwas von dem Glanz des Tages haben!«
In der Wohnstube war es viel heller, aber die kleine Wackligkeit in Christinens Gemüt war bereits völlig vorbei. Anna Weiland ging hinaus, um eine frische Tasse zu holen, und hinter ihr her flog ein Engel durch das Zimmer.
»Mir scheint«, sagte Walter Schellhorn, »ich bin der letzte, der dir gratuliert? Es ist schon spät, ja, aber ich konnte nicht eher kommen, auch heute vormittag nicht zu der Feier, so leid es mir tat, aber meine Termine durfte ich ja deshalb nicht absetzen.«
»Selbstverständlich nicht«, sagte Christine, »es ist auch nicht so wichtig.«
»Oh, für uns schon«, erwiderte der Amtsrichter, »wir sind hier mit großen Ereignissen nicht verwöhnt.«
»Und wie geht es dir?«
»Das hätte ich dich fragen sollen«, sagte er, »aber es ist wohl nicht notwendig, denn von so bedeutenden Leuten liest man ja in der Zeitung, und dann sehe ich's ja auch. Also glänzend! Mir? Nun, man lebt, Christine. Soweit es der Beruf erlaubt, gibt man sich bisweilen sogar Mühe, etwas aus diesem Leben zu machen, viel wird allerdings nicht daraus. Aber danke. Es könnte schlimmer sein.«
Das klang recht bescheiden und abgeklärt. Indessen hatte Christine, wenn sie ihren Freund Schellhorn betrachtete, den Eindruck, daß er gar nicht so bescheiden und abgeklärt sei, wie er da redete, und daß auch hier wieder einmal durch die Löcher des philosophischen Mäntelchens die Eitelkeit blickte. Ach, du lieber Gott!
Er war wirklich der letzte Besucher, niemand kam nach ihm, vielleicht hatte er damit gerechnet. Frau Weiland blieb anstandshalber eine Zeitlang in der Stube, aber dann mußte sie in die Küche.
Also saßen sie einander gegenüber. »Ja«, sagte Christine, »es war ein anstrengender Tag, und nun sind wir beide hier wie zwei übriggebliebene Kuchenstücke zwischen leeren Tassen und Krümeltellern, eigentlich nur den Fliegen zur Freude, man könnte uns abräumen, wie? Dann käme wenigstens der Tisch in Ordnung.« Es war wieder einmal einer von jenen Augenblicken, eine von jenen Lagen, in denen Christine ungemein schnöde sein konnte, gegen sich und andere.
Walter Schellhorn faßte nach dem Knoten der sorgfältig gebundenen Krawatte. »Ich weiß doch nicht recht«, sagte er und fand sich wohl ziemlich beachtenswert, »dein Bild – ich meine das mit den Fliegen –

ist etwas nüchtern. Außer vielleicht, du meinst mit den Fliegen die Gedanken, die in ziemlicher Menge herumschwirren. Dann allerdings!«

»Gedanken«, sagte Christine, »wirken oft so störend.« Eigentlich ärgerte sie sich über sich selber, denn ganz entschieden benahm sie sich nicht gut. Walter Schellhorn hatte ihr nichts getan, nein, weder jetzt noch jemals. Aber so, wie er da vor ihr saß, war er eine Enttäuschung, eine von jenen Enttäuschungen, aus denen sich der breiteste Teil des Lebens zusammensetzt. Es kam zwar nicht darauf an, aber gerade über Nebensächlichkeiten ärgert man sich am meisten; einen schlechten und steilen Weg nimmt der Mensch mit Gelassenheit als Schicksalsfügung hin, jedoch ein Nagel im Schuh verdirbt ihm die Laune.

»Das vorhin war Käthe Mesle, nicht wahr?« fragte Schellhorn, denn mit den philosophischen Fliegen hatte er offenbar kein Glück.

»Ja. Das heißt, inzwischen hat sie geheiratet. Wie die Zeit vergeht. Und du?«

»Ich? Nein. Ich wohne noch bei meiner Mutter.« — Christine erkundigte sich: »Ist es heutzutage für einen Mann nicht sehr anstrengend, unverheiratet zu bleiben — in deiner Stellung und in einer so kleinen Stadt?«

Er sah sie an und wußte nicht recht, ob er dies als einen Witz auffassen solle. »Sonderbar!« sagte er schließlich. »Ich komme da nicht ganz mit, Christine. Liegt es vielleicht daran, daß du heute so angefeiert worden bist? Wir sprechen miteinander wie über die Straße hinweg. Soviel ich mich aber erinnere, war das nicht immer so.«

»Wenn es nur die Straße wäre«, sagte sie, »dann hätte es nichts zu bedeuten. Aber es sind die Jahre, die dazwischen liegen. Die Zeit ist viel schlimmer als der Raum, denn der Raum verändert uns nicht, wohl aber die Zeit. Um auf die Kuchenstücke zurückzukommen: man wird allmählich altbacken, und das Fatalste daran ist, daß man's im allgemeinen nicht merkt, sondern nur bei Gelegenheit.«

»Dann hast du dir aber nicht gerade die passendste Gelegenheit dazu ausgesucht«, sagte Schellhorn, und diese Bemerkung saß, das war unbestreitbar.

»Zugegeben, man ist an solchen Tagen nicht ganz in Ordnung«, sagte Christine bereitwillig. »Ein Sturm im Wasserglas ist zwar komisch, aber wenn man sich in dem Glas befindet, ist es eben doch ein Sturm. Früher haben wir uns besser verstanden, meinst du nicht?«

»Ja, früher machte ich dir auch keine offiziellen Glückwunschbesuche, Christine.«

»Wenn's weiter nichts ist!« Sie streifte, höchst großzügig, alles beiseite. »Vermutlich steht der Gedenkstein noch, rechts ehe man zur Brücke kommt, unter den Bäumen? Was hast du morgen nachmittag vor?«

»Ich habe vor, dort auf dich zu warten«, antwortete er. »Am Gedenkstein. Denn es ist wirklich wahr, man sollte die alten Zeiten nicht vergessen.«

»Also um vier Uhr«, sagte sie lächelnd und durfte sich jetzt sogar gestatten, ein wenig rot zu werden. »Wenn die Nachmittagsschule zu Ende ist!«

Vom Fenster aus blickte sie ihm nach, in gemessener Entfernung drehte er sich um, grüßte noch einmal herauf und ging dann davon, wie eben jemand geht, der weiß, daß man ihm nachblickt, und auch sonst durchaus wie ein Amtsrichter.

»Wenn man denkt«, sagte Anna Weiland, die mit einem kleinen Zugwind hereinkam, »ich meine nur — ihr seid doch früher — — dafür war der Besuch aber wirklich recht kurz. Wie findest du ihn denn?«

»Ach Gott ja«, erwiderte Christine. »Sitzengeblieben!«

Frau Weiland hielt mit dem Abräumen inne und sah ihre Tochter unsicher an. »Was?« fragte sie. »Und wer?«

»Wer!« sagte Christine. »Mein Mitschüler Walter Schellhorn! Ach so — ja, ich natürlich auch. Gut, daß du mich daran erinnerst. Und diese Kerle — konnte ihnen tatsächlich nichts Besseres einfallen?«

»Wer denn nur?« fragte Anna ganz unglücklich. »Eine Art hast du manchmal! Welche Kerle?«

»Die Stadtkapelle, heute früh, wer denn sonst! Aus der Jugendzeit! Als ob sie sich verschworen hätten!«

Anna schüttelte den Kopf und schwieg.

Anderntags also ging Christine durch das Stadttor und die Straße hinab, die zur Brücke führte. Die Stadt verlief sich hier allmählich ins Grüne, die Brücke lag schon — und immer noch — ganz außerhalb, wegen der waldigen Auen hier unten, die auf Sumpfboden wuchsen, gegen das Grundwasser ließ sich nichts Ordentliches ausrichten.

Der Amtsrichter Schellhorn wartete bereits am Gedenkstein.

Sie schlenderten am Ufer stromaufwärts, das war ein hübscher Spaziergang, fast der einzige übrigens, den es für die Stadtbewohner gab, und Christine hatte die besten Vorsätze, nett zu sein und alles so aufzufassen, wie er's meinte. Vermutlich trug das Gespräch von gestern die Schuld daran, daß er ein wenig befangen und vorsichtig war. Aber Christine drückte alsbald auf den richtigen Knopf, indem sie sagte: es sei doch eigentlich sehr hübsch, ja, es habe beinahe etwas Rührendes, sich zu erinnern, mit welchen Gefühlen und wieviel halbverschwiegener Beglückung sie ehedem hier miteinander gegangen seien; und nun zu denken, daß dies doch derselbe Fluß und dieselben Bäume, ja, sogar ohne Zweifel dieselben Lieder der Drosseln und Grasmücken seien wie damals. Ja, es sind wohl immer nur die Menschen, welche die Welt verändern, und gewöhnlich leider nicht zu deren Vorteil. Wenn wir's nur fertigbrächten, daß die Welt sich ganz einfach in uns spiegelt. Bedauerlicherweise jedoch wird der Spiegel in uns mit der Zeit fleckig und blind, und ungerecht wie wir sind, schieben wir's auf die Welt; aber diejenigen, die nun hier gehen und so jung sind wie wir damals waren, haben gewiß auch noch die holdselige Dummheit wie wir sie damals hatten, und darin liegt eigentlich etwas Beruhigendes. Es ist nicht gut, daß der Mensch zu gescheit sei — oder wie es in der Bibel heißt.

Schellhorn meinte, es hieße in der Bibel nicht ganz so, aber, genau besehen, könne man es vielleicht so auslegen, denn wahrscheinlich käme es auf dasselbe hinaus. Jedenfalls, die Sache mit dem Spiegel sei wert, darüber nachzudenken, »und du glaubst nicht, Christine, wie wohl es tut, einmal mit jemand anderem zu sprechen als — nun ja.«

»Daß doch der Mensch nie zufrieden ist!« sagte sie. »Ich dachte nun, hier würde ich Leute finden, die zufrieden sind. Aber nein. Und dabei sieht hier die ganze Welt so zufriedlich aus! Was paßt dir denn nicht, Walter?«

Das, antwortete er, könne man nicht so geradezu ausdrücken. Natürlich, alles sei in bester Ordnung, er habe gewiß keinen Grund zu klagen, von außen betrachtet — »übrigens, Christine, heißt der Bibelspruch: Es ist nicht gut, daß der Mensch allein sei. Manchmal denke ich, daß dies auf die Dauer wirklich kein Zustand ist, du hast gestern schon etwas dergleichen angedeutet. Wenn man den Fall dann aber von der praktischen Seite her betrachtet, wenn ich mir vorstelle, wie es werden könnte, dann kommen mir doch wieder große Zweifel.«

»Ja«, sagte sie, »Mut gehört freilich dazu.«

»Aber man ist verdorrt!«

»Wahrhaftig?«

»O nein, um Himmels willen, du beziehst das hoffentlich nicht auf dich!«

»Doch, denn wir sind ja gleichen Alters.«

»Trotzdem ist es bei dir etwas ganz anderes«, sagte er. »Überlege nur einmal, wieviel Frauen es gibt, die den großen Staatspreis bekommen, und wieviel Amtsrichter es gibt. Du stehst auf einer völlig anderen Ebene.

»So!« sagte Christine. »Tue ich das?«

»Wenigstens bild ich mir's ein«, fügte er etwas schüchtern hinzu. »Wenn ich so neben dir gehe und dich ansehe, und wenn ich mich daran erinnere, wie wir in den Universitätsferien hier gegangen sind, ach, das ist ein so großer Unterschied. Obwohl ich mich natürlich nicht beklagen will.«

»Weshalb eigentlich nicht?« fragte Christine.
»Was –?«
»Ich meine: Weshalb willst du dich nicht beklagen? Ich denke, es ist unser gutes Recht, mit den Dingen nicht einverstanden zu sein, die uns nicht passen. Oder sind wir wirklich weiter nichts als eine Schafherde?«
»Ja, du, du warst schon immer so rebellisch. Aber das muß einem gegeben sein. Und allmählich sieht man eben doch ein, daß es keinen Sinn hat, über den Zaun zu springen, weil nämlich nach zehn Schritten schon wieder ein anderer Zaun kommt, und so weiter.«
»Pferch nennt man das in diesem Falle«, bemerkte Christine, denn ihre guten Vorsätze, nett zu sein, waren bereits ziemlich fadenscheinig geworden gegenüber so viel Selbsteinschränkung. Dergleichen konnte sie nun einmal nicht vertragen, und schon gar nicht bei Männern. Da fühlte sie ordentlich, wie sich bei ihr alle Federn sträubten. Was sie aber am meisten aufbrachte, war das Bewußtsein, daß sie selber oft genug an der Kante stand, zu resignieren, und daß sie eigentlich immer nur noch dann rebellisch wurde, wenn ihr ein Beispiel wie dieses hier vor die Augen kam.
Walter Schellhorn redete von irgend etwas, er schien sentimental zu werden, und das konnte sie in diesem Augenblick am wenigsten vertragen. Sie hörte nur halb auf das, was er über die stille Lieblichkeit der Gegend und die Schönheiten der Natur äußerte, denn während er dafür plädierte, daß auch unter diesen Umständen das Leben seine Annehmlichkeiten habe, fühlte sie sich sehr weit von ihm entfernt, von diesem Freund ihrer Jugend, der das Sitzenbleiben als Philosophie zu betreiben schien, weil ihm offenbar nichts anderes übrig blieb.
»Und«, sagte er, tief Atem holend, »wie die besonnten Bäume duften! Gibt es denn etwas Balsamischeres als diesen Fichtennadelduft?« Tatsächlich, er sagte balsamisch.
Christine, strohtrocken, erwiderte: »Isobornylazetat!«
»Bitte?«
»Ach, ich meine nur. Das Zeug, was da so gut riecht, heißt nämlich so.«
Es war, als hätte sie ihm mit dieser ganz besonderen und ausgesuchten Schnödigkeit den Hut vollends über die Augen getrieben, er konnte nur noch »Ach – jawohl ...« stammeln, der Arme, dann ging er seelisch auf die Bretter.
Selbstverständlich tat es ihr sofort leid, als sie sah, was sie da angerichtet hatte. Aber es gibt eben Lagen, wo man beim besten Willen nur auf den weißen Tasten spielen kann, wenn man sich nicht ganz und gar selbst verleugnen will. »Ja, siehst du«, sagte sie, »das kommt da-

von, wenn man mit einer bissig gewordenen alten Jungfer spazierengeht.«
Er brachte nicht einmal mehr die Haltung auf, höflichen Einspruch gegen diese herausfordernde Selbstkritik zu erheben.
Unter solchen Umständen wurde der Spaziergang viel kürzer, als man gedacht hatte – der Nachmittag aber wurde auf eine sonderbare Weise länger: Beim Nachhausekommen fand Christine nämlich die Wohnung leer, weil der Registrator noch in der Kanzlei und Anna Weiland ausgegangen war, und deshalb war sie ganz sich selber und ihrer schlechten Laune überlassen, nichts rührte sich, und jedes einzelne Möbel schien sie mit schweigendem Vorwurf anzusehen. Es ist wahr, dachte sie und saß ziemlich verunglückt in der Sofaecke, ich habe mich nicht gut benommen, schon wieder einmal, ich bin ein ungerechter Mensch, ich lasse Unschuldige für meine heruntergewirtschafteten Nerven büßen, ich mache, kurz gesagt, einen üblen Eindruck – daran gibt es keinen Zweifel.
Und dabei sah sie die grünplüschene Tischdecke vor sich und das gehäkelte weiße Deckchen, das selbstverständlich darauf gehörte und seit dem Anfang der Welt immer so gelegt wurde, daß seine Ecken in die Mitte der Tischkanten kamen, und diese blödsinnige Glasschale mit gewelltem Rand, die zur Zeit von Adam und Eva zur Aufnahme von Visitenkarten bestimmt gewesen war, obwohl Christine schwören konnte, daß niemals – nein, niemals! – auch nur die kleinste Visitenkarte bei dem Registrator Weiland abgegeben worden war, lächerlicher Gedanke! Aber natürlich mußte die Schale und die gehäkelte Decke und die grüne Plüschdecke früh, mittags und abends, nachdem sie vorher weggenommen worden waren, wieder voll Ordnungsliebe an ihren Platz gebracht werden, und das geschah seit fünfunddreißig Jahren, Tag für Tag dreimal, klaglos und gewissenhaft, aber irgendeinen Sinn hatte es nicht.
Angenommen jedoch, man tat jetzt, in dieser Stunde, das Unglaubliche und machte Revolution und pfefferte das ganze Zeug in den Mülleimer, wohin es gehörte – wieviel Ratlosigkeit, Herzeleid und Kränkung würde sich daraus ergeben! Nein also, daran war nicht zu denken. Man mußte Rücksicht nehmen. Das Leben war nun einmal so, und wenn man selber das Recht auf ein privates Dasein mit soviel Nachdruck vertrat, dann durften es die andern wohl genau so tun, und daraus ergab sich eben, daß man in einem Käfig saß, denn die anderen waren immer in der Mehrzahl. Vor allem jedoch ergab sich daraus abermals, daß Christine sich nicht gut benommen hatte, und das machte ihr schwer zu schaffen, weniger wegen der Tatsache an und für sich, als deshalb, weil sie darin

einen schlimmen Mangel an Selbstbeherrschung sehen mußte, und das ging ihr nahe, denn auf ihre Selbstbeherrschung pflegte sie sich etwas zugute zu tun — sie hatte ja sonst nichts.
Wahrhaftig, sie hatte sonst nichts. Damit war sie wieder an jenem gefährlichen Punkt angelangt, wo sie schon vor ein paar Tagen und mit Tränen gewesen war.
Sollte das nun so weitergehen? War das der Erholungsurlaub? Überhaupt — wie sah die Welt aus? Friedlich, still und abscheulich. Genauso wie diese Plüschdecke.
Christine flüchtete, bereits über die Maßen verzweifelt, in ihre Dachkammer — und mitten hinein in die Dressurversuche, die mit jenem dämonischen Kalb aus der Jugendzeit vorgenommen wurden. Die Kanaille da unten ..., die konnte wahrscheinlich auch nur auf den weißen Tasten spielen. Irgend jemand aber hatte etwas von den schwarzen gesagt, ganz ruhig, ja fast mitleidig ... und er wußte diesen japanischen Dreizeiler — wenn Ihnen das nicht genügt, kann ich Ihnen nicht helfen ...
Sie zwang sich in eine Engelsgeduld hinein, das war gar nicht einmal so schwer, man hatte ja eine gewisse Übung darin und brauchte sich — soweit das Lied aus der Jugendzeit nicht alle guten Vorsätze übertönte — nur lange und eindringlich genug vorzureden, daß der tiefere Grund für schlechte Laune meist im Menschen selber liege und sich daher durch eigene Bemühungen beseitigen lasse. Es ging ganz gut, Christine spürte, wie sie versöhnlicher wurde, und sogar das Klavier begann sie weniger zu stören.
Hatte es geklingelt? Schon vor ein paar Minuten war ihr so gewesen. Aber hier oben in der Dachkammer hörte man ja nichts, zumal wenn das Klavier — übrigens hatte Anna doch den Schlüssel, und Besuch war jetzt nicht sehr willkommen. Lassen wir die Sache also auf sich beruhen.
Doch. Entschieden: es klingelte. Jemand stand vor der Haustür. Es war unfreundlich, zu tun, als ob man nichts höre. Man sollte aber nicht unfreundlich sein. Man sollte freundlich sein. Es fiel schwer, aber es war eine sittliche Handlung. Christine entschloß sich zu dieser sittlichen Handlung, und zwar hauptsächlich in dem Gefühl, daß das klingelnde Wesen an der Haustür ja doch nicht eher nachgeben werde.
Sie ging also in die Wohnung hinab, beugte sich aus dem Fenster und sah wirklich jemanden vor dem Haus stehen, einen Mann mit einer Aktentasche unter dem Arm — —
»Herr Professor Mahr!«
Er blickte herauf, lüftete den Hut und lächelte.

»Um Gottes willen, klingeln Sie schon lange?«
»Ach nein, vielleicht seit einer Viertelstunde.«
Und als sie dann unten war, sagte er: »Entschuldigen Sie die Störung.«
»Wie kommen — was ist los?«
»Los?« fragte er. »Nichts. Wieso?«
»Bestimmt?«
»Aber nicht das mindeste!« sagte er kopfschüttelnd und beinahe verwundert. »Warum denn auch?«
Sie führte ihn hinauf, und nun saßen sie einander gegenüber, die grüne Plüschdecke war zwischen ihnen.
»Sie machen einen etwas erschreckten Eindruck«, sagte Mahr, »das tut mir nun leid. Aber die Sache ist ganz einfach so, daß ich Gelegenheit hatte, mich im Auto hierher mitnehmen zu lassen. Der Wagen hat mich vor Ihrer Tür abgesetzt und ist weitergefahren, er wird mich auf der Rückfahrt morgen um Mitternacht wieder abholen. Es war eine wunderschöne Fahrt. Aber nun die Hauptsache: Wie geht es Ihnen?«
»Danke!« sagte Christine. »Ich bin so froh. Ich hätte nicht gedacht, Sie sobald wiederzusehen. Wie hübsch das ist, daß Sie nun plötzlich hier sitzen, ganz einfach. Was war das denn für ein Auto? Aber gewiß haben Sie Hunger und Durst — nein? Und daß es gerade hierher fuhr! Das Leben hat manchmal doch recht gute Einfälle. Noch vor einer Viertelstunde hätte ich das bestritten.«
»Daß Sie aber gar so überrascht sind?« fragte Mahr. »Sie haben mich doch eingeladen, zu der Feier im Rathaus, mit einer gedruckten Karte! Leider kam sie zu spät an, es ließ sich wirklich nicht mehr machen. War es großartig? Selbstverständlich, das braucht man nicht zu fragen. Übrigens, Christine, eine bezaubernde kleine Stadt! Ich freue mich wahrhaftig, daß ich meine Schwerfälligkeit einmal überwunden habe. Hoffentlich komm ich Ihnen nicht allzu ungelegen?« Er hatte sie beim Vornamen genannt, das tat er nur, wenn er in besonders guter Laune oder wenn er ernstlich böse war.
»Nun aber«, sagte Christine, und vor lauter Aufregung und Vergnügen hatte sie rote Backen, »wie war das mit dem Wagen und der Rückfahrt? Morgen um Mitternacht? Es sieht Ihnen ja ähnlich — aber ließ sich denn durchaus keine menschlichere Zeit ausmachen?«
Mahr sagte, er habe da nichts zu bestimmen, sondern müsse sich eben ganz nach dem Besitzer des Wagens richten, von dem es ohnehin freundlich genug sei, daß er seinetwegen diesen Umweg mache. »Entschuldigen Sie aber, wenn ich zunächst alles Praktische erledigt wissen möchte: Wo kann ich übernachten?«
Oh, sagte Christine, es seien zwei recht ordentliche Gasthöfe da, in-

dessen bezweifle sie freilich, ob dort unter den heutigen Umständen überhaupt noch Zimmer abgegeben werden könnten; wäre es nicht viel einfacher, er schliefe gleich hier auf diesem Sofa? Für die eine Nacht sei das wohl nicht zu unbequem, obwohl sie natürlich hoffe, daß er vielleicht doch noch länger bleibe?

Da kam Anna Weiland nach Hause und fühlte sich, nachdem sie mit der Überraschung fertig geworden war, ungeheuer geehrt, daß der Chef ihrer Tochter —

»Chef!« sagte Mahr. »Das gehört nun auch zu den Dingen, die nur auf dem Papier stehen, Frau Weiland. In Wirklichkeit ist es meistens umgekehrt, denn gegen sanfte Gewalt ist unsereiner stets machtlos, aber man läßt sich's recht gern gefallen. Im allgemeinen behandelt mich Ihre Tochter ganz gut, ich kann eigentlich nicht klagen.«

Christine lachte, Anna lachte. Anna wunderte sich im stillen, daß ein richtiger Universitätsprofessor so lebendig und jung sein konnte, sie hatte sich das immer ganz anders vorgestellt, ungefähr so wie in diesen Zeitungsanzeigen, wo ein vollbärtiger alter Herr mit goldener Brille eine Medizinpackung hochhält und den Zeigefinger hebt, und die ganze Welt scheint plötzlich an Arterienverkalkung zu leiden. Aber dieser hier dachte gar nicht daran, den Zeigefinger zu heben, seine Anspruchslosigkeit war beinahe komisch, und er schien auf nichts bedacht zu sein als darauf, niemandem zur Last zu fallen. Als Christine andeutete, daß man nun wohl bald anfangen müsse, sich um das Abendbrot zu kümmern, damit der so sehr geehrte Gast nicht verhungere, und als der Professor daraus merkte, daß die Damen für die nächste Zeit ziemlich beschäftigt sein würden, sagte er, er wünsche jetzt nichts so sehr, als sich ein wenig Bewegung zu machen und durch die Stadt zu gehen, die ihm so außerordentlich gefalle.

Christine begleitete ihn bis zur Haustür. Auf seine Frage, ob sie ihm eine ganz besondere Sehenswürdigkeit empfehlen könne, wurde sie einen Augenblick lang sehr nachdenklich und antwortete dann mit einem Blick hinter sich in den Flur: Ja, es gebe hier freilich etwas ganz Besonderes, gleich um die nächste Ecke rechts, in der Pfarrgasse Nummer 5, nämlich Tante Lisbeth ... und kaum hatte sie das gesagt, so bekam sie auch schon ein schrecklich schlechtes Gewissen, denn es sah ja wirklich ganz aus wie ein Rückfall in ihre alte Schnödigkeit, obwohl es durchaus nicht so gemeint gewesen war. Aber Mahr nahm die Sache glücklicherweise nicht ernst, nickte nur ein wenig zerstreut und ging davon.

Anna und Christine hatten es mit den Essensvorbereitungen sehr wichtig — Christine bekam plötzlich etwas so Umsichtiges und Flinkes, aber

Anna kannte ja ihre Tochter und es fiel ihr nicht ein, Bemerkungen zu machen. Im Gegenteil, sie war schweigsamer als sonst und sagte auch nichts, als Christine, während sie den Schnee schlug, unentwegt summte ›Aus der Jugendzeit‹ . . .
Mittlerweile kam der Registrator heim, wurde über die Lage unterrichtet, sagte: »Ein ordentlicher Professor!« und band freiwillig einen anderen Schlips um.
Sehr entzückt kehrte der ordentliche Professor von seinem Gang zurück. Selten, sagte er, habe er etwas so Hübsches gesehen, und ließ sich von Herrn Weiland Erklärungen zu dem und jenem geben, was ihm aufgefallen war. In Christine rührte sich das sehr schlechte Gewissen wieder, sie wartete, ob er vielleicht eine Bemerkung wegen Tante Lisbeth machen würde. Aber Gott sei Dank, davon war nicht die Rede.
Wenn man daran dachte, wie langweilig und nichtssagend zum Beispiel gestern nachmittag die Glückwunschbesuche gewesen waren und wie lebhaft sich die Unterhaltung heute entwickelte, so wurde erst richtig klar, wie verschieden die Menschen doch sein können. Übrigens zeigte sich Herr Professor Mahr, was die Wissenschaft anbetraf, viel mitteilsamer als Christine, die bedauerlicherweise so gut wie nichts davon zu erzählen pflegte, was nun eigentlich in dem geheimnisvollen großen Laboratorium getrieben wurde; er jedoch gab bereitwillig Auskunft, und dabei kam erst richtig ans Licht, wie tüchtig, ja wie unentbehrlich Christine war und was sie alles zu tun hatte. Ah so! sagte Herr Weiland und jawohl! sagte Frau Weiland, und beide waren stolz auf ihre Tochter. Es war ein wirklich angenehmer Abend und man sah eben, wer Bildung hatte.
Aber dann wurde die Sitzung aufgehoben, denn man mußte ja noch das Nachtlager des Professors auf dem Sofa herrichten und alles in Ordnung bringen. Christine tat das mit Umsicht. »Trotzdem hoffe ich«, sagte Mahr, der nach seiner Gewohnheit am Fenster stand, »daß die Verzweiflung der Familie wegen meines plötzlichen Erscheinens sich in erträglichen Grenzen hält?«
»In erträglichen, ja«, antwortete Christine, »das werden Sie wohl gemerkt haben.«
»Sind Sie sich aber darüber klar, daß Sie mich auch morgen noch den Tag über hierbehalten müssen?«
»Ich werde versuchen, es mit Fassung zu tragen.«
Er blickte aus dem Fenster. »Meine Großmutter«, sagte er, »war ein wenig augenleidend, deshalb hing an dem Milchglasschirm der Petroleumlampe, die immer sehr gemütlich auf ihrem Tisch brannte, ein Augenschoner; das war die dunkelbunte Ansicht von Wien, aber die

Fenster der Häuser hatte man ausgeschnitten und mit farbigem Papier hinterklebt, so daß die Straßen wie illuminiert erschienen. Für mich als Kind gab es nichts Schöneres, als dieses Schirmchen zu betrachten, das bei Tage so nichtssagend, ja geradezu enttäuschend war, bei brennender Lampe jedoch die unerwartetsten und geheimnisvollsten Geschichten ahnen ließ. Dies vollends, da meine Großmutter mir vom Wiener Kongreß erzählt hatte, und ich nun hinter den rot oder gelb erleuchteten Fensterreihen der Paläste mir die glänzendsten Festlichkeiten vorstellen konnte, was so weit ging, daß ich sogar die Ballmusik hören und den Zaren und die vielen Könige und Minister und vollends die wunderschönen Damen, die dort oben tanzten, ganz lebendig vor mir zu sehen vermeinte. In Wirklichkeit dürften sie etwas anders ausgesehen haben, als ich mir's damals einbildete, etwas weniger märchenbuchmäßig, und besonders die Könige trugen wohl nicht immer Krone und Zepter – aber es war eben doch herrlich, und wenn ich jetzt diese dunkle Straße entlangblicke, muß ich denken, daß sie ganz ähnlich aussehen könnte, wenn die Leute nicht schon alle schlafen gegangen wären.«

»Sicher, nur daß wir im Augenblick nicht so viel Könige zur Hand haben«, erwiderte Christine. »Und dann kommt es ja auch ganz darauf an, mit welchen Augen man den Lampenschirm betrachtet. Vermutlich sind es nur Kinder, denen er so schöne Geschichten erzählt.«

Mahr wandte sich vollends um, sah sie freundlich-ernst an und nickte. »Allerdings, und nicht nur vermutlich, sondern ganz gewiß! Sie haben den Finger drauf, Christine: Nur den Kindern erzählt die Großmutter Welt ihre Märchen. Deshalb ist es vielleicht gut, wenn man nicht allzu erwachsen ist. Aber diese Kunst verlernen die Menschen immer mehr.«

Christine fühlte sich durch diese Bemerkung sonderbar angerührt – indessen war es nicht das, worüber sie nun, oben zwischen ihren schiefen Wänden, nachdachte. Denn nachdenken mußte sie ja noch, selbstverständlich. Bisher hatte sie, seit Mahrs unvermutetem Auftauchen, so viel zu tun gehabt – schon mit der bloßen Tatsache seiner Anwesenheit –, daß sie noch nicht zum Denken gekommen war. Aber man durfte doch wohl nicht annehmen, daß diese Fahrt, dieser Besuch nur eine Laune, die Ausnützung einer günstigen Gelegenheit gewesen sei. Dazu kannte sie ihn zu gut. Gerade wenn es sich um Reisen handelte, war er eigentümlich schwerfällig. Jetzt aber?

Es war noch keine Woche vergangen, seit sie sich zum letztenmal gesehen hatten – also wird es ja kaum eine unbezwingliche Sehnsucht nach mir gewesen sein. Und daß er nicht sagt, worum es sich handelt, ist der sicherste Beweis dafür, *daß* es sich um etwas handelt. Aber ich bin wieder einmal dumm. Statt mich einfach zu freuen, daß er da ist, fang ich an zu grübeln. Besser wäre es, das nicht zu tun. Besser wäre es, sich einfach zu freuen. Man ist dem Leben gegenüber zu mißtrauisch geworden. Zu vorsichtig. Als ob es durchaus notwendig wäre, alles vorherzusehen! Nun ja, die letzten Jahre haben uns gelehrt, auf Überraschungen möglichst gefaßt zu sein. Aber schließlich braucht es doch nicht nur schlimme Überraschungen zu geben; vielleicht sollte man sich mit diesem Gedanken wieder vertraut machen, er würde das Dasein wahrscheinlich erleichtern. Vielleicht sollte man überhaupt versuchen, ein bißchen leichtsinniger zu sein. Leichtsinniger? Sagen wir: leichteren Sinns. Freilich, so, wie uns das Leben angefaßt hat, gibt es gar nichts Schwereres als Leichtsinn.

Als sie nach dem Abfrisieren die Schublade wieder aufzog, um Kamm und Bürste hineinzulegen, rollte der Lippenstift nach vorn, und da ließ sie ihn.

Komisch, der Lampenschirm mit den erleuchteten bunten Fensterreihen. Aber hübsch. Man konnte sich schon vorstellen, daß man eine leise Ballmusik hörte, wenn man nur lange genug hinschaute. Ach —!

Es war kaum zu glauben, wie schnell der folgende Vormittag verging, und nachmittags richtete es Christine so ein, daß sie mit Mahr denselben Spaziergang durch den Uferwald machte, den sie vor vierundzwanzig Stunden mit dem Amtsrichter Schellhorn gemacht hatte, aber diesmal war es freilich etwas ganz anderes, ja, die ganze Gegend schien sich verändert zu haben. Dies kam letztlich daher, daß Christine den Professor Mahr von einer anderen und schon wieder ziemlich neuen Seite kennenlernte, und es gab dabei weder Gelegenheit noch Anlaß, die chemische Formel für Fichtennadelduft zu zitieren.

Anfangs war der Professor ziemlich schweigsam, aber nicht in sich gekehrt, sondern ganz offen für die Welt, und daß er hier zwischen einem breiten, lebendigen Fluß und einem verwilderten Wald dahingehen und den sanften Wind spüren konnte, daß Blumen blühten und Schmetterlinge flogen, daß es nirgends Ruinen gab, nahm er als ein großes Geschenk still entgegen.

»Denn es ist doch schön, zu wissen, daß man nicht auf ein Ziel loszusteuern braucht!« sagte er. »Es kommt mir aber so vor, als ob Sie sich über mich wunderten, Christine?«

Ja, antwortete sie, das tue sie freilich.

»Ich bin«, sagte er, »zehn Jahre älter als Sie. Das ist nicht viel, scheinbar und im allgemeinen. In diesem Fall aber bedeutet es doch sehr viel, nämlich eine ganze Generation — und was für eine! Ist es nicht Wallenstein oder Oktavio, der da zu irgend jemandem sagt: Du hast den Frieden nie gekannt? Das gilt für Sie, Christine, aber nicht für mich,

und überlegen Sie einmal, was es heißt! Ach, nicht jetzt, nein, bitte nicht, dazu ist der Tag zu schön. Sondern wenn es einmal regnet und Sie daheim am Fenster sitzen und Strümpfe stopfen, da wäre die richtige Stunde dazu. Das eigentlich Traurige für eure Generation ist: Ihr habt nicht leben gelernt!«
»Wahrhaftig?« fragte Christine mit einem ungläubigen Lächeln.
»Ihr habt nicht leben, sondern nur überleben gelernt.«
»Ist das nicht immerhin etwas? Bisweilen war es nämlich gar nicht so einfach.«
»Es ist nichts! Es ist nichts als die Vorbedingung für einen Anfang«, antwortete er mit einem nachdenklichen Kopfschütteln. »Es ist nicht völlig trostlos, aber es ist die schwierigste Lage, in der sich Menschen jemals befunden haben, so lange die Welt steht.«
»Ausgenommen Adam und Eva – nach der Geschichte mit dem Apfel«, erwiderte Christine.
Er blickte überrascht auf. »Ja, allerdings!« sagte er lebhaft. »Und auch heute wieder trägt der Acker nichts als Dornen und Disteln. Was glauben Sie aber: Was taten die beiden, was tat insbesondere Eva zunächst?«
»Ich denke, das steht deutlich geschrieben: Im Schweiße ihres Angesichts aßen sie ihr Brot.«
»Hm, so steht es freilich geschrieben. Aber erstens bezog sich das wohl hauptsächlich auf den armen Adam, und zweitens – soweit ich das weibliche Geschlecht kenne – hatte Eva gewiß nichts Eiligeres zu tun, als sich ein neues Kleid zu nähen, und zwar ein hübsch geblümeltes. Lachen Sie nur nicht, die Sache ist durchaus wert, daß man sie ernst nimmt! Die Feigenblattmode konnte sich auf die Dauer ja unmöglich halten, weil eines Tages die Röcke wieder länger wurden, tout comme chez nous, denn die Menschen ändern sich nie, und am wenigsten die Frauen – innerlich, meine ich, denn äußerlich ändern sie sich natürlich ununterbrochen, das ist ja das Nette daran, und ohne das wäre es furchtbar langweilig.«
»Professor Mahr!« sagte Christine. »Ich kann mich nur wundern!«
»Wundern dürfen Sie sich meinetwegen, aber lachen dürfen Sie nicht, denn es ist eine durchaus ernste Angelegenheit, und ich will Ihnen – im Vertrauen auf Ihre Verschwiegenheit – gestehen, daß ich nichts auf der Welt interessanter und wichtiger finde.«
»Im Ernst?«
»Die Weltgeschichte, liebe Christine, hat noch keinen Menschen glücklich gemacht, aber ein neues Kleid mit Blümchen kann gleich zwei glücklich machen.«

»Ich wundere mich schon wieder.«

»Und nun kommt, wenn Sie meinen lichtvollen Ausführungen bis hierher folgen konnten, das eigentlich Wunderbare, das mich — trotz allem — immer wieder an den lieben Gott glauben läßt. Der höchst richtige Instinkt nämlich, daß es im Grunde nichts Wichtigeres gibt, läßt sich glücklicherweise auch durch die schwierigsten Zeiten und die abscheulichsten Umstände nicht umbringen. Ich weiß das aus eigener Beobachtung.«

»Bekenntnisse, Professor Mahr?«

»Sehen Sie, ich habe da eine sehr wertvolle und geschätzte Mitarbeiterin, grundgelehrt und manchmal geradezu unangenehm intelligent — und dabei unerwarteterweise das, was man eine schicke Person nennt. Ich sage ›unerwarteterweise‹, denn sie würde natürlich genau so grundgelehrt sein, auch wenn sie sich schlecht anzöge. Sie tut's aber nicht, oh, im Gegenteil. Und daran muß ich immer denken, wenn ich im Begriff bin, pessimistisch zu werden. Ich glaube, man kann die Menschen gar nicht so verpfuschen, daß sie nicht schließlich doch wieder in Ordnung kämen. Ein Problem, Fräulein Doktor Weiland, über das ich — an Hand des erwähnten Falles — schon seit längerer Zeit beobachtend nachdenke.

»So. Und zu welchem Ergebnis kommen Sie bei dieser Analyse?«

»Davon rede ich ja die ganze Zeit. Oder ist Ihnen das Ergebnis immer noch nicht merkwürdig genug? Ich sage: Solange das natürliche und also richtige Gefühl nicht erstickt ist, braucht man die Hoffnung nicht ganz aufzugeben. Denn aus dem natürlichen und richtigen Gefühl erwächst die Naturgeschichte, die wird vom lieben Gott gemacht, aus der Borniertheit der Menschen aber erwächst die Weltgeschichte, die deshalb nichts als Pfusch ist. Bei uns wird, augenblicklich wenigstens, zwar nicht mehr marschiert, aber die Straße ist von Panzern ganz zerwalzt. Indessen, siehe da, am Wegrand beginnen wieder die Blümchen zu blühen!«

»Sie haben's nun einmal mit den Blümchen«, sagte Christine.

»Sehr!« antwortete Mahr. »Weiter ist uns ja nichts geblieben. Aber glauben Sie nur nicht, daß ich aus der Not eine Tugend machen möchte, nein, denn es gibt wohl nichts Kläglicheres als den Versuch, sich durch solche Taschenspielertricks über die Wirklichkeit hinwegzutäuschen. Für mich sind die Blümchen keine Nebensache, sondern eine echte Hauptsache, und dafür bin ich alle Tage dankbar.«

Nun wäre es ja wohl Zeit gewesen, dieses Thema als erledigt anzusehen, aber Christine brachte es einfach nicht fertig. Sie hatte ein leichtes Flimmern im Herzen, ungefähr so wie das Flimmern über der weiten, besonnten Morgenebene gewesen war, als sie mit Balthes vom Schloßturm in den Sonntag geschaut hatte – man konnte nicht wissen, was alles deutlicher werden würde, wenn die Sonne höher stieg und eine entschiedenere Beleuchtung die Dinge mehr enthüllte. »Um auf die grundgelehrte Person aus Ihrer Bekanntschaft zurückzukommen«, sagte sie also und wickelte einen Grashalm um ihren Zeigefinger, »dieses eigentümliche Frauenzimmer muß doch einen bestimmten Grund haben, weshalb –«

»Ach«, sagte Mahr, »so weit will ich lieber nicht gehen, denn das würde nichts anderes bedeuten als einen Einbruch in das Recht auf ein privates Dasein. – Vielleicht sprechen wir später einmal davon, meine Beobachtungsreihe ist nämlich noch nicht abgeschlossen. Sie wissen, man muß mit derlei Sachen vorsichtig sein und sich gerade in solchen Fällen hüten, voreilig Hypothesen aufzustellen – – aber wir rechnen da mit einer gänzlich Unbekannten, und dabei habe ich mich noch gar nicht richtig erkundigt, wie es Ihnen selber geht!«

»Noch nicht so gut wie ich dachte«, antwortete Christine. »Es war bisher ziemlich unruhig um mich, und man braucht auch Zeit, um sich in diese Umgebung wieder einigermaßen zu gewöhnen, die einem doch sonderbar fremd geworden ist. Zunächst erscheint alles klein, wie auf einen Teller gehäuft. Aber das ist nicht das Eigentliche. Das Eigentliche ist diese Stille und Verschlossenheit, die in allem liegt – und dabei wird man das Gefühl nicht los, daß die Fenstervorhänge ein wenig, ein ganz klein wenig beiseitegeschoben werden, wenn man vorübergeht. Von wem? Bisweilen ist das beinahe unheimlich. Ich hatte ganz vergessen, daß auch das Schweigen so deutlich sein kann.«

»Es ist wohl nicht nur das Schweigen«, sagte Mahr. »Sondern in der Stille lernt man wieder auf die leisen Geräusche achten, die draußen in der Welt totgelärmt werden. Die halben, ach, die Vierteltöne, Christine! Theoretisch muß eine Fliege, wenn sie über den Tisch läuft, mit ihren sechs Füßen ein ziemliches Getrampel machen, und das würde uns nicht wenig aufregen, wenn wir's hörten.«

»Es sind nicht nur die Fliegen«, erwiderte Christine. »Man fängt an, nervös zu werden.«

»Vielleicht ist es nur die gesteigerte Aufnahmefähigkeit der Nerven, die sich wieder einstellt, und das halte ich für ganz gut. Die Natur ist an und für sich ein Leisesprecher, den Menschen hingegen blieb es vorbehalten, den Lautsprecher zu erfinden. Er ist auch danach! Die Menschen haben es verlernt, die Stille zu ertragen und jenes geheimnisvolle Flüstern der Tiefe, sie würden sonst wahrscheinlich zuviel Angst bekommen vor ihrer eigenen Oberflächlichkeit, weil nämlich, genau besehen, die Oberfläche für uns auf die Dauer gefährlicher ist als die

Tiefe. Ich weiß nicht, wie Sie darüber denken, aber ich finde solche kritische Zeiten recht heilsam. Schade, daß ich Sie dabei gestört habe, aber ich denke, übermorgen werden Sie wieder damit anfangen können.«

»Oh!« sagte Christine. »Wollen Sie noch einen Tag zugeben?«

»Das nicht, aber Sie fahren doch heute nacht mit mir.«

»Bitte?«

»Sollte ich das bisher gar nicht erwähnt haben?« fragte Mahr.

Christine blieb stehen. »Sie haben es zufällig nicht erwähnt, Herr Professor!« sagte sie, gewissermaßen mit gesenkten Hörnern. »Was soll das heißen?«

»Ach, nichts. Nichts Besonderes. Kein Grund, sich aufzuregen. Es war nur —« Er lächelte. »Es war letzthin doch so, daß Sie mit einer geradezu schreckenerregenden Energie in Urlaub wollten und mußten, ich fürchtete mich ein bißchen vor Ihnen und vor dem Krach, den Sie bereithielten. Männer sind im Grunde so unkriegerisch, wissen Sie, und ich war auch überzeugt, daß es nichts helfen würde. Wozu also?«

»Ich verstehe kein Wort!« sagte Christine. »Wovon reden Sie eigentlich?«

»Da kam sozusagen in letzter Minute die Sache mit dem Staatspreis. Allzuviel haben Sie sich ja nicht daraus gemacht, und das hat mich eigentlich gefreut — aber trotzdem ist es so, entschuldigen Sie, daß man einen solchen Preis nicht einfach einsteckt und wegfährt. Das Ministerium, alles was recht ist, kann erwarten, daß man sich für eine derartige Auszeichnung bedankt. Meinen Sie nicht? Der Staat ist ohnehin eine so unfreundliche Erfindung, und wenn er dann wirklich ausnahmsweise einmal etwas Freundliches tut —«

»O Gott!« sagte Christine und wurde tatsächlich blaß. »Das ist ja entsetzlich! Aber ich war —«

»Wenn ich Ihnen doch versichere: keinerlei Grund zur Aufregung. Ich habe die Sache geregelt und dabei so getan, als ob Sie gar nicht weggefahren seien, alles versteht sich von selber, und morgen früh um halb elf Uhr sind Sie beim Kultusminister vorgemerkt. Es dauert nicht länger als fünf Minuten. Ich nehme Sie heute nacht im Auto mit, das ist ganz einfach, und übermorgen sind Sie wieder hier.«

»Sie sind mein guter Engel!«

»Wie es aber geworden wäre, wenn die Sache mit dem Auto nicht geklappt hätte, weiß ich wirklich nicht.«

»Ich überlege, wie ich Ihnen danken soll.«

»Am besten, indem Sie kein Wort mehr darüber verlieren.«

»Sich aber vorzustellen, daß Sie eigens meinetwegen —«

»Gewiß, das ist nun freilich eine schlimme Vorstellung«, sagte er, »ich wünschte aber, daß mir nichts Unangenehmeres im Leben zustößt. Sie haben recht gehabt: es ist entzückend hier, ich freue mich, daß ich bei dieser Gelegenheit die Gegend kennenlerne. Sind wir nun über den fatalen Punkt hinweg? Es war für mich nämlich nicht ganz leicht, den richtigen Augenblick zu treffen, in dem ich Ihnen diesen blauen Fleck beibringen konnte, aber ich finde, daß ich es sehr geschickt gemacht habe. Und nun wollen wir wieder richtig spazieren gehen.«

»Weshalb geben Sie sich solche Mühe mit mir!« sagte Christine. Es war keine Frage, sondern eine Art Selbsterkenntnis, und es lag so viel Zerknirschung darin, daß Mahr lachen mußte.

»Ja, das möchte ich auch wissen«, antwortete er, »vielleicht weil Sie so unselbständig und unterstützungsbedürftig sind.« Er zog ihren Arm durch den seinen und ging ganz leichtfertig dahin. Christine dachte: »Himmel — hoffentlich sieht uns niemand, das gäbe eine schöne Bescherung in diesem Klatschnest!«, aber daß sie ihren Arm weggezogen hätte, so erschrocken war sie nun doch wieder nicht.

Übrigens, als sie nach Hause zurückkamen, fiel es Mahr gar nicht ein, ihr noch ein bißchen zu helfen. Er sprach manches und von allem möglichen, nur eben nicht davon, daß sie um Mitternacht mit ihm wegfahren werde. Aber sie merkte ihm recht wohl an, daß er neugierig darauf war, in welche Art von Seidenpapier sie die Mitteilung einwickeln werde, so daß ihre Schande nicht ans Licht kam, und er konnte diese erwartungsvolle und stillvergnügte Schadenfreude ziemlich lange genießen, ohne daß Christine einen eleganten Absprung fand. Dann aber, ganz plötzlich, sprang sie. Anna Weiland sagte gerade in aller Ahnungslosigkeit: »Ja, richtig, vergiß nicht, mich morgen früh daran zu erinnern —«, da unterbrach ihre Tochter sie nebenhin mit den Worten: »Nein, also, morgen früh nicht.«

»Warum?« fragte Anna, noch immer so ahnungslos, daß sie nicht einmal verwundert war.

»Weil ich«, sagte Christine, »morgen früh um halb elf Uhr beim Kultusminister angemeldet bin . . .«, und dabei warf sie Mahr einen Blick zu: Bitte, das ist doch die reine Wahrheit! und Mahr nickte bekräftigend, ohne eine Miene zu verziehen.

Der Registrator Weiland sah seine Tochter an. »Beim Kultusminister!« sagte er. »So. Aber da mußt du — wie willst du das machen?«

»Ich fahre nachher im Auto mit, das ist doch ganz einfach.«

»Ganz einfach . . .«, sagte Weiland langsam. »Jawohl. Angemeldet. Beim Minister.«

»Ach!« sagte Anna Weiland. »Nur so?«

»Und übermorgen bin ich wieder hier.«
»Ja, aber um Gottes Willen — was ziehst du denn da an?«
Christine, im Hochgefühl der geglückten Überrumpelung und weil sie die Klippe schon weit hinter sich hatte, antwortete: »Anziehen? Ich? Wieso denn? Nichts.«
Nichts, sagte nun aber Mahr, sei doch wohl etwas wenig und dürfte gerade beim Kultusministerium ein gewisses Aufsehen erregen, und Anna Weiland blickte tiefsinnig auf ihren Teller, sie schien eine Vision zu haben, denn sie schüttelte mit einem kleinen Entsetzen den Kopf.
Es war deutlich, daß man jetzt Erklärungen erwartete. Aber Christine war raffiniert genug, sich in Schweigen zu hüllen und dadurch die Niederlage, die immerhin möglich gewesen war, ins Gegenteil zu verwandeln. Mahr lächelte sanft und voll Anerkennung, welche übrigens auch dem erschütterten Elternpaar galt, das sich lieber die Zunge abgebissen hätte, als durch weitere Fragen in diese Staatsgeheimnisse einzudringen.
Immerhin dauerte es nicht lange, bis Anna sagte, man müsse sich da doch noch um einiges kümmern, und mit Christine verschwand.
Der Registrator zog sein Zigarrenetui hervor, wobei er so tat, als ob sich's von selbst verstünde, daß er immer Zigarren in der Tasche hatte, und bot dem Herrn Professor eine an. Das machte sich ausgezeichnet, es entsprach der Monumentalität des Augenblicks.
Der Wagen kam aber nicht erst um Mitternacht, wie man erwartet hatte, sondern schon um elf Uhr, und deshalb ging dann alles Hals über Kopf, und besonders der Abschied von Professor Mahr fand gewissermaßen überhaupt nicht statt, bedauerlicherweise, denn Herr Weiland hatte sich einige passende Worte zurechtgelegt, die nun ungesprochen blieben. Das letzte, was man von Christine sah, waren die beiden Schlußlichter, als der Wagen durch das Turmtor fuhr.
»Ja, ja«, sagte der Registrator Weiland mit einem langsamen Kopfnicken, das der Weltgeschichte durchaus gerecht wurde. »Beim Minister. Morgen früh. So geht's, Anna. Und hier, in diesem Hausflur, hab ich sie zum letztenmal übers Knie gelegt, es ist noch gar nicht so lange her. Scheint mir wenigstens. Wer hätte das gedacht!«

Es war noch nicht elf Uhr, als Christine ihren feierlichen Besuch beim Minister bereits hinter sich hatte; in Wirklichkeit war weder der Besuch noch der Minister feierlich gewesen.
Es verstand sich von selbst, daß sie jetzt erst einmal zu Mahr ging, um zu berichten, wie alles abgelaufen war.

Die Universitätsferien, deren Anfang bevorstand, machten sich schon deutlich bemerkbar, im großen Labor hing die sanfte Stille der Vereinsamung, und dies gab Christine doppelt das Gefühl, daß sie auch hier nur zu Besuch sei. »So!« sagte sie und zog die Tür zu des Professors Zimmer hinter sich zu. »Das wäre nun auch überstanden, und glücklich. Aber wie sieht es denn hier aus?«
»Wie denn?« fragte er in jenem Ton männlicher Unschuld, der wie nichts anderes das schlechte Gewissen verrät.
Sie fuhr mit dem Zeigefinger über den dunklen Rand des Schreibtisches. »Seit einer Woche kein Staub gewischt! Und der Aschenbecher nicht ausgeleert. Und daß Sie die Bleistifte selber gespitzt haben — oder vielmehr versucht haben, es zu tun — erkennt man auf zehn Meilen!«
»Leichte Übertreibung«, erwiderte Mahr, »ich finde, es ist so ordentlich wie stets.«
»Findet das die Bergmüller auch?«
»Ich fühle mich verpflichtet, Ihre Vertreterin in Schutz zu nehmen«, sagte er, »ich habe sie nämlich gar nicht hereingelassen, natürlich wollen Sie jetzt wisen, weshalb, aber ich könnte diese Frage nicht recht beantworten. Ich bin eine so konservative Natur, und Fräulein Bergmüller hat eine Atmosphäre, an die ich mich noch nicht gewöhnt habe.«
»Ich enthalte mich jeder Bemerkung«, sagte Christine, legte ihren Hut irgendwohin und nahm den Staublumpen aus dem Schrank, »zumal sich diese Bemerkung also nicht auf die Bergmüller beziehen würde, sondern auf Sie, vielmehr auf die seelische Struktur des männlichen Geschlechts im allgemeinen. Es wäre auch psychologisch falsch, hereinzukommen und sofort zu schimpfen.«
»Eine äußerst treffende Erkenntnis.«
»Obwohl natürlich — ich glaube, jede Frau müßte jedesmal, wenn sie irgendwohin kommt, wo ein Mann gewirtschaftet hat, sofort zu schimpfen anfangen. Brauchen wir denn nicht wirklich eine Engelsgeduld mit so unvollkommenen Geschöpfen?«
»Ohne Zweifel!« antwortete Mahr und setzte sich aufs Fensterbrett. »Nur sollten so vollkommene Geschöpfe, wie es die Frauen glücklicherweise sind, nie vergessen, woher diese beklagenswerte Unvollkommenheit der Männer kommt.«
»Nämlich?«
»Uns fehlt eben eine Rippe«, sagte er. »Man hat sie uns einmal herausgenommen, ich weiß nicht mehr, aus welchem Grunde, also wird es wohl nicht so wichtig gewesen sein; das bißchen Rippe, nicht der Rede wert, es geht auch ohne das.«

»Man sieht's!« antwortete Christine. »Und der Papierkorb, nein, es ist eine Schande.«

»Sie haben selten so gut ausgesehen wie heute«, sagte Mahr mit der behaglichsten Gemütsruhe, »vielleicht sollten Sie öfter ins Ministerium gehen? – Was, sind Sie schon fertig mit Aufräumen? Dann kann die Unordnung unmöglich groß gewesen sein, oder Sie haben's nicht ordentlich gemacht. Eigentlich schade, es war so hübsch, Sie herumwirtschaften zu sehen. Dabei ist mir übrigens eine Idee gekommen: Wir schließen die Bude zu und fahren in den Tierpark hinaus! Sie haben doch noch den ganzen Nachmittag Zeit? Wunderbar!«

»Kein schlechter Gedanke!« sagte Christine. »Augenblicklich ist mir ziemlich raubtiermäßig zumute.«

»Das gibt sich wohl nach dem Essen. Da sieht man wieder einmal den Unterschied: was mich betrifft, so glaube ich, daß nicht der Blutdurst eines Raubtiers, sondern der Seelenfrieden eines Widerkäuers der angemessene Vergleich für mich wäre. Aber ich bin ja auch eine staatliche Lehrkraft. Übrigens hab ich einen Verwandten draußen, den ich Ihnen vorstellen möchte, Sie werden sich wundern.«

Als die beiden eine halbe Stunde später, der ratternden Straßenbahn entronnen, unter schönen alten Bäumen und zwischen hellen, weiten Tiergehegen dahinwandelten und Blicke aus milden Augen auf sich ruhen fühlten, denen aber jede Nachdenklichkeit fehlte; als die Flamingos im flachen Wasser standen und aussahen, als hätten sie eine Erinnerung an das Morgenrot am Nilufer unter den Flügeln und als sei das Gebüsch nur eine Kulisse, hinter der sich die rötliche Wüste bis zu einem dämmernden Himmel erstrecken müsse; als sich dann alle Geschöpfe voll Mittagsmüdigkeit in den lispelnden Schatten zurückzogen, in den Baumkronen die Vögel schwiegen und die Löwen im Sonnenschutz einer Mauer langhingestreckt mit den sanftmütigsten Vegetarianergesichtern schlummerten – da fragte Christine: »Ist es nicht merkwürdig, daß man die Menschen – so wie sie tatsächlich sind – dermaßen wenig kennt?«

»Das ist eine der wenigen Vergünstigungen, für die wir dem Schicksal dankbar sein dürfen.«

»Nein«, entgegnete sie, »so hab ich's nun eigentlich nicht gemeint, ich dachte an Sie!«

»Eben!« sagte Mahr. »Kommen Sie, Christine, setzen wir uns auf diese Bank; sie ist nicht nur sehr bequem und schattig, sondern auch meine Lieblingsbank, und das hat seinen guten Grund, denn ich befinde mich hier sozusagen in der Verwandtschaft. Sehen Sie, da steht er schon, mein vornehmer und weiser Vetter, der Marabu. Wir sind wirklich aus der gleichen Familie, denn eigentlich heißt er Abu Mahr. Er ist, wie Sie sofort erkennen, zwar auch Professor, mir indessen unendlich überlegen, zum Beispiel kann er halbe Tage lang auf einem Bein stehen. Natürlich kommt es auf diese groben Äußerlichkeiten nicht an. Betrachten Sie jedoch gefälligst seine Schädelbildung! Zugegeben, daß ich, vorläufig wenigstens, noch mehr Haare habe als er, obwohl sie ja bei mir an der Stirn auch schon etwas lichter zu werden beginnen. Analysieren Sie nun aber die Weltanschauung, die sich bei ihm und mir im Gesicht und Blick ausdrückt, berücksichtigen Sie unsere ausgesprochene Neigung zur Ungestörtheit und jene äußerste Vorsicht gegenüber den Menschen, welche nicht sehr weit entfernt ist von der gründlichsten Verachtung; fühlen Sie die Denkergebnisse, welche ein langes und tiefes Grübeln auf unseren Stirnen hinterlassen hat — und Sie werden zugeben müssen, daß die Ähnlichkeit einfach verblüffend ist.«

»An übermäßiger Eitelkeit leiden Sie jedenfalls nicht!« sagte Christine.

»Täuschen Sie sich da auch nicht?« fragte er. »Es gibt Geschöpfe, die auf das eitel sind, was ihnen fehlt; infolgedessen sind sie um so eitler, je mehr ihnen fehlt; das erklärt wohl manche sonst rätselhafte Erscheinung, und von dieser Seite betrachtet dürften wir Marabus besonderen Grund zur Eitelkeit haben. Merken Sie das?«

»Ich merke vor allem und immer deutlicher, wie höchst sonderbar es in manchen Leuten aussieht.«

»Ja, das kommt letztlich wohl von dem abgrundtiefen Mißtrauen«, antwortete er. »Was ihn und mich betrifft, so liegt es teils in der Familie, teils kommt es aus Erfahrung. Ich bin zum Beispiel überzeugt, daß er schon vor einer Stunde beschlossen hat, das linke Auge zu öffnen, aber zu einer Ausführung dieses Beschlusses kann er sich noch nicht durchringen, wahrscheinlich in der Überlegung, daß durchaus genügt, was er mit dem rechten erblickt, denn er meint, es sei vermutlich sehr gut, wenn man nicht allzuviel sieht. Glauben Sie mir, ich habe Zeiten, in denen es mir genau so geht, und so darf ich mich tatsächlich in der Hoffnung wiegen, meinem Herrn Vetter immer ähnlicher zu werden. In einem Punkt allerdings werd ich ihn nie erreichen.«

»Das wäre?«

»Es ist der Punkt, in dem uns die Tiere — alle Tiere — so unendlich weit voraus sind, daß wir noch manches Jahrtausend brauchen werden, sie einzuholen. Ich meine: daß sie nicht mehr sprechen.«

»Nicht mehr?« fragte Christine. »Ich denke —«

»Irrtum — Sie denken es nicht, sondern Sie haben es in der Schule gelernt, das ist also gewissermaßen das Gegenteil vom Denken. Man

hat Ihnen damals erzählt, der Mensch sei dem Tier hauptsächlich dadurch überlegen, daß er sprechen kann, während das Tier, dieses beklagenswerte Geschöpf, noch nicht so weit sei und vermutlich auch niemals so weit kommen werde. Später, als Sie ein philosophisches Kolleg hörten, hat man Ihnen diese Lehre der Elementarschule wissenschaftlich begründet. Eine dritte Stufe, liebe Christine, haben Sie erreicht, als Ihnen zum erstenmal ein Mann untreu wurde und Sie sich angesichts der Schwärze dieses Betrugs zu der alten Einsicht durchrangen, daß die Sprache dazu da ist, die Gedanken zu verbergen. Zu einer vierten Stufe schließlich sind Sie vielleicht mit der geschärften Beobachtung innerhalb akademischer Kreise gelangt, daß die Sprache dazu da ist, um zu verbergen, daß man keine Gedanken hat. In den fünften und letzten Grad nun weihe ich Sie heute ein: Ein anständiges Geschöpf, das sich weit genug über den Menschen hinausentwickelt hat, verzichtet freiwillig auf die Sprache, um möglichst viel Ähnlichkeit mit dem Menschen abzulegen. Was diesen Punkt betrifft, so sind uns die Tiere darin schon so weit überlegen, daß sie auf das Sprechen nicht nur verzichten, sondern daß sie es tatsächlich längst verlernt haben; selbst wenn sie wollten, könnten sie es heute nicht mehr. So nobel und weise sind sie bereits, daß sie erkannt haben: Der ganze Kram ist buchstäblich nicht der Rede wert.«
»Auch eine Entwicklungstheorie!« sagte Christine. »Bedenken Sie aber, daß die Tiere auch nicht lachen! Sollte das ebenfalls ein Fortschritt sein?«
»Sie unterlassen es aus bloßer Höflichkeit«, antwortete Mahr, »denn außer uns gibt es für sie wohl nichts Lächerliches.«
»Verrückt, aber irgendwie erstaunlich!« sagte Christine. Und nach einer Weile: »Wenn ich auf Ihren Gedanken eingehe — weshalb schreien dann die Katzen, weshalb singen die Vögel?«
»Ja, nun«, meinte er, das steht auf einem anderen Blatt: sie tun es ja eigentlich nur, wenn sie verliebt sind, und man behauptet, daß in diesem Zustand alle Geschöpfe ihre gute Haltung verlieren. Es wäre wohl auch langweilig, ununterbrochen in guter Haltung dahinzuleben. Die Natur hat das alles recht ordentlich eingerichtet und dafür gesorgt, daß die Bäume der Klugheit nicht in den Himmel wachsen. Nur durch Dummheiten kann man klug werden.«
»Also müßten diejenigen am klügsten sein, welche die meisten Dummheiten machen?«
»Wenigstens müßten sie es werden«, sagte Mahr.
»Und wenn ich nun weiterhin Ihre außerordentliche Klugheit in Betracht ziehe —«

»Oh, Sie überschätzen mich nach jeder der beiden möglichen Richtungen!« erwiderte er. »Genau besehen, habe ich in meinem Leben nicht sehr viele und keine sehr großen Dummheiten gemacht. Aber die paar, die ich zugeben muß, haben mich freilich manches gelehrt.«

»Hm.«

»Daß ich verheiratet war und geschieden bin, wissen Sie ja wohl.«

»Ja«, sagte Christine.

»Und?«

»Es hat mich nicht sonderlich interessiert.«

»Mich auch nicht«, sagte Mahr.

»Dann allerdings.«

»Man war sehr jung . . .« Er hob die Schultern. »Bald genug sehen beide Teile ein, daß sie einen Fehler gemacht, daß sie sich gründlich geirrt haben. Nun, so etwas läßt sich meistens ausbessern, gar so tragisch ist es nicht. Aber etwas anderes ist vielleicht verhängnisvoller: daß man durch dergleichen Erfahrungen so vorsichtig wird. Es geht einem jahrelang nach, denn allzuoft – natürlich – darf man solche Dummheiten nicht machen; sie nehmen einem zu viel Zeit weg.«

»Und dann«, sagte Christine, »muß man ja auch bedenken, daß es eigentlich nichts in der Welt gibt, geben kann, was einen Schluß hat.«

»Machen Sie mich nicht unruhig!« sagte Mahr. »Wie meinen Sie das?«

Als Christine wieder heimkam, war das erste, was sie sah, ein Plakat am Bahnhof, das zur Stadtrats- und Bürgermeisterwahl aufrief, welche demnächst stattfinden sollte. Nun, das berührte sie nicht weiter, sie las es nur so im Vorbeigehen.

Der Morgen war diesmal nicht so goldschimmernd wie bei ihrer ersten Ankunft, sondern weich und grau wie ein Handschuh aus dänischem Leder; es hatte während der Nacht geregnet und würde wohl wieder regnen. Man spürte ordentlich, wie das Gras bei dieser sanften Feuchte vergnügt war, dicht vor der Heuernte noch ein wenig wachsen zu dürfen, und das Laub der Bäume hatte einen üppigen Glanz. Aber das Leben, so prächtig es sich entfaltet hatte, schien jetzt, zumal an diesem grauen Morgen, doch schon etwas Heimliches zu bekommen, die Kraft der bisher nur nach außen strahlenden Daseinsfreude schien sich nach innen zu kehren, etwas Besinnliches, Schweigsames, Reifendes lag bereits in allem, und die Gärten sahen noch verschlossener aus als neulich. Neulich, dachte Christine, hätte ich das noch nicht so tief gespürt. Er hat recht: vor lauter Überleben haben wir den Sinn für das eigentliche Leben verloren, wenn wir ihn überhaupt jemals hatten. Wie das Grün vor dem Grau steht, wie satt und beruhigend das ist! Jetzt müßte man einen Pfad durch weite Wiesen gehen, nur das stille Gras um sich und den Himmel über sich, und in der Ferne müßte ein später, einsamer Kuckuck rufen, und man fühlt, daß die Landschaft nichts gegen uns einzuwenden hat. Aber natürlich, Lichtmasten mit bunten Wahlzetteln dürften nicht da sein.

Zu Hause fand sie alles in Ordnung — was sollte hier und in anderthalb Tagen denn auch in Unordnung gekommen sein?

Als aber der Registrator Weiland mittags heimkam, merkte man, daß vielleicht doch irgend etwas nicht ganz in Ordnung war. Christine erinnerte sich aus ihrer Kinderzeit recht wohl an diese eigentümlich wortlose Stimmung oder vielmehr Verstimmung, als Kinder waren sie dann immer besonders still und brav gewesen und hatten gewissermaßen mit eingezogenen Köpfen bei Tisch gesessen — nicht, weil der Registrator Weiland seinen Ärger über amtliche Unzuträglichkeiten an seiner Familie auszulassen pflegte, nein, das tat er nie, aber weil die Luft so merkwürdig geladen war, daß es einen richtig drückte. Vor allem galt die Regel: nicht zu fragen. Heute, da Christine diese geladene Luft wieder spürte und das Leben doch völlig anders aussah, kam es ihr wahrscheinlich vor, daß es falsch sei, nicht zu fragen, denn jetzt war sie gewöhnt, heranrückende Ereignisse bei den Hörnern zu packen . . ., nicht alle, aber doch sicherlich solche, wie sie hier aus der Kanzlei mit dem Registrator nach Hause gekommen waren.

»Ärger gehabt?« fragte sie also, und Anna sah beinah erschrocken auf.

Aber Weiland schien die Frage dankbar zu empfinden. »Nicht gerade Ärger«, antwortete er »und gewiß keinen persönlichen. Die Welt steckt voll Dummheiten. Für gewöhnlich glückt es, sie zu übersehen. Indessen bei besonderen Ereignissen drängt sich alles in den Vordergrund, und da merkt man erst, wieviel Läuse an dem Kirschbaum sitzen. Die Menschen!«

»Hat sich etwas Besonderes ereignet?« fragte Christine.

»Du wirst ja gesehen haben, daß die Gemeindewahlen bevorstehen. Da wird dann plötzlich alle schmutzige Wäsche öffentlich gewaschen, und die, die vielleicht zufällig noch nicht schmutzig ist, bekommt schnell noch ein paar Dreckspritzer, damit es in einem hingeht.«

»Wenn's weiter nichts ist«, sagte Anna beruhigt, »das weiß jeder, und uns geht es ja nichts an.«

»Hm, ja«, sagte der Registrator. »Übrigens scheint mir, daß man dem Bürgermeister Hagenauer zu Leibe will. Es gibt manche, die ihn nicht wieder im Amt sehen möchten.«

Christine hob die Schultern, gleichgültig wie jemand, der vom Fenster aus dem Regen zuschaut, durch den nur andere naß werden, die unvorsichtig genug waren, auf die Straße zu gehen. Weiland schwieg.

Damit, glaubte sie, sei die Sache erledigt, wenigstens was die Familie Weiland betraf.

Es war aber doch nicht so. Als sie nämlich am Nachmittag zu ihrem Freund, dem Uhrmacher Balthes ging, um sich nach ihrer Armbanduhr zu erkundigen, fiel ihr auf, daß Herr Balthes so ziemlich dasselbe Gesicht machte wie mittags ihr Vater, und dann zog er aus der Tischschublade einen Handzettel. Auf diesem Zettel war, von ungeübter Hand lithografiert, ein Herr zu sehen, der einer Dame eine riesige Torte überreichte, und so schlecht die Zeichnung auch war, man erkannte doch sofort, daß dies der Bürgermeister Hagenauer und Fräulein Dr. Weiland sein sollten, und darunter stand der dunkle Spruch: »Eine Krähe hackt der anderen kein Auge aus. Deshalb wählt . . .« und nun kam der Name irgendeiner Partei, die Herrn Hagenauer offenbar das Wasser abzugraben wünschte.

Christine schüttelte den Kopf und fand das Ganze einigermaßen blödsinnig. Aber ihr Freund Balthes schüttelte ebenfalls den Kopf und sagte, ärgerlich sei es trotzdem, übrigens stehe zu befürchten, daß dies erst der Anfang sei.

»Niemand wird es ernstnehmen!« sagte Christine.

»Nein, natürlich nicht«, antwortete er und suchte die Uhr heraus, »aber weißt du, es verhält sich wie mit dem Zahnweh. Zahnweh ist ja auch nicht gerade eine tödliche Krankheit und, im großen und ganzen gesehen, braucht man es nicht ernstzunehmen. Aber frage einmal jemanden, der gerade Zahnweh hat, ob er's etwa nicht ernstnimmt!«

Christine machte daraufhin eine sehr großzügige Handbewegung, mit der sie die ganze Angelegenheit gleichsam über den Tisch hinunterwischte, und erkundigte sich nach dem Befinden des heiligen Petrus, um auf etwas anderes und Erfreulicheres zu kommen.

Nun ja, sagte Herr Balthes, er sei noch immer im Begriffe, wieder eine richtige Moral in die Weltgeschichte zu bringen, und Petrus sei vollständig in Ordnung; jetzt arbeite er fast jeden Tag daran, das Werk als Ganzes zusammenzufügen, wobei sich freilich immer wieder hier und dort noch eine Kleinigkeit zeige, die reparaturbedürftig sei, aber Christine werde es noch während dieses Urlaubs miterleben, daß die große Kunstuhr wieder gehe.

»Ja«, sagte sie und lächelte, »wie wird es dann aber mit der Geschichte von neulich? Meinten Sie denn nicht, daß es niemals und nirgends einen wirklichen Schluß geben könne? Also muß man da wohl auf irgend etwas gefaßt sein — ich gestehe, daß ich sehr neugierig bin.«

Herr Balthes hob die Schultern, machte sein geheimnisvollstes Gesicht und schwieg, offenbar konnte selbst er sich nicht recht vorstellen, was sich seiner Theorie zufolge noch ereignen sollte.

»Da aber der Letzte des Geschlechts schon seit hundert Jahren tot ist —«, sagte Christine mit der Absicht, ihn noch ein bißchen mehr in Verlegenheit zu bringen.

»Trotzdem!« erwiderte Balthes mit Hartnäckigkeit.

»Ja zum Teufel!« sagte Christine dagegen. »Was soll denn noch —«

»Male ihn nur nicht an die Wand, sonst kommt er!« warnte der Uhrmacher. »Denn siehst du, daran wird es wohl liegen: In dem ganzen großen Werk sind zwar viele Götter und Planeten und Heilige und zuoberst sogar die Dreifaltigkeit — aber den Teufel hat man damals vergessen, wahrscheinlich in der Meinung, daß es ihn nicht gebe. Es gibt ihn aber, Christine, glaub mir, er gehört dazu, er spielt keine geringe Rolle in dieser Welt, und deshalb will er sich um jeden Preis in die Geschichte hineindrängen, denn er besteht auf seinem guten Recht, und weil man ihn damals nicht hineinließ, versucht er's eben immer wieder mit Gewalt, wenn sich nur die geringste Gelegenheit dazu findet. Manchmal nachts, wenn ich mir die Sache recht überlege, ist mir gar nicht sehr wohl zumute. Er wird doch nicht etwa das Rathaus anzünden oder so?«

»Grillen!« sagte Christine und stand auf. »Aber merkwürdig: Vor vierzehn Tagen hätt ich noch darüber gelacht — heute kann ich's nicht mehr! Ist denn in diesem Sommer und in diesem Nest alles verhext?«

»Im Gegenteil«, antwortete Balthes dunkel. »Das Wesentliche beginnt zu reden.«

Auf dem Heimweg schaute sie geschwind noch zu Tante Lisbeth hinein — aus reiner Anhänglichkeit und weil sie die alte Frau immer mehr liebte, je mehr sie über jenes Nachtgespräch grübelte (und das tat sie sehr oft). Aus reiner Anhänglichkeit also, denn Christine dachte natürlich nicht daran, sich zu erkundigen, ob vielleicht der Professor Mahr hier einen Besuch gemacht habe, wie sie ihm neulich geraten hatte. Oh, sie hätte sich lieber die Zunge abgebissen, als danach zu fragen.

Aber auch Tante Lisbeth hatte diesen albernen Zettel mit der Zeichnung bekommen, in einem Briefumschlag, auf dem natürlich der Absender nicht angegeben war, und deshalb konnte sie begreiflicherweise von nichts anderem reden. Es war aber noch etwas dabei gewesen, nämlich die gedruckte Einladung zu einer Wahlversammlung, die morgen abend stattfinden sollte und in der die himmelschreiende Willkür und die Mißstände bei der Stadtverwaltung endlich einmal aufgedeckt und gewisse Fragen an den Bürgermeister Hagenauer gerichtet werden sollten,

und Tante Lisbeth wurde aufgefordert, in Massen zu erscheinen. Sie erklärte ziemlich empört, daß sie dies nicht tun werde, »aber es ist doch trostlos, Christine, daß nun auch du in diesen schmutzigen Strudel hineingezogen werden sollst. So machen sie es ja immer, nichts ist ihnen gemein genug, und kurz vor den Wahlen bricht jedesmal der Gorillakrieg aus.«
»Guerilla!«
»Wie? Das sag ich ja! Und dazu laden sie mich auch noch ein! Es ist eine Frechheit, ja, das ist es.«
Sie äußerte noch mehreres, aber Christine hörte nicht sehr genau zu, sondern betrachtete währenddessen die Zeichnung und stellte fest, daß den sogenannten Künstler, von dem sie stammte, offenbar und ganz besonders ihre schönen Beine interessiert zu haben schienen, denn ihrer hatte er sich mit deutlicher Vorliebe angenommen, und das fand sie immerhin bemerkenswert. Sie konnte nicht umhin, Tante Lisbeth darauf hinzuweisen, und jene benützte die Gelegenheit, um sich von neuem zu empören.
»Ich weiß nicht, weshalb du dich darüber so aufregst«, sagte aber Christine, »wäre es dir denn lieber, er hätte mich mit einem Sitzgestell wie ein Barockstuhl gezeichnet? Gerade in solchen Fällen, mein ich, muß man für alles dankbar sein.«
Tante Lisbeth fragte — und dabei machte sie Flatterversuche wie eine angeschossene Krähe —, Christine sei sich des Ernstes der Lage wohl nicht recht bewußt? und Christine lachte allzu leichtsinnig über diese Bedenklichkeit. Tante Lisbeth hatte ihren aufgeregten Tag, und da konnte man sie nicht ernstnehmen, trotz allem. Christine dachte gar nicht daran, daß vielleicht sie selber es sei, welche die Lage falsch beurteilte — und doch war es so.
Denn zwei Tage später hörte man, wie es bei der Wahlversammlung zugegangen war. Der Bürgermeister Hagenauer, im Vertrauen auf seine Übung in solchen Dingen und auf seine Gewandtheit, hatte sich den Gegnern persönlich gestellt, er war in der Versammlung erschienen, ein anderer Cäsar, der sich trotz allen Warnungen zur Senatssitzung begab, gefaßt auf zwei Dutzend Dolchstiche von allen Seiten. Während jedoch der echte Julius vor zweitausend Jahren, von echten Dolchen durchbohrt, entseelt an der Bildsäule des Pompejus niedersank, blieb Herr Hagenauer einstweilen am Leben — wo hätte man hier denn auch eine Bildsäule des Pompejus hernehmen sollen. Die Dolche hatten im Laufe der Weltgeschichte eine andere Form angenommen, sie erschienen als boshafte und hämische Anfragen derart: Wie der Bürgermeister dazu komme, ohne vorherige Befragung des Stadtrates oder mindestens des

Wirtschaftsausschusses in die Lebensmittelversorgung des Volkes einzugreifen und diese dadurch aufs gröblichste zu gefährden? Wie er dazu komme, der Allgemeinheit Verbrauchsgüter in einer Menge zu entziehen, welche einfach das Staatswohl bedrohe?
Wahrscheinlich, erwiderte er mit kaltem Lächeln, spiele man damit auf die Torte an, welche —
Jawohl, allerdings, und dazu seien nach fachmännischem Gutachten mindestens sechs Eier nötig gewesen!
Acht! sagte er.
Schlimm genug, aber davon und von der sonstigen Materialverschwendung wolle man nicht reden. Indessen die Kosten — wer habe sie bewilligt, wer müsse sie tragen? Und ob der Lieferauftrag dann unbedingt dem Konditor Wurz habe erteilt werden müssen, von dem doch jeder wisse, daß er zur selben Partei gehöre wie der Bürgermeister?
Dazu, sagte der Bürgermeister, könne er noch einige ergänzende Mitteilungen machen. Auch die Hühner, welche die Eier gelegt hätten — acht, nicht sechs — und die Kühe, von denen die Butter stamme, seien von seiner Partei; die Ochsen jedoch, von denen sie *nicht* stamme, seien auch nicht von seiner Partei (Allgemeine Heiterkeit); hinsichtlich des Zuckers wolle er sich nicht festlegen, da er die Rüben, aus denen dieser hergestellt worden sei, nicht persönlich gekannt habe — eines aber könne er bestimmt versichern: *rote* Rüben seien es keinesfalls gewesen!
Hier war wiederum allgemeine Heiterkeit zu vermerken, und diese benützte der ebenso erfahrene wie gewandte Herr Hagenauer, um mit verblüffender Schnelligkeit einen Strick daraus zu drehen, in dem sich die Hälse seiner politischen Mörder befanden, noch ehe diese mit einem Zwischenruf durchdringen konnten.
Wenn seine verehrten Zuhörer lachten — sagte der Bürgermeister — so hätten sie damit vollständig recht, denn die ganze Angelegenheit sei in der Tat nichts weiter als eine Lächerlichkeit. Ihm selber würde es nie eingefallen sein, auch nur mit einem Worte darauf zu sprechen zu kommen. Er sei ja auch keiner der für diesen Abend vorgesehenen Diskussionsredner und eigentlich nur zufällig hier, und deshalb wolle er auch darauf verzichten, von dieser beispiellos albernen Sache zu ernsthafteren, ja sehr ernsten Dingen hinüberzuschweifen, denn er beabsichtige nicht, die heitere Laune der Versammelten zu stören.
Hier nun trat ein gespanntes Schweigen ein. Herr Hagenauer hüllte sich sozusagen fester in seine Toga, griff — obwohl er eben erst versichert hatte, daß er dies keinesfalls beabsichtige — in seinen Busen und holte daraus und aus seinem vortrefflichen Zahlengedächtnis einige Lieblichkeiten der Gegenpartei, im Vergleich zu denen die Unglückstorte zu

einem Atom zusammenschrumpfte. Nachdem er solchermaßen innerhalb weniger Minuten die Gegner und Einberufer der Versammlung in ein ganz überraschendes Licht gestellt hatte, verwandelte er sich mit hinreißender Geschwindigkeit aus dem beinahe schon ermordeten Cäsar in einen Marc Anton — Landsleute, Freunde, Römer, hört mich an! — und hielt gewissermaßen auf sich selber die wirkungsvollste Leichenrede, während welcher er's fertigbrachte, daß sämtliche ihm zugedachten Schüsse nach hinten losgingen, und er redete so eindrucksvoll und vor allem so lange, bis die polizeilich festgesetzte Schlußzeit dieser denkwürdigen Versammlung unvermerkt herangekommen war und niemand mehr nach ihm das Wort ergreifen konnte. Er durfte nach Hause gehen mit dem Gefühl, seine Mörder zur Strecke gebracht zu haben, und das war gewiß eine unerwartete und erstaunliche Leistung, und Herrn Hagenauers Anhänger freuten sich über diesen eindrucksvollen Sieg.

Der Bürgermeister freilich kannte das alte Spiel viel zu gut, um nun beruhigt auf den Lorbeeren dieses einen Abends zu schlafen. Bis zur Wahl waren noch drei Tage, und er wußte recht genau, welche Blüten das menschliche Wesen innerhalb dreier Tage hervorbringen kann, nämlich wahrhafte Orchideen an böswilliger Dummheit.

Als ihm daher der städtische Registrator Weiland am folgenden Morgen ein paar Akten zur Unterschrift vorlegte, benützte Herr Hagenauer die Gelegenheit, ihm zu sagen, wie sehr er bedaure, Christine in die Schneeballschlacht der Niederträchtigkeit hineingezogen zu sehen. Er werde ihr, sagte er, dieses Bedauern noch persönlich aussprechen, aber erst nach der Wahl, denn vorher müsse man ein Zusammentreffen aus guten Gründen vermeiden; wenn nämlich der Ameisenhaufen schon so aufgeregt sei wie jetzt, so sei es besser, sich nicht auch noch mitten hineinzusetzen. »Übrigens hab ich Sie noch nie dermaßen verstimmt gesehen, Herr Weiland?!«

Ja, sagte der Registrator, das könne wohl sein, und er zog eine ganze Handvoll Briefe aus der Tasche seines Lüsterjacketts: dies sei nur eine Auswahl aus den anonymen Zuschriften, die Christine und er in den letzten zwei Tagen erhalten hätten, die harmloseren und die ganz albernen habe er sowieso daheimgelassen. Es gebe kaum etwas, dessen die große Tochter der kleinen Stadt nicht verdächtigt werde, der Herr Bürgermeister möge nur selber lesen. Aber Hagenauer schob ihm den Briefpack unbesehen über den Tisch zurück.

»Ich habe«, sagte Weiland, »bisher immer geglaubt, wir seien anständige Leute.«

»Sie schon«, erwiderte der Bürgermeister, »aber die anderen? Wie faßt Fräulein Christine die Sache auf?«

»Gar nicht!« antwortete der Registrator kopfschüttelnd. »Ich kann diese Gleichgültigkeit nicht begreifen.«
Hagenauer streifte ihn mit einem Blick und schwieg. Er glaubte die Menschen besser zu kennen, sogar die Frauen, und mit dem, was er jetzt dachte, hatte er recht:
An Christine glitt die Niedertracht, die sich da zeigte, nämlich keineswegs ab, ohne sie zu berühren.
Das hatte ihr gerade noch gefehlt. In der Großstadt, dachte sie erbittert, wäre mir das nicht passiert, dort weiß man kaum, wie die Leute in der Wohnung nebenan heißen. Aber hier? Es hat freilich keinen Sinn, sich darüber zu ärgern, indessen tut man's doch, und schließlich ärgert man sich über sich selber, weil man's nicht fertigbringt, ganz einfach darüber hinwegzusehen. Haben die Menschen denn wirklich keine anderen Sorgen, haben sie nichts anderes zu tun?
Sie stellte noch eine Reihe ähnlicher Fragen an das Schicksal, als sie sich aber zuletzt bei der Frage ertappte, ob es tatsächlich nötig sei, daß es schon wieder regne – da fand sie plötzlich ihr Lachen wieder und beschloß, etwas Entscheidendes zu unternehmen.
Was es sein würde, wußte sie noch nicht. Aber das Bedürfnis nach einer frischen, klaren und heiteren Luft war bei ihr jetzt so groß geworden, daß sie einfach nicht mehr daheim herumsitzen konnte, in dieser Atmosphäre eines erschreckten Kleinbürgertums, welches den Weltzusammenbruch unmittelbar vor der Flurtür ahnte. Anna konnte überhaupt nur noch den Kopf schütteln und hatte rote Augenlider und wagte kaum mehr, zum Einkaufen zu gehen, weil sie sich so über Dinge schämen mußte, die alle erlogen waren, und der Registrator Weiland, dessen Bild in einem Winkel von Christinens Herzen natürlich von kleinauf als das eines aufrechten Mannes stand, vor dem alle ein bißchen Angst haben mußten – jetzt redete er klagend und beinahe anklagend davon, daß er möglicherweise vor der Zeit in Pension gehen müsse, und man spürte, daß er sich eine nicht ganz so große Tochter gewünscht hätte; er sprach es zwar nicht aus, denn so sehr verlor er die äußere Haltung denn doch nicht, aber es plagten ihn bestimmt solche Skrupel, und daß er vor einer Woche den bedeutendsten Augenblick seines Lebens gehabt hatte, war offenbar schon lange vergessen.
Bei diesem Gedanken mußte Christine zum zweiten Male lachen.
Trotzdem und vielleicht gerade deshalb: es mußte etwas geschehen. Luft! Hinaus aus diesem Dunst von aufgewärmtem seelischem Sauerkraut!
Nicht zufällig erinnerte sie sich daran, daß sie dem Organisten und Musiklehrer Stefan versprochen hatte, ihn zu besuchen. Sie überlegte sich's

nicht lange, sondern ging durch den grauen Nachmittag und den Regen, der so sanft und in seiner Stimmung unwiderstehlich war wie diese ganze Stadt, und von dem man auf die Dauer eben doch nasse und kalte Füße bekam. Der Schuster von der Ecke begegnete ihr und grüßte nicht, vermutlich gehörte er nicht zur Bürgermeisterpartei, aber Christine ertrug es mit Haltung.

Herr Stefan öffnete selbst, ganz wie früher, wenn sie zur Klavierstunde gekommen war.

Aber jetzt sagte er freilich nicht mehr ›Ach, unsere kleine Christel!‹, sondern, nachdem er sie in der Dämmerung des Treppenhauses erkannt hatte, machte er eine überraschte und entzückte kleine Verbeugung und sagte: »Wahrhaftig, Fräulein Doktor Weiland selbst!«, und sie erwiderte gleich: »Wenn Sie mich nicht sofort wieder Christine nennen, trau ich mich gar nicht hinein!«

»Wie schön!« sagte er, half ihr den Regenmantel und die Kapuze ablegen und führte sie dann in das Zimmer, dessen sie sich erinnerte, als sei sie erst gestern dagewesen; aber es war sehr angenehm, daß sie jetzt den kleinen Stutzflügel ohne Hemmungen sehen konnte.

Im Erker stand noch der Tisch mit den beiden Lehnstühlen, die im Gegensatz zu den meisten ihrer Art eher zierlich zu nennen und so gebaut waren, daß man sich nicht einfach hineinlümmeln durfte, sondern eine gewisse Würde bewahren mußte, denn die Sitze waren kurz und die Rükkenlehnen senkrecht.

Herr Stefan saß ihr gegenüber, und wie sie sein weißes Schläfenhaar sah, die großen blauen Augen, das beinahe zarte, von Einsamkeit und Weltentrücktheit gebildete Gesicht, da stieg in ihr eine merkwürdige Vorstellung auf: Irgendwann in einer sanften Frühlingsnacht war sie einmal durch einen jungen Buchenwald gegangen, ganz allein, und da hob sich draußen der Mond über die Erde, plötzlich begann ein seidenweiches Schimmern, so fein und unirdisch, daß man erst gar nicht wußte, ob es wirklich sei, die jungen Stämme wurden silbern, die Schatten deutlicher, es war, als ob das Schweigen aufleuchtete.

Daran also mußte Christine jetzt denken; es war gewiß schon lange her, sie hatte es längst vergessen, aber jetzt tauchte es, seltsam genug, wieder aus der Tiefe des Unterbewußten, ein vollkommenes und reines Bild, wunderbare Befreiung nach dem Schmutz dieser vergangenen Tage.

»Wie froh bin ich, Sie wiederzusehen!« sagte sie, gab ihm über den kleinen Tisch hinüber noch einmal die Hand und schämte sich ein bißchen, weil ihr das Wasser in die Augen kam: nun erst verspürte sie, wie nahe am Zerreißen ihre Nerven gewesen waren. »Alles ist ohne Kummer wie zur Kinderzeit!«

»Haben Sie denn so viel Kummer gehabt?« fragte er ahnungslos.
Ach, ein Mensch in dieser kleinen Stadt, der von nichts wußte! Sieh, das gab es.
Nun vollends dachte Christine natürlich nicht daran, den Schmutz der anderen hier auszustreuen, die Luft zu trüben. »Man ist bisweilen so«, sagte sie und brauchte sich zur Ruhe nicht mehr zu zwingen. »Ich glaube, man nennt es ›angegriffen‹, ein Wort, das man so leicht hinspricht, ohne seiner Bedeutung innezuwerden. Aber hier bei Ihnen, Herr Stefan, will alles die Augen aufschlagen und seinen wahren Sinn zeigen. Es ist wohl die Musik.«
»Gut!« antwortete er froh verwundert. »Ich wußte doch immer, daß ein tiefes Spüren für die Musik in Ihnen ist.«
»Ich bin aber ganz unmusikalisch, das wissen Sie.«
»Es fragt sich nur, was man darunter versteht, Christine.« Er lächelte. »Aber es geht Ihnen wohl nicht immer so schlecht?«
»Nein, freilich nicht immer. Es war nur — es ist nur — — es war höchste Zeit für mich, daß ich einmal ausspannte. Wär ich nur gleich zu Ihnen gekommen!«
»Zu mir?« fragte er, und eine kleine Welle der Verlegenheit flog über seine Stirn. »Eine so bedeutende Person, die so schrecklich gelehrte Dinge weiß?«
»Wenn Sie ahnten, wie unbedeutend diese Person ist und wie wenig sie weiß — ach, sie weiß überhaupt nichts, das wird wohl der Hauptgrund für den Kummer sein.«
»O!« sagte Stefan und blickte in den grauen Regen hinaus. »Dann ist es die Liebe.«
Wirklich, ›dann ist es die Liebe‹ sagte er ohne jedes Ausrufezeichen, ohne Ironie, ohne Verzierung, ohne den geringsten Versuch, vorsichtig zu sein, und ohne zu bemerken, wie betroffen Christine ihn ansah.
Er hatte auch kein einziges Wort hinzuzusetzen und keinerlei Fragen zu tun. Die Liebe, das genügte. Wenn die Liebe nicht genügt, was sollte dann genügen?
Daß es aber jemanden gab, der es fertig brachte, das ganz einfach festzustellen, dies war erschütternd, mehr noch, es war wie das Schwert eines Erzengels, das alle Netze, Maschen, Verwirrungen glatt durchhieb, in denen man sich hoffnungslos verfangen und vor denen man, um nicht vollends zugrundzugehen, die Augen geschlossen hatte.
»So!« sagte Christine nach einem langen Schweigen.
»Ja«, sagte Herr Stefan.
Man konnte dieses Gespräch, das eigentlich nur aus Unausgesprochenem bestand, wohl nicht besonders flüssig nennen, aber Christine hatte nie

ein inhaltsreicheres geführt — nur daß der Inhalt eben nicht herausfloß.
»Man kommt nach Hause«, begann sie wieder, »und findet alles unverändert — überraschend unverändert —, und dennoch erscheint es einem fremd; man hat keinen rechten Zugang mehr in diese enge Welt, fühlt sich beinahe verunglückt, denkt darüber nach und entdeckt schließlich, daß die Veränderung im eigenen Ich liegt. Wie groß war unser Garten, als ich noch mit einem bunten Ball darin spielte, und wie klein ist er jetzt! So geht es mit allem. Wenn es nur das wäre, könnte man lächeln. Aber die Menschen!«
»Ich weiß nicht, Christine, ob es richtig ist, von den Menschen etwas anderes zu verlangen, denn Dinge und Menschen gehören zusammen, überall, und deshalb fürchte ich, Sie tun allen zusammen ein wenig unrecht.«
Sie schüttelte den Kopf. »Man sollte einen Bund der Anständigen gründen!«
»Ja«, sagte Herr Stefan heiter, »mit dem Wahlspruch ›Jeder sein eigenes Mitglied!‹, weil nämlich alsbald jeder jeden hinauswerfen würde. Nein, suchen wir lieber ein bißchen in uns selber, ich denke, da müßte es doch am einfachsten sein, etwas zu finden.«
»In uns? Wenn in dieser Rumpelkammer nur nicht ein solches Durcheinander wäre!«
»So, nennt man das jetzt Durcheinander? Nun ja.«
»Ich weiß nicht, ob ich Sie richtig verstehe —«
»Vollkommen, Christine, und das wissen Sie auch. Wäre es aber nicht vielleicht ein guter Gedanke, Ordnung in das Durcheinander zu bringen?«
Er stand auf und öffnete den Flügel, langsam und beinahe umständlich; sie kannte diese Art und diese Bewegungen, früher hatte sie sich manchmal darüber lustig gemacht, heute sah sie nachdenklich zu und fand sie wohltuend.
Stefan griff ein paar leise Akkorde. »Es regnet so schön«, sagte er, »aber es wird aufhören, spätestens morgen, und dann fängt die Heuernte an, das ist mir die liebste Zeit des ganzen Jahres; freilich, man muß auf dem Lande sein, den Duft verspüren, der auf den warmen Wiesen liegt, und zusehen, wie die vollen Heuwagen unter den prächtigen weißen Sommerwolken dahinschwanken. Es liegt schon auch ein bißchen Wehmut darin, zugegeben. Aber wieviel Erfüllung! Sagen läßt sich das nicht.« Es war, als ob er sich nun zurechtgefunden habe, aus den Andeutungen der Akkorde wurde Form und klingende Gestalt. Er spielte den Cismollwalzer von Chopin.

Als diese Anmut des Herzens verstummt war, sagte Christine: »Monrepos! — Ich werde nach Monrepos gehen.«
»Das meine ich ja.«
»Das meinten Sie?«
»Wie gut wir einander verstehen, Christine! Käthe Buch erwartet Sie.«
»Woher —«
»Ich war neulich dort, es gibt ja nichts Schöneres. Still im Park sitzen und träumen.«
»Ich kann aber nicht immer träumen«, sagte sie mit einem Rest von Widerstand.
»Wer verlangt das? Nur eben jetzt! Und wenn Sie nach Monrepos kommen, werden Sie dort eine gute Bekannte treffen und sich wundern, wie jung sie geblieben ist.«
»Ich will aber keine guten Bekannten treffen. Ich habe genug von guten Bekannten!«
»Ja, aber dieser werden Sie kaum aus dem Wege gehen können. Es ist eine gewisse Christine Weiland«, sagte Herr Stefan und blickte ihr unverwandt in die Augen. »Richten Sie ihr bitte einen schönen Gruß aus von ihrem alten Klavierlehrer. Sagen Sie ihr, der Mann habe sich zeitlebens geplagt, fremden Kindern ein bißchen Musik beizubringen, und immer vergeblich. Nur eine . . . die wäre schon recht gewesen. Die hätte schon noch begriffen, was gemeint ist. Aber — nun, vielleicht besuch ich das merkwürdige Ding einmal in Monrepos. Sagen Sie ihr, sie soll ernst bleiben, wenn der alte Stefan daherkommt, denn er kommt nicht im Brausen des Sturmes, sondern auf einem Fahrrad wie das Säuseln des Windes. — Jeder hat seine Träume gehabt, und die schönsten sind wahrscheinlich die, die sich nicht erfüllen, denn man darf sie immer wieder und weiter träumen, weil man ja nicht weiß, was am Ende daraus geworden wäre. Aber das sind solche Geschichten . . . vielleicht erzähl ich sie einmal der anderen Christine, der Sie da draußen begegnen werden.«

Daß der Leiter des Universitätsinstituts für angewandte Chemie eine Zweizimmerwohnung hatte, verdankte er vermutlich nicht seinem internationalen Ruf als Gelehrter, sondern guten Beziehungen. Wenn die Tür zwischen den beiden Zimmern offenstand, konnte er beim Nachdenken genau zehn Schritte hin und zehn Schritte zurückgehen, und die Tür stand meistens offen, denn Mahr dachte meistens nach, und dabei pflegte er eben hin und her zu gehen.
Es war ein graues Wetter, manchmal sprühte es ein wenig aus dem unfreundlichen Himmel, Mahr wandelte in seiner Zimmerflucht auf und

ab, heute allerdings nicht nachdenklich, sondern nervös. Das war einer von den Tagen, an denen man kalte Hände hat, sich durch unschuldige Dinge gestört fühlt und es noch weniger als sonst vertragen kann, daß jemand, der seinen Besuch angesagt hat, unpünktlich ist.
Jedesmal, wenn Mahr am Schreibtisch vorüberkam, warf er einen Blick auf die kleine Uhr mit dem viel zu eifrigen Pendel und auf eine Postkarte, die da lag. Endlich klingelte es, er ging hinaus, um zu öffnen.
»Guten Tag!« sagte die Dame. »Du mußt schon entschuldigen, daß ich mich ein bißchen verspätet habe. Ich weiß, du kannst es nicht leiden — oder sollte sich das geändert haben?«
»Nein — warum?« fragte er und half ihr ablegen.
»Ja, natürlich, warum! — Ach, das ist aber hübsch hier! Ich hätte mir's nicht so nett vorgestellt, das muß ich sagen. Wo hast du aber die großen Möbel?«
»Die sind verbrannt«, antwortete er und fügte mit seinem bescheidenen Lächeln hinzu: »Ich wüßte ja doch nicht, wohin damit, also ist es beinah eine Art Glücksfall.«
»Ja«, sagte sie, »das war nun wohl von jeher dein Grundsatz: Wenn man nicht weiß, wohin damit — weg damit.«
»Willst du dich nicht setzen?«
»Darf ich erst noch ein bißchen herumschnuppern? Oder ist es dir unangenehm?«
»Warum sollte es mir unangenehm sein«, sagte Mahr.
»Oder hast du keine Zeit?«
»Ich habe Zeit.«
»Die Vorhänge sind aber neu?«
»Ja.«
Sie betrachtete dies und das. Er sah ruhig und schweigend zu. »Eigentlich«, sagte sie und setzte sich, »wäre es nett, wenn du mir ein wenig helfen würdest, findest du nicht?«
»Helfen?« fragte er. »Ich verstehe dich wohl nicht ganz, Dora.«
»Nein, um Himmels willen, hoffentlich denkst du an nichts Verkehrtes! Es geht mir gut, selbstverständlich geht es mir gut. Du wirst doch nicht geglaubt haben, daß ich dich aus einem solchen Grunde besuche?«
»Nein.«
»Sondern?«
»Ich habe deine Karte erst heute früh bekommen, da war nicht viel Zeit, sich Gedanken darüber zu machen, man hat ja auch anderes zu tun.«
»Immer noch der Alte: dir Gedanken über deine Frau zu machen, dazu hattest du nie viel Zeit.«
»Wahrhaftig?« fragte er. »Übrigens ist es wohl unbestreitbar, daß du

nicht mehr meine Frau bist, sondern die eines anderen, und da bin ich ja nun tatsächlich der Meinung — —«

»Mir scheint, du nimmst es mir immer noch übel«, sagte sie.

»Du weißt, das hab ich nie getan. Sprechen wir also bitte von etwas anderem.«

»Oh, entschuldige, ich dachte, du hättest Zeit.«

»Gewiß, aber nicht, um diesen alten Kohl aufzuwärmen; denn es ist alter Kohl, ein ganzer Wagen voll, und der Wagen steht noch dazu auf einem toten Gleis.«

Dora sah in das Spiegelchen im Deckel ihrer Puderdose und betupfte sich die Nase. »Findest du mich sehr verändert?« fragte sie.

»Höchstens insofern, als du entschieden hübscher und eleganter geworden bist«, antwortete er mit aller Bereitwilligkeit zum Frieden.

»Es geht mir ja auch ausgezeichnet. Weshalb hast du das denn nicht gleich gesagt?«

»Es macht sich auch jetzt noch ganz gut. Vermutlich bist du auf der Durchreise hier?«

»Ja, das heißt, ich bin schon vor ein paar Tagen angekommen, ich wohne bei Bekannten. Und da dachte ich eben — du weißt ja, ich bin manchmal so, aber vielleicht ist es auch nur ein Zeichen dafür, daß man alt wird. Geht es dir nicht auch so? Ich meine, schließlich haben wir uns doch einmal geliebt.«

»Schließlich, ja«, sagte er. »Oder vielmehr anfänglich. Bleibst du länger hier?«

»Nur noch bis morgen früh. Ich bin in einem Kurort angemeldet, ach, das ist heutzutage alles so schwierig, schon wegen der Unterkunft und so. Diese Umstände, bis man ein Zimmer bekommt!«

»Du bist also allein«, stellte er mit höflicher Gleichgültigkeit fest.

»Ja ja, natürlich. Wenn mein Mann dabei wäre, nein, dann würde ich dich nicht besucht haben, er neigt nämlich sehr zu Eifersucht. — Nun sag aber endlich, daß du es hübsch findest, daß ich mich bei dieser Gelegenheit nach dir umsehe. Statt dessen bist du mißtrauisch und unliebenswürdig und denkst, ich hätte einen Dolch im Gewande. Wo soll ich denn in diesem Sommerfähnchen einen Dolch unterbringen? Keinen Zahnstocher!«

»Allerdings.«

»Sondern die Sache war einfach so, daß ich letzthin meinen Mann in der Fabrik abholen wollte, er war nicht da, ich mußte warten, auf seinem Tisch lagen ein paar Fachzeitschriften, und da las ich erst, wie sehr deine neuen Arbeiten anerkannt und beachtet werden. So etwas freut einen doch.«

»Ja, es geht recht gut«, sagte Mahr, »und es ist nett, daß dich diese Dinge noch persönlich anrühren, danke, das freut mich.«
»Du bist also zufrieden? Sieh nur nicht gleich wieder so zurückhaltend aus, Herrgott, es ist doch kein Verbrechen, wenn ich danach frage.«
»Nein, gewiß nicht. Nur — es kam mir unerwartet, ich hätte es nicht vermutet.«
»Dein alter Fehler, du kennst die Frauen nicht.«
»Richtig, richtig!« sagte er. »Daß aber gerade du das behauptest?«
»Wieso?«
»Ich meine nur«, antwortete er, grenzenlos friedfertig. »Weil nämlich der Schluß naheliegt: Wenn ich mich besser auf die Frauen verstünde, hätte ich dich damals nicht geheiratet.«
»Deine bekannte Liebenswürdigkeit!«
»Es ist ja nicht meine Ansicht, sondern eben nur ein naheliegender Schluß aus deiner Behauptung. Man muß mit solchen Sachen vorsichtig sein. Es ist ja wohl immer in irgendeiner Hinsicht bedenklich, begrabene Dinge zu exhumieren, seien wir doch froh, daß wir sie glücklich hinter uns haben.«
»Du bist also glücklich?«
»Entschuldige —« sagte Mahr, »bist du hergekommen, um dich danach zu erkundigen?«
»Vielleicht«, sagte Dora.
»Schade, daß es dir nicht früher eingefallen ist, als wir noch verheiratet waren. Jetzt, glaub ich, hat sich die Lage doch einigermaßen geändert, das solltest du einsehen.«
»Du tust mir weh.«
»Ach nein, das darfst du dir nicht einbilden. Mir reißt nur die Geduld. Sieh mal, Dora, da sitze ich nun und warte darauf, daß du endlich sagst, was du willst, aber du ziehst es vor, sentimental im Fotografiealbum zu blättern. So lang ist das Leben ja nun auch wieder nicht.«
»Dermaßen ungemütlich warst du früher eigentlich nur, wenn du Hunger hattest.«
»Hab ich auch.«
»Weshalb sagst du das denn nicht gleich! — Mein Wagen steht unten —«
»Wie das klingt!«
»Es ist trotzdem wahr, zufällig ließ es sich so einrichten, daß ich ihn für diese Reise benützen kann. Wir fahren jetzt irgendwohin zum Essen, meinst du nicht? Wo wenig Menschen sind, denn ich finde, an einem so wunderbar grauen Tag — liebst du die grauen Tage immer noch so? Bist du auch noch so gern im Tierpark?«
Er schaute sie an, blieb sitzen und rührte sich nicht.

»Ach Gott ja«, sagte sie gleichsam verflackernd, »das war nun wohl wieder eine von meinen Taktlosigkeiten. Daß ich's nur gestehe: ich sah dich nämlich letzthin im Tierpark, und da dachte ich ... aber natürlich, du warst ja nicht allein ... glaub ich wenigstens ... oder?«
»Nein«, antwortete Mahr, »ich war nicht allein.«
»Und du hast mich nicht bemerkt. Ich hätte dir so gern schon damals guten Tag gesagt. Aber ich wollte nicht stören, du unterhieltest dich so gut.«
»So.«
»Eine sehr hübsche Frau übrigens.«
»Es gibt Leute, die das behaupten.«
»Und du?«
»Liebe Dora«, sagte Mahr, »was willst du nun eigentlich?«
»Ich hoffe, es wird mir wieder einfallen. Im Augenblick bin ich ein bißchen eifersüchtig. Da siehst du, daß wir Frauen im Grunde doch die Anhänglicheren sind. Wir bringen es nicht fertig, einen Menschen einfach aus unserem Leben zu streichen, und wenn wir's doch tun, wenn wir's versuchen, dann bleibt die durchgestrichene Stelle doppelt auffällig.«
»Das kommt wohl daher, daß bei Euch sonst alles so tadellos in Ordnung ist, nicht wahr.«
Dora bat um ein Glas Wasser. Sie mußte eine Tablette nehmen. Immer, wenn sie sich aufregte, bekam sie Kopfweh, das wußte er wohl noch, wenn er auch sonst manches vergessen hatte. — »Ich hoffe, daß du dich nicht über *mich* aufregst?« fragte er.
»Doch. Nein. Eigentlich mehr über mich. Ich konnte ja nicht wissen, daß mich dieses Wiedersehen — ich dachte, ich sei längst über das alles hinweg. Aber man kennt sich eben selber nicht, man mutet sich zu viel zu — ach, man müßte jemand haben, dem man sein Herz ausschütten kann. Ich leide«, sagte Dora.
»Vorhin hast du mir aber versichert, daß es dir ausgezeichnet geht.«
»Das ist auch wahr, ich weiß, es ist eine Sünde, mich zu beklagen, und in gewisser Weise haben die Leute recht, wenn sie mich für eine glückliche Frau halten. Aber das Glück besteht doch nicht darin, daß man heutzutage einen Wagen und verhältnismäßig wenig Sorgen hat.«
»Nein«, sagte er, »so viel ich weiß, besteht das Glück nicht darin. Immerhin ist es schon etwas.«
»Ja ja, ich will auch nicht etwa undankbar sein. Nur —«
Mahr schwieg. Er hatte früher so oft versucht, ihr einzuhelfen, fand aber, daß dies jetzt nicht mehr seine Sache sei. Allerdings: sehr freundlich benahm er sich nicht. Es war sonst nicht seine Art, einfach zuzu-

sehen und zu warten, ob der andere wieder auf die Füße kam oder nicht. Wohingegen es freilich Fälle gab –

Aber schließlich war diese Frau einmal seine Frau gewesen, unter einem gemeinsamen Himmel voller Geigen hatte es angefangen, und daß sie ihn, mit einigen Tränen, bisher noch nicht daran erinnert hatte, war doch geschmackvoll von ihr. Was die Haltung anbetraf, so hatte sie bestimmt etwas dazugelernt, schien ihm. Und die Leute hielten sie also für eine in gewisser Weise glückliche Frau. Hm. Die Weise machte jedoch einen ziemlich ungewissen Eindruck, wenn man schärfer hinsah.

»Na!« sagte er, etwas weniger trocken als bisher. »Das mit dem Kopfweh und alles kommt vermutlich von den Nerven, so geht es heute wohl jedem. Kein Wunder. Aber du hast ja eine Zeit der Erholung vor dir. Wohin willst du denn?«

»Nach – ach Gott, ich hab's schon wieder vergessen, der Fahrer weiß es.« Sie kramte in ihrer Handtasche, benützte die Gelegenheit, sich die Nase zu putzen, was allmählich nötig war, und zog einen kleinen bunten Faltprospekt heraus. »Das ist es, sieht natürlich aus wie alle Kurorte, und wenn man hinkommt, ist das Telegramm noch nicht da und es gibt gleich eine abscheuliche Aufregung, so ist es doch immer.«

»Nun, nun«, sagte er beruhigend, »man soll sich nicht vorher ärgern, es reicht schon, wenn man es nachher tut. Aber ich kann dir da wohl nicht helfen, Dora.«

»Nein, selbstverständlich nicht. Die Nerven, da hast du recht. Und die Zeit. Die Menschen gehen so aneinander vorbei. Ach –«

»Was?«

»Ich will dich nicht anlügen. Du weißt, daß ich viele Fehler habe, aber lügen, nein, das tu ich nur selten, und dann sehr talentlos, ja? Daß ich hierherkam, war ein großer Umweg. Ich habe hier auch gar nichts zu erledigen. Ich dachte nur – ich dachte nur, daß ich vielleicht dir begegnen könnte. Aber daß es schon am ersten Tag sein würde – nein, also, ich will ja nicht lügen. Ich fuhr gleich in den Tierpark. Manchmal hat man so ein Gefühl, nicht wahr, es ist eine Art sechster Sinn. Übrigens, wenn man diesen sechsten Sinn hat, dann muß doch noch irgendeine Art Verbindung da sein, meinst du nicht?«

»Ich meine«, antwortete er, »es ist nicht ganz ohne Komik, daß du mich zuerst im Tierpark gesucht hast. Für einen Universitätsprofessor –«

»Aber richtig war es doch! Und nun stell dir vor: du warst nicht allein! Mir war zumute wie einem Kind, das sich die Nase an der Schaufensterscheibe plattdrückt. Ach, es fällt mir ja nicht ein, zu fragen. Dazu hab ich ja kein Recht mehr. Und nun hab ich die ganze Zeit her nicht gewagt ... aber gestern abend war ich so einsam und unglücklich, und da schrieb

ich eben diese Postkarte, und wenn ich vorhin nicht pünktlich war, so kam es nur daher, daß ich erst wieder eine ganze Weile mit mir kämpfte — hast du denn den Wagen nicht schon lange unten vor dem Hause gesehen? — So, nun ist wenigstens das heraus. Ich glaube, auch das Kopfweh geht weg. Reden wir ganz schnell von etwas anderem, ich bitte dich sehr. Reden wir von etwas anderem, sehr Albernem. Hast du noch Hunger, nein, natürlich nicht, der Appetit ist dir in meiner Gesellschaft vergangen. Aber Kaffee?«
»Kaffee hab ich auch nicht.«
»Fein! Hier sind die Schlüssel zum Wagen. Wenn du das rückwärtige Sitzpolster hochhebst, siehst du ein dunkelblaues Köfferchen, das bringst du herauf, ja? Ich werde indessen das Wasser aufstellen.«
»Aber du weißt ja gar nicht —« sagte er schwach und zögernd.
»In dieser Zimmerflucht macht es einer Frau wohl keine unüberwindlichen Schwierigkeiten, sich zurechtzufinden, vollends wenn ihr der Besitzer nicht gänzlich unbekannt ist. Und ordnungsliebend warst du ja stets, musterhaft. Kaffee! Bist du noch nicht wieder da?«
Der Professor Mahr ging hinunter. Deshalb also, dachte er auf der Treppe, schüttelt der Mensch den Kopf: auf der einen Seite ist ›unbehaglich‹, auf der anderen ›behaglich‹, und dazwischen pendelt man eben so hin und her. Hauptsache, daß man ihn nicht verliert, den Kopf. Aber Kaffee — den konnte sie von jeher ausgezeichnet machen.
Als er zurückkam, war der Tisch gedeckt; wie sie das Zeug in der Geschwindigkeit gefunden hatte, blieb ein Rätsel; aber der Tisch war bunt und allerliebst, und auf dem Kocher stand der Wasserkessel. Und in einer winzigen Vase stak die Nelke, die sie an ihrer Jacke gehabt hatte.
»Da siehst du«, sagte Dora, während sie den Koffer aufmachte, »wie gut es ist, wenn man stets einen eisernen Bestand dabei hat. Hier ist sogar eine Dose Keks, mit Schokoladeguß, bitte!« Sie schüttete die ganze Dose in eine Porzellanschale. »Und ein Päckchen Zigaretten. Du bist ja naß, regnet es denn schon wieder? Um so besser, dann wird es doppelt gemütlich, du — und jetzt tun wir, als ob — nein, das geht nun doch nicht.«
»Was geht nicht?«
»Ich wollte sagen: als ob wir uns niemals gekannt hätten, aber dazu bist du ja viel zu schwerfällig, alter Bär.«
»Immerhin«, sagte er, »wenn ich mir vorstelle, daß ich dich nie gekannt habe, kommst du mir eigentlich ganz passabel vor.«
»Ein sehr zweifelhaftes Kompliment, alles was recht ist! Oder soll es eine Grobheit sein?«
»Augenblicklich ist mir nicht nach Grobheiten zumute.«

»Dein Glück. Und was hab ich hier?« fragte Dora und hob eine flache kleine Flasche mit goldbraunem Inhalt aus dem Köfferchen. »Es ist wie gesagt doch gut, wenn man einige Übung im Reisen hat. Aber Alkohol trinkst du ja wohl nicht.«

»Auch ein gutes Gedächtnis kann bisweilen trügen«, antwortete Mahr und sah sich nach den Gläsern um. »An so regnerischen Tagen schützt das Zeug vor Erkältung.«

Sie hörten zu, wie das Wasser im Kessel zu singen begann, erst schüchtern, dann immer selbstbewußter und entschiedener, draußen klopfte der Regen auf das Wetterblech des Fensters.

»Es ist wie ein Lied aus vergangenen Zeiten«, sagte Dora, »was fällt einem da nicht alles ein! So lange hab ich das nicht mehr gehört. Warum eigentlich? Das Wasser singt und der Regen fällt doch überall. Kommt es vielleicht daher, daß ich jetzt bei dir bin, du? Denn hier ist es still, aber die Welt ist laut.«

»Die Welt der Menschen«, sagte er, »und vollends die heutige. Seit wann aber machst du dir solche Gedanken? Früher war das nicht so.«

»Mit der Zeit wird man klüger, das läßt sich nicht vermeiden. Ich will nichts gegen die Dummheit sagen, sie hat etwas Holdseliges, aber sie steht einem nur bis zu einem gewissen Alter.«

»Ja«, sagte er, »deshalb sollte man vielleicht nicht so schnell heiraten.«

»Oder sich nicht so schnell scheiden lassen.«

Er drehte das Gläschen zwischen Daumen und Zeigefinger und vermied es, aufzublicken.

»Wenn ich nicht irre, sind jetzt Ferien?«

»Ja, sie haben gerade angefangen.«

»Wohin gehst du?«

»Gehen? — Ach so. Nein. Ich möchte nur Ruhe und allein sein.«

»Allein mit wem?«

»Mit mir, Dora.«

»Ach, mit sich selber ist man immer allein.«

»Da siehst du, daß ich meine Vorliebe für gute Gesellschaft nicht verloren habe.«

Sie stand auf und kümmerte sich um den Kaffee. Er sah ihr zu und dachte: Es ist nicht ganz unbegreiflich, daß ich mich in diese Frau einmal verliebt habe; sie hat etwas; sie ist auch klüger geworden und ruhiger; jedenfalls wird mir in Zukunft die Erinnerung an sie nicht mehr ganz so unbehaglich sein wie bisher, und das ist gut; es gibt im Leben doch immer gewisse Dinge, die man sozusagen von einer Jahresbilanz in die andere mit hinübernimmt, ohne daß sie erledigt sind; besonders Gemütsangelegenheiten lassen sich so schwer abschreiben; ich glaube, in der Medizin nennt man das ein Trauma — weniger gelehrt dürfte man's als blauen Fleck bezeichnen; aber das wollen wir um Himmels willen für uns behalten, es könnte mißverstanden werden, und, wie mir scheint, ist die Bereitschaft zu solchen Mißverständnissen augenblicklich nicht unbedeutend.

Der Kaffee begann zu duften. »Wundervoll!« sagte Mahr. »Und gegen alles Erwarten gemütlich, Dora. Wenn ich nun vollends noch wüßte — hm.«

»Was?«

»Weshalb du hier bist.«

»Aber davon reden wir doch die ganze Zeit.«

»Nicht geradezu.«

»Nein, nicht geradezu, denn ich weiß, daß du ein schwieriger Mensch bist, besonders in dieser Beziehung. Und dann gibt es auch Dinge, von denen man überhaupt nicht geradezu reden kann, ohne daß sie dadurch verlieren. Schmetterlinge soll man nicht mit der Hand fangen, und Fledermäuse erst recht nicht.«

»Das ist wahr. Am besten ist es, man fängt sie überhaupt nicht, denn dazu sind sie nicht da.«

»Natürlich. Zum Beispiel die Liebe. Da sind zwei junge Menschen, ich betone: junge. Er sagt einfach: Ich liebe dich. Bumm! Eigentlich ist die Geschichte damit schon zu Ende, denn was kann noch viel kommen?«

»Auch eine Art, die Sache zu betrachten«, sagte er lachend. »Und nicht einmal gar so unrichtig. Aber du willst wohl nicht — — stell auf den Tisch die duftenden Reseden? Die Kaffeekanne ist für vernünftige Leute angemessener, sie ermöglicht es, edel und weise zu sein und sich vor der Welt ohne Haß zu verschließen.«

»Einverstanden, obwohl ich nicht behaupten will, daß ich durchaus das Bedürfnis habe, edel und weise zu sein. Aber man hat doch so seine Gedanken. Wir sind damals auseinandergeprellt wie zwei Billardbälle — klick, aus, erledigt! —, jeder dachte ›Gott sei dank!‹, und dabei waren wir uns gar nicht darüber klar, daß ja auch dies zum Spielverlauf gehört und die Bälle nach wie vor auf dem grünen Tuch herumkugeln.«

»Ein verteufelt gescheites Bild!« sagte er. »Aber beklemmend, sehr beklemmend. Die Geschichte wird doch nicht etwa noch weitergehen? Da hat letzthin jemand behauptet, es sei durchaus unmöglich, daß eine richtige Geschichte jemals ein Ende habe. Vielleicht hat er recht gehabt?«

»Sie.«

»Bitte?«

»Ich meine, es war kein Er, sondern eine Sie, die das gesagt hat.«

»Wie kommst du darauf?«

»Ich kenne dich doch. Wenn es ein Mann gesagt hätte, würde es dir keinen solchen Eindruck gemacht haben. Aber für gescheite Frauen hattest du von jeher eine Schwäche. Für mich infolgedessen nicht. Und wollen wir wetten, daß es auf der Bank vor dem Marabugehege war? Ach nein, nur kein Unbehagen, ich bitte dich sehr, es geht mich durchaus nichts an und ich habe mich in nichts hineinzumischen. Ich wollte nur andeuten: gar so dumm bin ich ja nun auch nicht, aber das sage ich nur aus Eitelkeit, um guten Eindruck zu machen, denn mir scheint, allzu gut war der Eindruck nicht, den du von mir behalten hast. Ich verstehe das, aber ich bin damit nicht einverstanden. Vielleicht ist dies der Grund, weshalb ich dich wiedersehen wollte? Vielleicht hätten wir doch ein bißchen mehr Geduld miteinander haben sollen, ich weiß nicht.«

»Du sagst das so«, antwortete er, aber nicht abweisend, sondern irgendwie gefesselt und mit einem gewissen Eifer, »du sagst das so, als ob du unverheiratet seiest.«

»Ach ja, es lag nicht in meiner Absicht, indessen kommt es mir manchmal tatsächlich so vor: ich kann freilich nur immer wieder erklären, daß ich nicht daran denke, mich zu beklagen, das wäre höchst undankbar gegen das Schicksal und meinen Mann. Aber wie gesagt, bisweilen ... jeder lebt in seiner eigenen Welt und es ist schwer, in die des andern hineinzukommen. Das macht einen oft mutlos. Ich muß manchmal denken, ob wir — du und ich — einander innerlich wohl auch so fremd gewesen sind, und da will mir scheinen —«

»Wenn man zurückblickt, erscheint alles leichter, als es in Wirklichkeit war«, sagte er, »es liegt nun einmal im Wesen des Menschen: was er hatte und was er noch nicht hat, das kommt ihm stets besser vor als das, was er wirklich hat — eine Weisheit, die so banal ist, daß man sie gar nicht mehr auszusprechen wagt.«

Dora blickte ihn mit einem eigentümlichen Lächeln an. »Dann ist es also ganz vorteilhaft, daß du mich einmal hattest!« sagte sie. »Jedenfalls brauche ich mich nicht mehr so anzustrengen, um den schlechten Eindruck von früher zu verwischen?«

»Nein, das ist unnötig«, antwortete er mit einer erschütternden professoralen Sachlichkeit.

»Hm. Bei dir weiß man nie recht, wie man's auffassen soll. Himmel — so spät schon? Ich bin nämlich zum Tee eingeladen. Und weißt du, wen ich vermutlich dort treffen werde? Einen Bekannten von dir. Herrn Schneider.«

Mahr zuckte die Achseln, als habe sie von einem toten Maikäfer gesprochen.

»Aber sag einmal ehrlich: War es nicht doch ein ganz guter Gedanke, daß ich hierherkam? Wir verstehen uns jetzt vielleicht besser, es ist manches klarer geworden, man braucht nicht mehr so viel mit sich herumzutragen.«

»Das mag sein, Dora.« Sie stand auf und schloß das Köfferchen.

»Du hast da einiges vergessen.«

»Nein. Ich weiß doch, wie gern du guten Kaffee trinkst. Behalte ihn nur. Wirst du auch ein bißchen an mich denken? Dumme Frage, aber es gibt Augenblicke, in denen man sie nicht unterdrücken kann. Frauen sind im Grunde so gräßlich primitiv, das heißt – ja, also, du hast doch Ferien, willst du mich nicht gelegentlich besuchen? Es soll sehr hübsch sein dort.«

Nun war es an ihm, zu lächeln. Das ersparte ihm eine Antwort. Er begleitete sie hinunter. Der Regen hatte aufgehört, ein wenig Blau, schüchtern und von Wolken umflogen, versuchte sich am Himmel durchzusetzen. Der Wagen glitt davon; wo er gestanden, blieb ein trockener heller Fleck auf dem Asphalt zurück. Ein weißer Handschuh winkte noch aus dem Fenster.

Als Mahr wieder in sein Zimmer kam, fiel ihm der Geruch auf, den er schon beinahe vergessen hatte und der ihn an vieles erinnerte: eine Mischung aus leisem Parfüm, Kaffee, süßlichem Duft von Gebäck und Schokolade, Zigaretten, alles aber schon kühl und überständig und sehr danach verlangend, daß man gründlich lüfte.

Er tat es, eine Art von Ausgeleertheit blieb trotz allem zurück und das Bedürfnis, aufzuräumen. Er machte sich an die Arbeit, spülte das Geschirr ab und stellte es an seinen Platz, brachte alles wieder in Ordnung. Da hatte Dora den bunten Prospekt vergessen. Vielleicht auch nicht vergessen. Bad Niedenwald. Das war ihm kein Begriff. Nicht sehr beteiligt betrachtete er eine Seite nach der anderen. Gesamtansicht, die Perle im dunkelgrünen Samt der Wälder. Kurpromenade mit Musikpavillon und Damen mit roten Sonnenschirmchen, wie sie seit Menschengedenken niemand mehr benützte. Die Heilquelle. Das Kurhotel. Pension Quisisana. Hauptstraße mit mehreren Konditoreien. Ausflüge in die Umgebung, irgendein Schlößchen (im Einspänner eine Stunde), Bismarckturm, Ärzteverzeichnis, Unterkünfte. Mahr gähnte herzhaft. So war es ja immer und überall, man spürte ordentlich, wie man dort, von Tag zu Tag heilsamer verblödet, einfach nicht mehr wußte, was man mit so viel aufdringlicher Gesundheit anfangen sollte und aus lauter vorgeschriebener Langeweile auf die albernsten Einfälle kam, die sich dann aber doch als ziemlich verhängnisvoll herausstellten und schließlich nur durch einen langwierigen und peinlichen Briefwechsel voll dummer Ausreden wieder einigermaßen gutzumachen waren.

Eine Vorstellung, die so greifbar deutlich, klar, nahe war, daß sie, obwohl ohne Wirklichkeit, richtiges Unbehagen machte. Ein Glück, daß sie sich verwischen ließ, indem man den Prospekt zusammenfaltete und beiseitelegte.
Ohne mich! dachte Mahr und stand auf, um den verstimmenden Zauber endgültig wesenlos zu machen.

Bisher war es Christine Weiland – wieder einmal – noch nicht geglückt, den richtigen Augenblick zu erfassen, in dem sie ihren Eltern eröffnen konnte, daß sie für einige Zeit wegfahren wolle, nach Monrepos zu Käthe Buch. Es würde Betrübnis und Kummer verursachen, aber sie war fest entschlossen, sogar das stumme mütterliche Kopfschütteln zu ertragen, ihm zu widerstehen, dem eigenen Ich zu frischer Luft zu verhelfen. Sie lauerte auf den Augenblick und hatte sich längst den passenden Ton zurechtgelegt, eine Legierung aus Harmlosigkeit und Gußeisen. Einstweilen jedoch gab es keine Gelegenheit, denn im Hause Weiland wurde so wenig gesprochen, schuld daran waren die Wahlen und was damit zusammenhing, ein bedrückendes Wolkendunkelgrau, aus dem der Donner grollte.
Indessen bereits am Abend des Wahlsonntags verbreitete sich mit bedeutender Gewißheit die Nachricht, daß die Partei des Bürgermeisters nach den bisher gezählten Stimmen nicht nur nichts eingebüßt, sondern im Gegenteil einen erheblichen Zuwachs zu verzeichnen habe.
Der Registrator Weiland, dem man's von der Straße zum Fenster hinaufrief, verspürte daraufhin einen zwar schüchternen, aber doch verheißungsvollen Bierdurst; in den Stern zu gehen, wagte er freilich noch nicht, aber Christine – plötzlich ebenfalls in besserer Laune – erbot sich, ihm ein Glas Bier über die Gasse zu holen; sie tat's, der Schuster vom Eck begegnete ihr, zog den Hut und sagte »Recht guten Abend, Fräulein Doktor!«, und daraus schloß sie, daß die Nachricht zutreffe. Es gab in der Familie Weiland noch eine unerwartet angeregte Unterhaltung – nicht gerade über die Wahlen, so kühn war man doch nicht, aber die Stimmung war schon wesentlich erleichtert.
Christine wollte das zaghaft sprießende Hoffnungsgrün nicht gleich mit eiskaltem Wasser überschütten und ließ bewußt mehrere Gelegenheiten, ihren Entschluß kundzutun, ungenützt vorübergehen. Morgen war auch ein Tag, und jetzt war es vielleicht sogar ganz gut, noch ein wenig zu warten; niemand sollte auf den Verdacht kommen, sie habe sich mit Fluchtgedanken getragen.
Der Montagmorgen brachte die amtliche Bestätigung. Alles blieb, wie es

gewesen war, auch der tüchtige Herr Hagenauer blieb – wozu nun, um Gottes willen, die ganze Aufregung? Alle Leute, welche früher die Familie Weiland gegrüßt hatten, grüßten jetzt wieder, und, wie es schien, noch ein par andere grüßten und deckten ihr schlechtes Gewissen auf, indem sie es zudecken wollten. Vater Weiland kam mit sichtlich geschwellter Brust aus der Kanzlei zurück, bereits so erhaben über die im Rinnstein versickernden Anwürfe, daß er kein Wort mehr darüber verlor. Dies war für ihn der Augenblick, Format zu zeigen, und er zeigte es.

Für Christine war es der Augenblick, ihren Reiseplan zu offenbaren. Es gelang ihr mit so sanfter Selbstverständlichkeit, daß keinerlei Erschrecken durch die Ahnenreihe ging. »Recht hast du!« sagte Anna Weiland, sogar sie! Und der Registrator äußerte: Ich wollte, ich könnte mit, denn verdient haben wir's.

Am Nachmittag konnte Anna allerdings nicht umhin, Christine zu fragen, wie lange sie denn in Monrepos bleiben wolle, denn sie sah, daß ihre Tochter schlechterdings alles einpackte, was sie hatte, und beinahe noch einiges mehr. Das wisse sie nicht, antwortete Christine, die Ferien seien ja noch so lang. Aber bekanntlich brauche man immer das, was man daheimgelassen habe.

Im stillen fand Anna diesen Umfang der Vorbereitungen bedenklich, jedoch sie schwieg, sie unterdrückte sogar jeden Seufzer, um dem Kinde die Freude nicht zu trüben. Diesen Verzicht war man dem Schicksal wohl schuldig. Was aber beinah über ihre Kraft ging, war, daß Tante Lisbeth ein kleines Mädchen mit einem Zettel herüberschickte und Christine für diesen letzten Abend (von dem Lisbeth freilich nicht wissen konnte, daß es der letzte war) zum Essen einlud, und daß Christine mit deutlichem Vergnügen zusagte, aber so war Tante Lisbeth von jeher gewesen, ahnungslos bis zur Roheit. Anna schwieg auch jetzt, sie brachte auch das fertig, und das Bewußtsein stärkte sie sehr. Und Christine – wie Kinder sind – war im Grunde genauso rücksichtslos.

Die Sonne stand noch nicht sehr tief am Himmel, als Christine sich auf den kurzen Weg machte. Von der Ecke aus sah sie, daß der Registrator in Hemdärmeln, aus dem Fenster blickte und eine Zigarre rauchte, ein Wohlleben, wie er sich's sonst nur an Feiertagen gönnte – war aber vielleicht heute kein Feiertag für ihn? Sie hatte sich umgedreht, weil sie spürte, wie er ihr mit den Blicken folgte, und dies kam vermutlich daher, daß sie heute zum erstenmal das neue Dirndl trug, das sie sich hier hatte machen lassen, mit den weißgepufften und leicht gestärkten Ärmeln, es war eine Art Generalprobe, und daß es sogar dem Registrator Weiland auffiel, erschien ihr verheißungsvoll.

Auch die Stadt machte heute wieder ein besonders liebenswürdiges Gesicht, nichts mehr blickte schief aus den Augenwinkeln wie während der vergangenen Woche. Das Spätnachmittagslicht blitzte tief golden und warm in den Fensterscheiben der alten Häuser, alles war aufgeräumt und sauber, die Geranien- und Nelkenkanten leuchteten in ihren grünen Kästen vor den Fenstern, Stare schwätzten, Schwalben flogen unendlich hoch im verblassenden Blau, das wie eine Sehnsucht war.
In Tante Lisbeths Wohnstube lag noch die Sonne und machte den Abendtisch in erstaunlicher Weise reizend. Die alte Frau hatte ihn mit großer Sorgfalt gedeckt und es stand schon alles da was es gab, nämlich Rettiche und Radieschen und Laugenbretzen, Butter und Brot und ein Stückchen Käse. Aber was für Rettiche, was für Radieschen! Kleine, rote, bescheidene, daneben längliche von der Farbe einer milden Morgenröte, und schneeweiße Eiszapfen, unwahrscheinlich langgeschwänzte. Aus jeder Sorte hatte sie auf einem bunten Teller kunstreich einen Turm gebaut. Die Butter war in einer Henne aus mattblauem Glase. Die Laugenbretzen, goldbraun, knusprig schon beim Ansehen, lagen in einem geflochtenen Silberkörbchen, und auch sonst hatte sie einiges Silberne zwischen Blumen auf den Tisch gestellt, hervorgesucht aus dem Abgrunde der Zeit und einer Kommodenschublade. Draußen in der Küche lief das Wasser über ein paar Bierflaschen.
Christine bewunderte den Tisch, wie er's verdiente; daheim war das alte und nicht mehr ganz einwandfreie Rollbrett unter der Suppenschüssel die einzige Tafeldekoration, und wenn sie an ihren Junggesellenhaushalt in der Stadt dachte, wo das braune Einwickelpapier nicht selten gleich als Teller diente, schämte sie sich ganz einfach.
Tante Lisbeth wußte diese Anerkennung zu schätzen. »Immer mach ich's ja nicht so«, sagte sie, »aber man muß doch auch auf das Alltägliche ein bißchen halten, es bekommt sonst leicht etwas Feindseliges, meinst du nicht? Es ist wichtig, daß man mit den Dingen befreundet bleibt, sonst ärgern sie einen. Sieh mal, dieses Salznäpfchen hab ich nun seit wenigstens fünfzig Jahren, da kann man wohl sagen, daß es einem treu gedient und Anspruch hat auf gute Behandlung. Aber dafür haben die meisten Leute kein Gefühl. Stell dir nur vor, Christine, was das kleine Ding alles mit mir erlebt, was es gesehen und wozu es geschwiegen hat – da muß doch eine Art Seele hineingekommen sein, anders ist es ja gar nicht möglich. Großen Ereignissen mit Anstand zu begegnen, wie die Helden auf dem Theater, na schön, alle Achtung, es bleibt ihnen ja meistens nichts weiter übrig; Heldentum ist, fürcht ich, sehr oft: wenn einem nichts weiter übrigbleibt. Indessen sind große Ereignisse doch so selten, daß sie eigentlich kaum zählen. Hingegen was wir Leben nennen,

dieser lange handgestrickte Strumpf, der besteht aus ungezählten Maschen, von denen eine aussieht wie die andere — und dieser Einförmigkeit des Daseins gegenüber ein bißchen Haltung zu bewahren, das ist vielleicht auf die Dauer genauso heldenhaft und wahrscheinlich bedeutend schwieriger.«
»Sehr richtig!« sagte Christine.
»Ja, versuche aber einmal einem Manne das beizubringen. Er wird dich gar nicht verstehen, vermutlich hört er überhaupt nicht zu, und wenn's hochkommt, zuckt er die Achseln und meint, das ließ sich eben nicht ändern. Unter uns will ich ja zugeben, daß die Männer im allgemeinen mehr taugen und gescheiter sind — aber dieser bequeme, alberne Spruch, daß sich nichts ändern läßt, der ist nun durchaus männlich, in der Beziehung sind sie alle faul und dumm, und weil sich nichts ändern läßt, lassen sie sich reihenweise totschießen. Na, man muß sie nehmen, wie sie sind — da läßt sich nichts ändern.«
Christine lachte. Tante Lisbeth schien wieder einmal ihren guten Tag zu haben.
»Den hab ich immer, wenn du da bist«, sagte sie. »Weil wir aber gerade wieder einmal von den Männern reden — das neue Gewand steht dir gut, schon weil du nicht so fürchterlich gelehrt darin aussiehst.«
»Findest du das wichtig?«
»Sehr! — Und so appetitlich, Christine!«
Herr Balthes kam und lieferte sofort den Beweis für die Richtigkeit der vorigen Darlegungen seiner alten Freundin, denn er bemerkte gar nicht, wie hübsch der Tisch war, wohingegen er Christine verklärt anlächelte. Tante Lisbeth warf Christine einen Blick zu und schwieg, längst überzeugt von der Hoffnungslosigkeit des Falles.
Balthes tat, was die beiden Frauen vermieden hatten, indem er sogleich von dem Ausgang der Wahlen zu reden begann, und währenddessen zerstörte er gedankenlos und mit roher Hand den ersten Radieschenturm und den Laugenbretzenpavillon. »Da ist nun diese kleine Stadt«, sagte er. »Wenn man sie betrachtet, gibt es nichts Friedlicheres und Hübscheres. Aber auf einmal ist der Teufel los, man weiß nicht recht weshalb, und harmlose Menschen verwandeln sich über Nacht in die leibhaftige Bosheit, toben sich aus und sind wieder friedlich wie zuvor. Was soll man darüber denken?«
»Es sind die kosmetischen Einflüsse«, sagte Tante Lisbeth.
»Kosmischen!«
»Wie? Das sag ich ja! Plötzlich ist der Teufel los, jawohl, das ist auch so eine Redensart, bei der wir uns gewöhnlich nichts denken, aber je länger ich der Geschichte zusehe, desto deutlicher wird mir das Bild: er ist wirk-

lich und wahrhaftig los, irgendwer muß ihn von der Kette losgemacht haben, an der er vor dem Hölleneingang gefesselt liegt, und dann tobt er in dem Porzellanladen umeinander. Wer ihn dann immer wieder einfängt, das weiß ich nicht. Man kommt da auf die merkwürdigsten Vermutungen. Aber jedenfalls gibt es ihn, davon bin ich fest überzeugt.«

Herr Balthes nickte genauso überzeugt. »Christine glaubt es ja nicht«, sagte er, »obwohl ich's ihr schon einmal auseinandergesetzt habe, aber sie wird schon noch dahinterkommen. Diese gelehrten Leute wissen die verwickeltsten Dinge, aber die einfachsten wissen sie nicht. Kommende Woche, Christine, solltest du mich ins Rathaus begleiten, da wird nun endlich die Uhr fertig, und wenn der Uhrmacher Balthes kein Pfuscher ist, wird sie gehen. Aber gespannt bin ich! Ich habe das Menschenmögliche getan, es gibt gar nichts, was ich übersehen haben könnte. Daß aber der Teufel seinen Schwanz gleich wieder in das Räderwerk stecken wird, das weiß ich auch. Du wirst es sehen.«

Christine sagte, so dumm werde der Teufel ja wohl nicht sein, und wenn er wirklich so dumm wäre, dann sei dies doch die herrlichste Gelegenheit, ihn endlich einmal zu erwischen – nur schade, daß sie dies nicht miterleben werde, denn morgen schon fahre sie nach Monrepos.

»So, nach Monrepos«, sagte Herr Balthes. »Nun, das macht nichts. Du weißt ja, daß die Geschichte der alten Uhr bis dorthinaus reicht, denn dort haben die letzten Nachfahren der Uggla gelebt, dort sind sie gestorben, da bist du in einer bemerkenswerten Gesellschaft – nur ein bißchen verrückt ist sie.«

»Sie sind aber doch schon seit hundert Jahren ausgestorben«, erwiderte Christine.

»Was bedeutet das? Auch die Uhr ist seit hundert Jahren nicht mehr gegangen – und jetzt wird sie eben wieder gehen. Da siehst du, welchen Sinn die Zeit hat, nämlich gar keinen. Als du neulich kamst, ich weiß recht wohl, warst du der gegenteiligen Ansicht, aber jetzt hast du das wohl eingesehen.«

»Ich wollte, es wäre so!« sagte Christine mit einem kleinen Seufzer.

Indessen hatte sich Tante Lisbeth, die dergleichen Unterhaltungen über alles liebte, auf eine ganz unerhörte Gespenstergeschichte besonnen und brannte darauf, sie zu erzählen. Aber sie war nicht Herr Balthes, bei ihr haperte es mit dem Geschichtenerzählen, denn sie konnte es gewöhnlich nicht erwarten, nahm immer das letzte zuerst und ärgerte sich, wenn sie zum Schluß kam und merkte, daß gar keiner mehr da war; dann sah sie die geduldigen Zuhörer entrüstet an, als ob diese daran schuld seien.

Unter der heiteren und gelösten Stimmung blieb aber etwas wie ein stilles Geheimnis. Man sprach und lachte, schwieg auch manchmal – aber man sprach, lachte und schwieg in der merkwürdigsten Weise über das Eigentliche hinweg. Zwischen Tante Lisbeth und Christine gab es keinen Blick und kein Wort, die an eine gewisse mitternächtliche Unterhaltung erinnern konnten. Aber wie Tante Lisbeth den Uhrmacher Balthes bisweilen ansah, wie sie ihm zuhörte, wie sie auf seine Arbeit stolz war und wie sie ihn belächelte, dies alles ließ Christine doch nachdenklich werden: die Mitternachtsgeschichte fand dadurch eine Ergänzung. Wie schön, still und einfach wäre das Leben, wenn alles Selbstverständliche ungesagt bliebe. In der Welt aber ist das Gegenteil der Fall, weil die Menschen alles verstehen, nur nicht das, was sich von selbst versteht. Vor dem Fenster faltete sich indessen die Nacht auf wie eine große schwarze Blume, in deren Kelch das Lampenlicht ein wenig Goldstaub rieseln ließ, und das erschien nun wieder ganz traumhaft und verführte die Gedanken auf die sonderbarsten Wege. Christine wagte sich aber nicht allzuweit ins Unbekannte, dazu war jetzt nicht die Gelegenheit. Ihr fiel auch ein, wie durchaus möglich es sein könnte, daß Mahr ihr in der nächsten Zeit irgend etwas mitzuteilen hätte, und daß seine Nachricht sie dann wahrscheinlich nicht oder nur mit sehr großer Verspätung erreichen würde, und daß es deshalb gut sein werde, wenn sie noch heute ein paar Zeilen schriebe. Also war's ihr ganz recht, daß man zeitig aufbrach.

Daheim, in ihrem Dachzimmer, fühlte sie eine so stillzufriedene Heiterkeit wie noch nie.

Sie suchte das Briefpapier heraus und legte es zurecht, aber mit dem Schreiben eilte es nicht, sondern sie sah erst eine lange Weile aus dem Fenster in die Nacht hinaus, die hier nicht so niedrig und tunnelartig war wie in Tante Lisbeths Garten, sondern, weil man ja in die Baumwipfel blickte, viel freier und klarer, der Sternhimmel funkelte zwischen und über dem Laub, und noch niemals hatte sie bemerkt, daß die Sterne so bunt waren.

Lieber Herr Professor Mahr! Wir haben uns erst vor kurzem gesehen, aber doch scheint mir seitdem eine unverhältnismäßig lange Zeit vergangen zu sein. Vermutlich kommt es daher, daß ich inzwischen einiges erlebt habe, Angenehmes und Unangenehmes, in jedem Fall aber Unerwartetes. Ich brauche darauf nicht einzugehen, es würde wahrscheinlich zu viel Gewicht bekommen, wenn man darüber redet, vielleicht auch erzähle ich's Ihnen später einmal. Immerhin hat es mich vollends zu dem Entschluß gebracht, von der Welt – wenn auch nur vorübergehend –

noch ein Stückchen weiter abzurücken und in eine grüne, wirkliche Einsamkeit unterzutauchen. Ihnen das mitzuteilen, ist der Zweck dieses Briefes, der damit also eigentlich schon zu Ende ist.

Aber die Nacht ist so süß und still, durch das Fenster weht es herein wie ein warmer Atem, ich komme aus der Gesellschaft zweier kluger alter Menschen, angeregt aber nicht aufgeregt – kurz, ich mag noch nicht schlafen. Sie kennen diese Stimmung. Wenn ich ein gutes Buch hätte, würde ich zu lesen versuchen, aber ich habe keins, und so sieht man sich nach einem Zwiegespräch um, das allerdings keines ist, da ja ich allein rede und mir – dies freilich recht gut – nur vorstellen kann, was Sie zu der Christine Weiland sagen, die, endlich einmal mit sich selber alleingelassen, nicht ganz ohne Befangenheit, ja Mißtrauen an die ziemlich ungewohnte Tätigkeit des Briefschreibens geht.

Jedenfalls sehen Sie, daß ich mich wohlbefinde – wieder wohlbefinde –, und ich gedenke mich noch viel wohler zu befinden. Hier dürfte der Platz sein, einzufügen: Dasselbe hoffe ich von Ihnen. Dies ist keine bloße Redensart, sondern ehrlich bedacht und gemeint (wer leert den Aschenbecher aus?), und ich muß nur um Entschuldigung bitten, wenn ich meine Gedanken nicht so schön ausdrücken kann, wie Sie dies vielleicht von mir erwarten. Aber auch das Briefschreiben will gelernt sein, und woher sollte ich's können? Mindestens habe ich schon lange keine Übung mehr darin.

Es gehört wohl auch eine besondere seelische Einstellung dazu – ach, dieser Ausdruck ist so nüchtern! Ich möchte eigentlich etwas sagen, was ähnlich, aber weicher klingt, und kann's eben nicht. Das ist ja das wahrhaft Merkwürdige und ganz Überraschende an diesen Tagen, daß ich mir immer unzulänglicher vorkomme, ja in gewisser Weise immer unsicherer werde und nicht mehr den rechten Mut habe, die Tatsachen gewohntermaßen als Tatsachen hinzunehmen. Sondern mir ist, als seien sie nur eine Art Eierschalen, weiß der Himmel, was darin steckt – jedenfalls erscheinen sie mir äußerst zerbrechlich und ich wage schon kaum mehr, ordentlich zuzufassen. Ein etwas fragwürdiger Zustand also, der mir bisher unbekannt war und mir innerlich mehr zu schaffen macht, als ich sagen kann.

Überhaupt: Was war bisher und was ist nicht mehr! Bisher (um den vorhin angefangenen Gedanken weiterzuführen und nicht ins wirklich Uferlose zu geraten) bisher habe ich mich immer gewundert, wenn ich einen Briefwechsel aus dem Rokoko oder dem Biedermeier in die Hand bekam: woher die Menschen damals die Zeit, die Ruhe, die innere Bereitschaft und nicht zuletzt die Mitteilsamkeit nahmen, die dazu gehört, solche Briefe zu schreiben. Heute – vielleicht ist es nur dieser eine

Abend —, begreife ich es, und auch das ist eines von den ungewohnten und unerwarteten Erlebnissen, die mir neuerdings begegnen und über deren Art ich nachdenke, während die Feder den Zeilen folgt.

Ja, ich begreife sogar noch mehr, nämlich, wie die Menschen damals zu der Annahme kommen konnten, das, was sie zu berichten hatten und was sie so sorgfältig in eine Form brachten, diese Stimmungen und Gedanken, könnten den Empfänger des Briefes interessieren. Im allgemeinen ist man heute viel zurückhaltender. Von sich selber schließt man, daß auch andere gerade genug mit ihren eigenen täglichen Sorgen zu tun und kein Bedürfnis haben, auch noch an fremden Dingen teilzunehmen.

Sind wir aber nicht wie zugeschüttete Brunnen, jeder einzelne! Kein Wunder, daß ringsherum Wüste ist. Seltsam genug aber, daß ich das Gefühl habe, der Quell rühre sich dennoch, wenn auch vielleicht vorerst nur unterirdisch. Etwas will ans Licht.

Aus meiner unruhigsten und aufnahmefähigsten Zeit — selbstverständlich steckte ein männliches Wesen dahinter — erinnere ich mich an Zarathustras Nachtgesang und wie bei Nacht alle Brunnen lauter reden, und ich muß gestehen, daß mir gegenwärtig wirklich so ums Herz ist.

Überzeugt jedoch, daß Gedankenlyrik mich nicht kleidet, rette ich mich sogleich wieder auf den Boden des Nüchternen und stelle fest, daß es die Relativität der Lautstärke ist, die uns das Reden der Brunnen — irgendwelcher Brunnen — gelegentlich vernehmbar werden läßt. Verhält sich's denn mit dem Regenlied anders, das mir letzthin jemand zitierte, der es wissen muß, weil er alles weiß — verhält sich's mit dem Grillenkonzert anders? Das sind ungewohnte Töne, sie machen uns unsicher. Plötzlich überfällt uns der Eindruck, als sei das Gesicht, das uns die Welt gewöhnlich zeigt, gar nicht das Richtige. Aber es ist schön.

Ich höre auf zu schreiben, horche in die Nacht — das heimliche Grillenkonzert ist auch jetzt vorhanden, es findet statt, durch die Gärten zittert das hohe Tremolo der winzigen Violinen bis zu mir herauf, nur hab ich's bis zu dieser Minute nicht gehört, weil mein Ohr, meine Aufmerksamkeit nicht darauf eingestellt war. Ein Umstand, der wert ist, daß man über ihn nachdenkt. Und wenn man das tut, fällt einem so viel ein, was man bisher hinnahm, ohne seine wahre Bedeutung zu ahnen.

War es nicht Pythagoras vor mehr als zweitausend Jahren, der lehrte, daß jeder Planet in einer eigenen Kristallsphäre befestigt sei und daß diese Sphären bei ihrer Umdrehung sich aneinanderreiben und dadurch eine wundervolle, wahrhaft überirdische Musik entstehen lassen — eben die berühmte Harmonie der Sphären, die wir nur deshalb nicht hören, weil wir von kleinauf daran gewöhnt sind, und weil sie unablässig erklingt, unser Ohr also abgestumpft ist? Die seligen Geister hingegen

sind — wieder — imstande, diese himmlische Musik zu vernehmen, und dies nicht zuletzt macht eben ihre Seligkeit aus.
Läßt man die Voraussetzungen gelten, so läge der Schluß nahe, daß nur das Abgestumpftsein, die graue Gewöhnung zwischen uns und der Seligkeit stehe. Man müßte lernen, den Atem anzuhalten und zu lauschen. Worauf? Auf die Stimme der Welt, so wie sie ist, wenn menschlicher Lärm sie noch nicht übertönt.
Ich will nun nicht behaupten, das Grillenkonzert dieser Sommernacht sei jener Sphärenmusik gleichzustellen. Aber die Relativität zwischen Ursache und Wirkung scheint mir hier wie dort dieselbe. Also müßte der Schritt zur Seligkeit, zum Glück nicht gar so groß und schwierig sein! Also läge es eigentlich nur an uns, ob wir ihn tun oder nicht. Ein verzweifelt einfacher Schluß — aber wie viel gehört eben dazu, jenen Schritt zu tun! Wenn man es könnte, wenn man's lernen könnte!
Immerhin, eines ist mir dabei aufgegangen: offenbar gibt es in jedem Leben, auch in dem geplagtesten, Augenblicke, die uns dem Außerordentlichen nahebringen. Man müßte lernen, diese Augenblicke zu bemerken, und das ist wohl die eigentliche Schwierigkeit daran, denn seltsamerweise ist das Außerordentliche keineswegs immer monumental, es kann scheinbar gering, ja, es kann nur eine Grille sein. (Frage: Kann eine Grille überhaupt außerordentlich sein? Ach, wie unklar ist doch die besagte Relativität.)
Vielleicht schütteln Sie nun über meine komischen kleinen Gehversuche den Kopf. Ich will's aber nicht hoffen, denn Sie und kein anderer sind daran schuld — und jetzt eben fällt mir ein, daß ich auf die Gelegenheit, Ihnen dies zu sagen, schon lange gewartet habe. Wie quer lag mir das japanische Gedichtchen von dem Mantel und dem Regenschirm, die auf der nassen Straße lustwandeln, und wie noch viel querer lag mir Ihre Bemerkung, daß dies genüge! Erst sah ich an dem ganzen Bilde nur das Grau in Grau. Seit ich hier bin, fange ich an zu merken, wie geheimnisvoll abgetönt, abgestuft dieses Grau ist: die Stufen führen in eine höhere Ferne, die man hinter dem Regenschleier freilich nicht sieht und erkennt, wohl aber zu ahnen vermag. Bisher war mir alles Ahnen gründlich zuwider, weil ich dachte, man könne nur mit dem Wissen etwas anfangen. Jetzt aber ist mir, als könnten mich jene Abstufungen mitnehmen in ein unbekanntes Land, wo die Sachen sich gar nicht so hart im Raume stoßen. Man wäre dankbar für eine derartige Gegend, sie läge weit außerhalb unseres gewöhnlichen Daseins und aller Trümmer. Ich habe sie bisher nicht gekannt, und wenn ich davon las, dachte ich mir nichts dabei. Finden Sie das alles sehr abwegig? Ich glaube, Sie tun es nicht, oder ich müßte Sie noch weniger kennen, als ich es ohnehin schon tue.

Morgen früh werde ich alle diese Eingeständnisse, diese Entgleisungen eines heutigen Menschen natürlich unpassend finden und bereuen, und deshalb will ich den Brief gleich jetzt zukleben – ob ich's fertig bringe, ihn morgen in den Kasten zu werfen, steht deshalb noch lange nicht fest. Gute Nacht!

Ihre Christine Weiland.

Nachträglich fällt mir ein, weshalb ich Ihnen eigentlich schreibe. Man wird alt, geistesschwach und geschwätzig – aber das ist es selbstverständlich nicht, was ich Ihnen sagen wollte, sondern: ich fahre also morgen hier weg zu meiner mit einem Schloßgärtner verheirateten Schulfreundin. Anschrift, falls es etwas wirklich Wichtiges geben sollte: Monrepos über Bad Niedenwald.
Zweite Nachschrift: Die Weiber sind ein hoffnungsloses Geschlecht.
Dritte Nachschrift: Die Männer schon auch.

Die Stadtväter von Niedenwald waren schon immer der Meinung gewesen, daß ihr Bahnhof mehr sein müsse als das Wort besagt, nämlich eine Visitenkarte und ein Willkommgruß, der den Fremden in gute Laune versetzt, gleichsam ein Blumenstrauß, mit dem der geschätzte Gast empfangen wird. Deshalb war der Bahnhof kein rotes, häßliches Ziegelgebäude, sondern er sah fast aus wie ein Kurpavillon, weiß und sauber, mit bunten Geranienkanten an jedem Fenster, und der Platz vor ihm war eine schöne Grünanlage, sehr gepflegt, von alten Bäumen eingefaßt und mit einem kleinen Springbrunnen in der Mitte, dessen dünne Silberstrahlen in der Sonne glitzerten. Was aber am wohltuendsten auffiel, war die wunderbare Luft, die von den Hügelwäldern ringsum mild herabwehte und sich mit dem Rosenduft vermischte, der in der Vormittagssonne wach wurde, und mit der satten Feuchtigkeit frisch gesprengter Kieswege und des geschorenen Rasens.
Dies alles war so auf Ordentlichkeit und Nettigkeit eingerichtet, daß zum Beispiel ein leerer kleiner Gemüsewagen nicht gut vor dem Haupteingang des Bahnhofes stehen und warten konnte, sondern lieber ein wenig abseits hielt, dort, wo das Gepäck ausgegeben wurde; überdies war es dort schattig und deshalb angenehm für das rundliche Pferd, welches ein Strohhütchen trug und Rosa hieß, obwohl es braun war.
Käthe Buch hatte Christine abgeholt. Jetzt traten sie aus dem Bahnhof, jede mit einem Koffer, den sie auf den kleinen Tafelwagen legten: sie stiegen auf den Kutschbock, Käthe hob die Zügel von der Bremskurbel und teilte dem Pferde Rosa mit, daß es sich nunmehr auf den Heimweg begeben dürfe.

»Herrlich!« sagte Christine, tief atmend und in ihrer Seele vergnügt. »Einmal wieder auf einem Kutschbock hinter einem richtigen Pferd — das hab ich schon ziemlich lange nicht mehr erlebt. Und hier in Niedenwald war ich auch nur einmal, als kleines Mädchen, bei einem Schulausflug, ich kann mich an gar nichts mehr erinnern als daß ich Bauchweh hatte, es kam von roten Bonbons, ja, das waren schöne Zeiten! Da lachst du!«

»Ich lache, so oft es geht«, antwortete Käthe, »und ich kann sagen, daß es recht oft geht. Nein, du wirst schon sehen, wir machen uns ein paar vergnügte Wochen, Christine, ich glaube, du hast es nötig.«

»Findest du, daß ich schlecht aussehe?«

»Nicht schlecht, aber nervös und nach Stadt. Aber das dauert bloß noch Tage, darauf kannst du dich verlassen, ich will dich schon zurechtkriegen.«

Man brauchte nicht durch die Hauptstraße zu fahren, sondern bog gleich links ab.

Sehr bald begann der Weg zu steigen, in die Wälder hinauf; manchmal war da ein Himbeerduft, oder ein heller Schmetterling flog über den Pferderücken hinweg.

Der Sonnenschein, die Wärme, das Spiel der Goldlichter unter den Bäumen wurden immer stiller und einsamer. Das Pferd ging schon längst im Schritt, es nickte dabei unablässig, und das Strohhütchen sah freundlich aus.

Nach einer halben Stunde war die erste Steigung überwunden, der Weg führte jetzt in einer flachen Wiesenmulde dahin, in der schöne Erlengruppen den Lauf eines Baches anzeigten, der freilich nur selten zu sehen war, des hohen Grases wegen, über dem die Sommerhitze flimmerte.

Indessen traten zu beiden Seiten die Wälder alsbald wieder näher heran, die weite Mulde verengerte sich zu einem Tal, der Bach vergaß seine Schläfrigkeit und zeigte sich munterer, und besonders zur Linken stieg das besonnte Grün der Bäume wieder an — jetzt freilich nicht mehr so waldmäßig wie früher, sondern wohlverteilt und bald von Lichtungen durchzogen: Hier begann der Park von Monrepos, in großen, sanften Terrassen an einem Berghang angelegt.

Mit jeder Minute wurde deutlicher, daß menschliche Überlegung den Formen der Natur nachgeholfen hatte, bemüht, das Ganze zu einem Bilde zusammenzufassen, die vielfältig herbeiziehenden Linien allmählich auf einen bestimmten Punkt hinzulenken, ohne sie jedoch gewaltsam zu verbiegen.

In das Dunkelgrün der Fichten mischte sich mehr und mehr das hellere der Buchen, bald auch die Zartheit einiger Lärchen, hier und da schimmerte ein weißer Birkenstamm oder das silbrige Grau einer Pappel; Fußwege, immer glatter, zweigten von der ansteigenden Straße ab; eine zierliche Brücke wurde sichtbar; im Hintergrund einer Lichtung sonnte sich ein Tempelchen; ein ganz mit Wasserlinsen übergrünter Weiher lag wie ein Teppich zu Füßen einer verwitterten Steinfigur — und schließlich erblickte man, am oberen Rand einer ansteigenden Wiese, das Schlößchen Monrepos, ein niedriges Gebäude, gelb, mit einem grünen Kupferdach, über dem der blaue Himmel strahlte.

Wie sich die Straße näher daran hinzog, wurden die herrlich gepflegten und blühenden Blumenbeete sichtbar, die zwischen dem Schloß und dem Abhang ein kleines Plateau bildeten und aufs Bunteste leuchteten.

Die sonst schlichte Front des Gebäudes war in der Mitte durch einen von Säulen getragenen, schönumgitterten Balkon unterbrochen, von dem aus man den wunderbarsten Blick haben mußte auf die Blumenanlagen, den hinabsinkenden und langsam nach den Seiten hin in Wälder und Felder verlaufenden Park, die in tieferer Weite gelegenen Hügelwälder und schließlich in eine nur noch zu ahnende Ebene voll Sonnenglanz und Golddunst — über allem die prachtvoll heransegelnde Flotte der großen weißen Sommerwolken.

Im gehörigen Augenblick freilich änderte die Straße ihre Richtung, machte einen achtungsvollen kleinen Bogen um das Schloß und geriet alsbald wieder in den Schatten alter Linden, die den nahen Hintergrund bildeten und zwischen denen sich zerstreut drei oder vier Häuser versteckten, gewiß zur selben Zeit gebaut wie das Schloß: der frühere Pferdestall, das Gärtnerhaus.

»Ja«, sagte Käthe und hielt den Wagen an, »hier wohnen wir also, und manchmal kommt mir das Ganze vor wie eine Illustration aus einem Roman der Goethezeit.«

Um dieses Bild vollends lebendig und farbig zu machen, liefen jetzt zwei Kinder aus der Tür, ein Mädchen von etwa sechs und ein Junge von vielleicht vier Jahren, und empfingen die Mutter mit lustigem Geschrei. »Hier hab ich euch eine neue Tante mitgebracht!« sagte diese. »Benehmt euch anständig und macht mir keine Schande! Jetzt zeigen wir ihr, wo sie wohnen wird.«

Sie nahmen das Gepäck vom Wagen und betraten den Hausflur, der ganz erfüllt war von dem sanftgrünen Schimmerlicht der Linden, und die ebenerdige Wohnung mit niedrigen, aber nicht kleinen Stuben.

Christine wurde sogleich in ihr Zimmer geführt, in dem jetzt, zur Mittagszeit, der freundlichste Sonnenschein auf dem gescheuerten Fußboden lag. Vor dem Fenster sah sie nichts als das durchleuchtete Laubgrün.

»Nun mußt du auspacken und dich einrichten«, sagte Käthe, »ich will dir meine Trabanten schon schicken, wenn das Essen fertig ist, einstweilen aber hast du hier ein Glas Milch und ein Stück Brot und wirst bedenken, daß es bei uns nichts gibt, was eilig ist, wenigstens nicht für dich.«
Die Kinder, obwohl sie voll Neugier lieber dageblieben wären, wurden mitgenommen.
Christine setzte sich ans Fenster mit dem Gefühl, daß dies einer der wunschlosesten und glücklichsten Augenblicke ihres Lebens sei.
In dem Goldgrün, das durch die Büsche herbeifloß, gleichsam schwimmend und schwerelos, hörte sie, wie draußen, ganz nahe, Käthe das Pferd ausschirrte und wie es in den Stall ging. Diese wuchtigen Tritte, von denen jeder ein wenig entfernter und leiser war als der vorige und die schließlich nach einem kleinen Poltern still wurden, dieses Geräusch hatte eine unerwartete Wirkung auf Christine; sie wurde daraufhin und recht plötzlich so müde, daß sie ums Haar eingeschlafen wäre und nur noch sehr wenig Willenskraft aufbrachte, dies zu verhindern, ein Restchen Willenskraft, von dem sie aber wußte, daß sie es jetzt getrost ausgeben durfte, weil sie für die nächste Zeit ja doch nichts dergleichen brauchen würde – ein überaus wohltuender Gedanke, der sie vollends glücklich machte.
Sie schloß die Augen, lauschte auf alles das, was nicht zu hören war, und blieb zuletzt für ein paar Minuten im Lied einer Grasmücke hangen wie in einem feinen Gespinst aus lauter Lieblichkeit, in diesem winzigen aber festen Netz, durch dessen Maschen jetzt in der wunderbarsten Weise aller Staub ins Unwesentliche verrieselte, nichts blieb zurück, das Netz war silbern und rein wie zuvor, und Christine hatte das Gefühl, daß es nun auch in ihr selber so aussehe.
Aber da merkte sie, wie ihr das Kinn auf die Brust sank, gab sich einen erschrockenen Ruck, sagte ›Ja, wieso denn!‹ und stand auf, um ihre Sachen unterzubringen und das städtische Kleid mit einem ländlichen zu vertauschen.
Dann also holten die Kinder sie zum Essen. Christine war neugierig auf den Schloßgärtner Georg Buch, der es ablehnte, zu seinem früheren Beruf zurückzukehren, weil er seine große Liebe für die geheimnisvolle Stummheit der Pflanzen entdeckt hatte und nun das, was er früher aus Liebhaberei getan hatte, als Beruf tun konnte. Es war ihr bisher nicht gelungen, sich ein Bild von ihm zu machen. Jetzt zeigte er sich als eine sehr angenehme Enttäuschung. Ein Mann, der keineswegs den Eindruck eines grübelnden Sonderlings und Apostels erweckte, keiner von denen, die mit ihrer Meinung durch dick und dünn gehen und fanatische Augen

darüber bekommen — sondern ein Mensch, der ihr mit der freundlichsten Offenheit entgegentrat, allerdings auch einer, der zur rechten Zeit schweigen und lächeln konnte.
Er begrüßte sie mit deutlicher Hochachtung. »Denn ich habe einiges von Ihnen und noch mehr über Ihre Arbeiten gelesen«, sagte er, »und da ist es doch schön, den Menschen kennenzulernen, der solche Dinge glücklich herausbringt, die unsereins wohl geahnt hat, ohne freilich zu wissen, wie man an sie herankommt.«
Obgleich er das ganz freimütig aussprach, blieb auf seiner Seite doch eine Art Überlegenheit, von der er selber vielleicht nichts wußte.
Christine spürte das. Es war die Ruhe, die von seinem Wesen ausging und die ihr fehlte, die abwartende Bescheidenheit gegenüber der Natur.
»Ja«, sagte sie während des Essens, »Sie und ich, wir sind in gewisser Weise Gegensätze. Ich wundere mich manchmal, wie grenzenlos gutmütig doch die Natur ist, daß sie das, was wir ausklügeln und auf dem Papier ausrechnen und ihr sozusagen vorschreiben, dann auch wirklich tut!«
»Man darf nur nicht vergessen«, antwortete er, »daß die Natur immer die Klügere ist und immer rechtbehält, dann findet man schon den richtigen Standpunkt — wohingegen die Menschen das alles sein möchten und doch nie sind. Ein Grund, Gärtner zu werden.«
»Nun«, sagte Christine, »die Erkenntnis, daß die Natur die Klügere ist, steht wohl immer am Ende unserer Bemühungen. Ich will aber zugeben, daß wir häufig recht lange und schnurrige Umwege brauchen, um das einzusehen.«
»Immerhin sind es imposante Umwege!« erwiderte er. Sie wußte nicht, ob nicht vielleicht doch ein bißchen Spott darin mitklang, jedenfalls aber war es ein liebenswürdiger und hochachtungsvoller Spott.
»Ich bin aus Erfahrung gewohnt, von den Praktikern mit einem gewissen Mißtrauen betrachtet zu werden«, sagte sie heiter.
Mißtrauen, sagte Buch, sei sicher nicht der richtige Ausdruck, besser sei wohl Verwunderung, soweit er das von sich aus beurteilen könne. »Denn es ist doch merkwürdig«, fügte er hinzu, »es ist doch wahrhaft merkwürdig, zu sehen, wieviel die Wissenschaft von der Natur weiß und wie weit entfernt sie zugleich von ihr ist.«
Christine blickte ihn ein wenig unsicher an. Aber Buch lächelte und fügte hinzu: dies werde sich für sie wohl von selbst ergeben, wenn sie nur erst Monrepos recht kennengelernt haben werde. Und dann entschuldigte er sich, weil er heute ausnahmsweise sehr früh wegmüsse, um mit der Arbeit fertig zu werden.
»So viel«, sagte Käthe hinter ihm her, »hat er aber schon lange nicht

mehr geredet. Er muß einen ungeheuren Respekt vor dir haben, und das ist ja wohl auch kein Wunder. Er gehört zu den Menschen, die immer bescheidener werden, nein, wirklich! Dabei aber darf er sich gewiß etwas einbilden auf seine Erfolge. Du machst dir keinen Begriff, wie es früher hier aussah — beinahe trostlos, anfangs war ich manchmal nahe daran, den Mut zu verlieren. Aber jetzt ist alles in schönster Ordnung und die Gärtnerei erhält das ganze Monrepos, mußt du wissen. Der Staat hat dafür kein Geld, der könnte sich's nicht leisten, ein ganzes Schloß leerstehen zu lassen und obendrein noch den großen Park zu pflegen.«
»Völlig leer?«
»Es steht unter Denkmalsschutz und ist eine Sehenswürdigkeit«, antwortete Käthe stolz. »Übrigens ist es so hinreißend unpraktisch gebaut, daß man heutzutage wirklich nichts Gescheites damit anfangen könnte. Und dann, wer sollte wohl hier wohnen, dreiviertel Stunden vom nächsten Dorf entfernt? Nun, du wirst das ja alles sehen. Mir ist es natürlich recht — und schließlich muß ja wohl auch nicht alles ruiniert werden, ein Restchen dürfen sie uns schon noch übriglassen bei der allgemeinen Weltbeglückung, die seit damals ausgebrochen ist.« Sie lachte vergnügt. »Ja, aber die Gärtnerei! Wenn die Hotels und Pensionen und Geschäfte in Niedenwald uns nicht hätten!«
Es war, erklärte sie mit umständlichem Eifer, nicht nur das Gemüse, das man fast das ganze Jahr hindurch lieferte, sondern es waren auch die Blumen, welche die Anlagen und Glashäuser in Monrepos geradezu berühmt gemacht hatten. Jeden Morgen, im Sommer wie im Winter, trabte das Pferd Rosa mit dem Wagen oder dem Schlitten in die Stadt, bisweilen sogar zweimal am Tag, denn es war kaum zu glauben, wie sich die Leute um die Blumen aus Monrepos rissen, obwohl natürlich auch das Gemüse sehr geschätzt wurde, aber schließlich konnte man sich ja keinen Kohlrabi ins Knopfloch stecken, nicht wahr.
Christine erkundigte sich, ob viele Kurgäste aus Niedenwald herauf kämen.
»Ach nein, wenig, sehr wenig, weil es hier nämlich weder etwas zu essen noch zu trinken gibt. Ja, wenn man eine Konditorei oder so etwas aufmachen würde! Aber wer soll es denn tun«, sagte Käthe, »und wir, wir denken gar nicht daran, uns über die Bande zu ärgern, sie mögen nur bleiben, wohin sie passen.«
Christine war über so viel Rückständigkeit sehr erfreut. Eine Hängematte wurde hervorgesucht, und mit der ging sie in den unsagbar schläfrigen Sommermittag hinaus, einen Schattenplatz zu suchen.
Zwar hatte sie sich vorgenommen, über einiges nachzudenken. Aber in

dieser süßen und warmen Stille wurde alles ganz unwichtig, ja selbst die Pflanzenwuchsstoffe verloren – wiewohl es kaum glaublich war – im Augenblick an Bedeutung, zumal man ja festgestellt hatte, wie gutmütig die Natur sei, woraus zu schließen war, daß sie vorübergehend vielleicht auch ohne Christine Weiland fertig werden würde.

Auf einem kleinen Wiesenbuckel stand eine Ulme und blickte durch das große Mittagsflimmern zum Schloß hinüber. Unter dem Baum war es schattig, kühl und luftig. Wie gut! sagte Christine, legte die Hängematte als Kopfkissen ins Gras und streckte sich aus. Es gab nichts, wirklich gar nichts in der Welt, wodurch sie sich jetzt hätte stören lassen. Das letzte, was sie, nach einer Minute, noch hörte, war das ferne, gleichmäßige Klappern eines Heuwenders; sie stellte sich die Maschine vor, deren eifrige Gabeln so komisch menschlich taten, und daß sie vielleicht sogar von dem Pferde Rosa gezogen würde, von Rosa mit dem Strohhut –

Mehrere Stunden später war Christine so weit ausgeschlafen, daß sich ihre Wißbegier, wenn auch nur schwach, wieder regte und sie auf eine kleine Entdeckungsfahrt ausging. Niemand kümmerte sich um sie, nicht einmal die Kinder waren zu sehen, und das empfand sie als überaus wohltuend. Aber der Tatendrang war noch ungewöhnlich begrenzt, sie konnte sich fürs erste nur überwinden, die paar Schritte zum Schloß hinüberzugehen, und dabei spannte sie ein lustiges buntes Sonnenschirmchen auf, das sie in einer Ecke des Hausflurs entdeckt und mitgenommen hatte; sie fand, dies gehöre dazu, sich in der Sommerfrische zu fühlen, ein Erlebnis, das sie bisher noch niemals gehabt hatte.

Das Schlößchen Monrepos also stand auf der obersten der sanften und weitgeschwungenen Terrassen, die aus dem Tal heraufstiegen; es wurde von dem Wiesenhang nur durch jene schmale Blumenanlage getrennt, die jetzt, im Juni, wie aus Blüten gewebt erschien. Enge, dafür um so kunstreicher geschlungene Wege schnörkelten sich wie Bänder durch diese leuchtende Buntheit, in der ein großes Bienensummen hing. An der gelben Mauer des Schlosses sonnten sich Spalierpfirsiche, samten und schon rötlich. Die Fenster zwischen ihnen waren mit weißen Jalousieläden verschlossen. Man konnte sich die kühle, farbige Dämmerung gut vorstellen, die in den Räumen sein mußte, in diesen Räumen, die wahrscheinlich so gut wie niemals betreten wurden.

Fürs erste jedoch war der große Blumenteppich gewiß schöner, die weite, erhabene Aussicht, die man von dieser obersten Terrasse genoß, und die zauberhafte Höhe des Himmels, fern und nahe zugleich, die sich allen Sinnen auftat.

Nachdem Christine dieses Außerordentliche lange genug in sich aufgenommen hatte, fiel ihr ein, daß sie eigentlich gar nicht wußte, was sie da sah.

Die Landschaft war ihr so gut wie unbekannt, der ins Endlose reichende Fernblick nicht mit Namen verbunden, ohne Erinnerungen zu wecken leuchtete das große Bild in unbeschwerter Klarheit. Daran vor allem lag es wohl in dieser Stunde, daß Christine sich so frei fühlte wie selten zuvor — ein Mensch in der über alle Begriffe schönen und reinen Welt, durch keinen Gedanken an die Vergangenheit oder die Zukunft gefesselt, nur in der beglückten Gegenwart, dem Da-Sein ruhend und atmend wie eine Blume.

Wo die verschlungenen Wege sich zu einem kleinen Mittelpunkt fanden, in einer herrlichen Welle von geflecktem Fingerhut und beinah riesenhaften blauen Glockenblumen, stand ein vierkantiger Sockel, der ehedem eine Sonnenuhr getragen haben mochte.

Auf ihn setzte sich Christine, von ihrem bunten Schirmchen beschützt, und genoß jeden Augenblick wie eine Unendlichkeit. Die Unendlichkeit war vor ihr, über ihr, rundum, und das Gewicht und die Grenze des Ichs wurde unscharf wie in einer sanften Betäubung, das Leben wollte sich in ein Schweben verwandeln, zur Einheit mit allem zusammenfließen, die nun eben alles enthielt, nur nicht das Gefühl der Zeit.

Irgendwann aber — es mochte eine halbe Stunde, es mochten zwei Stunden vergangen sein — drang ein Geräusch, eine kleine Erinnerung an die Menschenwelt aus dem Hinabgesunkenen herauf, erst wie verwirrt, dann jedoch deutlicher, als wollte es das Bewußtsein wachrütteln. Alsbald ließ sich nicht mehr bezweifeln, daß es das Hämmern eines Motors war, aus den Waldtälern und jener Menschenwelt kletterte ein Auto nach Monrepos empor, nach jeder Straßenkehre wurde das Geräusch zudringlicher, wiewohl es immer unbedeutend blieb, zumal Christine wußte, daß ihr dieser Besuch durchaus gleichgültig sein durfte, und nichts lag ihr augenblicklich ferner als Neugier. Immerhin, der dichteste, goldenste Zauber dieser Einsamkeit war nun doch zerrissen.

Nach einer Weile stand sie auf, ging betrachtend um das Schloß, bemerkte, daß es schon ziemlich spät geworden war, überquerte den lindenbeschatteten Platz an der Rückseite und kam wieder zum Gärtnerhaus. Indessen war sie doch wie in einem sonnenvollen Traum, sah lächelnd den Kindern zu, die spielten und sich noch nicht recht an sie herantrauten, und ging schließlich in die Küche, um zu fragen, ob man sie dort brauchen könne. Aber Käthe war schon mit den einfachen Abendvorbereitungen fertig. »Mittlerweile haben wir Besuch gehabt!« sagte sie einigermaßen geheimnisvoll, »ich denke, daß ich dir in den nächsten Tagen etwas bieten kann — wenn du dich langweilst.«

»Was für ein schiefer Gedanke!« sagte Christine kopfschüttelnd. »Vielleicht möchte ich mich sogar langweilen? Aber glaub mir, es ist mir noch nie gelungen, und hier wird es mir am allerwenigsten möglich sein. Wie schrecklich leer müßte man sein, um sich zu langweilen!«
»Aber der Besuch war aufregend!«
»Aufregen will ich mich erst recht nicht.«
»Nein, nicht so. Übrigens, wenn es auch komisch klingt: du siehst schon viel besser aus, Christine, wahrhaftig! Über den Besuch möchtest du also nichts wissen?«
»Ich hoffe doch, daß er mich nichts angeht?« fragte Christine mit einem kleinen Stirnrunzeln.
»Nein, gar nichts.«
»Ja, dann kannst du mir davon erzählen, ich sehe schon, es drückt dir sonst das Herz ab.«
»Ach Gott, wenn es doch so aufregend ist!« sagte Käthe lachend.
»Wirklich?«
»Na, nein, auch wieder nicht — begreife nur endlich, wie man sich interessiert, wenn hier etwas geschieht, was —«
»Ich nicht!« sagte Christine und gähnte herzhaft. »Weißt du, wie schön es ist, sich einmal nicht interessieren zu müssen?«
»Aber ich! Aus mir wird eben niemals eine so feine Dame. Glücklicherweise. Aber stell dir vor: Die Leute waren schon früher einmal hier, und vorige Woche wieder, und jetzt ist es so weit!«
»Welche Leute? Und wie weit?«
»Es wird gefilmt!« sagte Käthe, und sie strahlte über diese ungeheure Sensation.
Christine mußte hell auflachen. Aber: »Du lieber Himmel!« sagte sie. »Konnten sie sich denn keine andere Zeit aussuchen? Nun wird hier wohl alles durcheinandergeraten, das kann man sich vorstellen. Und es war so wunderbar still!«
»Was du denkst«, erwiderte Käthe eifrig und beruhigend zugleich. »Nein, glaubst du, wir möchten hier einen Narrenzirkus aufmachen? Kommt gar nicht in Frage — übrigens schon deshalb nicht, weil es nirgends eine Unterkunft und auch nichts zu essen gibt. Nur drei- oder viermal im ganzen fahren sie mit einem Autobus herauf, immer nur um die Mittagszeit, weil da das Licht am besten ist, weißt du. Ein paar kurze Aufnahmen vor dem Schloß, vielleicht auch drinnen, ich weiß nichts Genaues. Eure Hoheit brauchen keine wesentliche Störung zu befürchten. Eure Hoheit werden geruhen, sich ein wenig abseits in den Park zu begeben und dort Ihr Mittagsschläfchen genau so unbehelligt zu machen wie heute, vorausgesetzt, daß Sie es nicht vorziehen, das

ganze Getue einmal aus der Nähe zu betrachten – denn ich finde es eben doch sehr aufregend. Vielleicht entdecken sie uns? Vielleicht haben wir bisher bloß nicht gewußt, welche Starbegabungen in uns schlummern? Ich sehe mich schon, violett angetüncht wie ein Mandrill und mit einem drei Pfund schweren Augenaufschlag.«
Sie wollte sich totlachen. Georg Buch kam herein, Käthe lehnte sich sogleich an ein nichtvorhandenes Kaminsims und schoß den erwähnten Augenaufschlag probeweise auf Georg ab.
Er machte ein hinreichend betroffenes Gesicht und fragte nicht ganz der Lage entsprechend: »Ha –?«
»Lieber Graf«, sagte jedoch Käthe, »das Brillantkollier, haben Sie es endlich?«
»Dir geb ich gleich ein Brillantkollier!« antwortete er mit einem Klaps auf ihre Rückseite. »Hat man so etwas gesehen? Ich denke, Fräulein Christine, wir halten das Mädchen erst einmal unter den Brunnen!«
»Iß!« sagte Käthe. »Sinn fürs Höhere hast du nie gehabt. Sonst hättest du mich nicht genommen. Du bist ein unromantischer Mensch, ich möchte nur wissen, wie ich je so ungeschickt sein konnte, dich zu heiraten! Meine Talente!«
Es war aber nicht zu leugnen, daß die bevorstehenden Ereignisse doch einige Schatten vorauswarfen, Käthes komische kleine Aufregung ließ das Gespräch lebhafter werden, als es um diese Abendstunde sonst wohl sein mochte. Ihr Mann freilich beteiligte sich daran fast nur mit einem Kopfschütteln oder einem Lächeln und indem er seine Frau leicht verwundert betrachtete. Was jedoch Christine betraf, so war sie nach diesem einen Tag so ausgeruht und vergnügt, daß es ihr nicht schwerfiel, auf Käthes Ton einzugehen.
»Wie wäre es also«, sagte Käthe, »wenn wir uns besonders hübsch machten und ganz zufällig in die Aufnahme hineinliefen? Vielleicht entdeckt uns wirklich noch einer? Oder soll ich lieber meine beiden Kinder nehmen und Mutterglück spielen – oder trägt man das augenblicklich nicht, ich komme so selten ins Kino.«
»Dazu«, antwortete Christine, »müßte man zuerst einmal wissen, was für eine Art von Film es überhaupt wird. Traurig? Lustig? Spielt er in der Gegenwart oder wird er historisch?«
Käthe gestand, daß sie davon keine Ahnung habe. Angenommen jedoch, er spiele in der Gegenwart –
»Wünsche wohl zu schlafen!« sagte Buch und stand auf. »Ein armer Gärtner kann sich's nicht leisten, nächtelang über Dinge zu sprechen, die ihn nichts angehen, ich muß bei Tagesgrauen aus dem Bett, wenigstens in dieser gesegneten Jahreszeit. Lassen Sie sich aber nicht stören –

und bremsen Sie rechtzeitig!« Er zwinkerte Christine zu und verschwand.
»Na!« sagte Käthe. »Der tut, als ob ich bis Mittag liegen bleiben könnte. Dabei muß täglich um sechs Uhr der Wagen mit den Blumen und dem Gemüse in die Stadt hinunter!« Sie fuhr nur selten selbst, das besorgte eine etwas merkwürdige, braune und wetterzerfurchte Frau, die aussah, als ob sie von vornherein zu nichts anderem geschaffen sei als im Sommer wie im Winter ins Tal hinabzukutschieren und den Segen der Sonnenhöhen in die Niederungen der Menschen zu bringen. »Du wirst sie ja kennen lernen, aber du brauchst dir keine Mühe zu geben, eine Unterhaltung mit ihr anzufangen, denn sie spricht eigentlich nur mit Rosa. Immerhin muß ich dabei sein, wenn sie morgens loszieht, und muß alles ins Buch schreiben. So beginnt bei mir jeder Tag, du glaubst nicht, wieviel es zu tun gibt, und dann habe ich mich ja gelegentlich auch um das Schloß zu kümmern.«
»Wieso um das Schloß?« fragte Christine aufmerksamer.
»Dienstags und freitags zwischen zehn und zwölf kann es besichtigt werden«, sagte Käthe, »und manchmal kommen wirklich Leute herauf, die das tun möchten. Wer schließt auf, wer macht den Fremdenführer, wer gibt acht, daß nichts verschwindet? Ich!«
»Nein!« sagte Christine voll Staunen und Bewunderung. »Oh, fabelhaft! Fremdenführer? Mein Traum!« und nun lachten sie beide dermaßen, daß Herr Buch im Schlafzimmer nebenan ermahnend brummen mußte. Zunächst — berichtete Käthe mit gedämpfer Stimme — sei es ihr recht spaßig vorgekommen, wie ein wandelnder Plattenspieler vor den Besuchern herzugehen — »das Eigentümliche daran ist nämlich, daß sie für die eigentlich hübschen Dinge meist gar kein Verständnis haben, das Dümmste gefällt ihnen am besten. Dabei kann man sich sein Teil denken — nein, die Menschen!«
»Wahrhaftig! Und was zeigst du, was erzählst du ihnen denn?«
»Das wirst du ja sehen. Morgen ist Freitag. Wenn jemand kommt, gehst du mit, aber du mußt mir natürlich versprechen, daß du nicht lachst, ja? Später kannst du dann die Schlüssel haben und ganz allein drin herumlaufen, vorausgesetzt, daß du Lust dazu hast. Gott, hab ich einen Durst! Du auch? Das kommt vom Schwatzen. Ich bin's nicht gewöhnt, aber es ist doch zu nett. Ich will einen Krug Most heraufholen«, sagte sie, legte den Finger auf den Mund und ging hinaus.
Christine lächelte hinter ihr her, hinter dieser beneidenswerten Unbeschwertheit, die das Leben ganz einfach so nahm, wie es jeweils war. Ein Mensch, dem nichts geschehen konnte. Sie hat ja auch einen Mann, sie hat Kinder! dachte Christine.

Käthe kam mit dem Krug zurück, setzte ihn auf den Tisch und warf einen vorsichtigen Blick ins Nebenzimmer. »Schläft schon! – Jetzt brauchen wir nicht mehr zu flüstern, der wacht erst mit den Amseln auf.«

»Du bist sehr glücklich!« sagte Christine, durchaus neidlos, sie stellte es schlechthin fest.

»Ja, das bin ich«, antwortete Käthe, »und ich danke Gott alle Tage dafür, denn ich weiß recht wohl, daß es nicht selbstverständlich ist. Das darf man nämlich nicht vergessen, es ist das beste und einzige Mittel gegen die kleinen Unzufriedenheiten, die manchmal wie Käfer an einem hochkrabbeln möchten.«

»Also doch auch?«

»Natürlich. Ganz so wie im Bilderbuch ist das Leben ja schließlich auch für mich nicht.«

Christine dachte daran, daß diese Frau ziemlich lange auf demselben Wege wie sie selber gewesen sei und daß sie also einiges hinter sich gelassen hatte – nicht nur, sondern auch einer Zukunft ausgewichen war, die wesentlich anders hätte aussehen können.

»Ich weiß schon, was dir im Kopf herumgeht«, sagte Käthe, »man sieht es dir an. Es ist wahr, ich hätte mich nicht mit Mathematik und Latein herumzuplagen brauchen, um jeden Morgen die Lieferliste der Gärtnerei auszufüllen. Aber das ist es doch nicht. Hauptsache, daß man im Hirn ein Kapital hat, das seinen Wert niemals verliert. Man kann gar nicht genug gelernt haben, auch wenn man scheinbar keine Verwendung dafür hat. Es hilft einem in schwierigen Augenblicken als einziges Mittel. Abgesehen davon aber wird es ja kein Schaden sein, wenn mein Hans eine Mutter hat, die aufpassen kann, wenn er das Bellum Gallicum übersetzt. Oder? Aber, Christine – was würde das alles helfen, wenn ich mit dem Leben nicht zufrieden wäre? Nicht was man ist, sondern wer man ist, darauf kommt es an. Mir scheint aber, daß ich gescheit rede, und ich weiß, das steht mir nicht, es wäre deine Sache, Christel!«

»Du lieber Himmel!« sagte Christine wieder einmal. »Je länger ich dir zuhöre und dich ansehe und an dein Leben denke und es mit dem meinen vergleiche –«

»Nein, das solltest du nicht tun, und laß dich nur auch nicht durch die Idylle hier zu weit von der Wirklichkeit wegführen. Oder glaubst du wahrhaftig, bei uns gäbe es nichts, woran der Mensch herumzubeißen hat? Gerade da ist es gut, wenn man so eine Art von geistiger Sparbüchse besitzt. Die meisten haben das nicht, heutzutage.«

»Du bist überzeugt, daß es früher nicht so war?« erkundigte sich Christine. »Also sind die Menschen schlechter geworden?«

»Schlechter vielleicht nicht, aber ärmer.«
Die Tür vom Schlafzimmer her tat sich ein wenig auf, Herr Buch steckte den Kopf herein und sprach sanft: »Ärmer besonders mit Rücksicht auf die notwendige Nachtruhe. Oder, wie schon ein alter griechischer Dichter wußte: ›Glücklich sind die Grillen, denn sie haben stumme Weiber.‹ Es steht in der letzten Nummer der Gartenbauzeitung, sie muß auf der Kommode liegen. Ich wünsche wohl zu schlafen — nachgerade.«

Das Bildungsbedürfnis oder die Langeweile des etwas tiefer wohnenden Teils der Menschheit schien größer zu sein, als Käthe angenommen hatte, denn am andern Vormittag kam nicht nur ein, es kamen zwei Einspänner von Niedenwald herauf und brachten nicht weniger als sechs Leute, welche die Absicht bekundeten, das Schloß Monrepos zu besichtigen. Man konnte nicht sagen, daß Käthe Buch ob dieses unerwarteten Andranges die Fassung verlor. Immerhin ließ sie die Volksmenge nicht, wie gewöhnlich, eine halbe, sondern nur eine Viertelstunde warten, »denn sonst reißen sie mir zu viel Blumen ab, weißt du.«
Fräulein Dr. Weiland gesellte sich von ungefähr als siebente Person hinzu, völlig unbeteiligt, aber mit dem geheimen Auftrag, wegen der Blumen (und überhaupt) ein bißchen aufzupassen, was sie gewissenhaft und erfolglos solange tat, bis Käthe mit einem höchst eindrucksvollen Schlüsselbund erschien, um, blond und ruhig wie die Sonne, ihr siebenköpfiges Planetarium durch unbekannte Räume zu führen.
Die Wanderung begann in einem schönen, übrigens recht weiträumigen Treppenhaus, das mit roten und weißen Steinplatten ausgelegt war. Obwohl die Jalousieläden geschlossen blieben, kam doch so viel Licht herein, daß dieser Steinfußboden märchenhaft schimmerte: auf dem Untergrund des dunklen Rot und des gelblichen Weiß der Platten lag ein Abglanz des blauen Himmels, des grünen Laubes und das vielfache Widerspiel der Blütenrabatten. Im hellen Schein des Tages wäre das Auge für dieses ganz zarte Ineinanderklingen unwirklicher Farben kaum empfindlich genug gewesen, die halbe Dämmerung aber machte es lebendig. Käthe erlaubte sich, die Herrschaften auf diese Erscheinung hinzuweisen, — »wie ich denn überhaupt den besonders schönen und kostbaren eingelegten Fußboden der folgenden Räume zur Beachtung empfehle. Es wird daher gebeten, sich nunmehr der hier bereitstehenden Filzpantoffel zu bedienen.«
Sämtliche Planeten schlüpften daraufhin in diese Pantoffel, natürlich auch Christine, in der ein kleiner Neid hochkam: wie wortlos gehorsam die Herde doch war; wahrscheinlich rührte es daher, daß man sich im

Hause feiner Leute fühlte, und diese Leute wirkten unverkennbar nach, auch wenn von ihnen schon seit hundert Jahren keiner mehr lebte; so fein waren sie also gewesen. Christine überlegte, ob sich im Universitätsinstitut für angewandte Chemie wohl jemals etwas Ähnliches ereignen könne, aber sie brachte nicht den Mut auf, diese Frage zu bejahen und zog daraus ihre Schlüsse.

Durch ein unbedeutendes, übrigens leeres Vorzimmer gelangte man in einen Empfangsraum, der außer ein paar hübschen, in Lindgrün und Gold gefaßten Möbeln noch eine unglaubliche Sehenswürdigkeit hatte, zu welcher Käthe folgendes bekanntgab: »Dieser Raum diente hauptsächlich zu Empfängen bei der Dame des Hauses. Er ist quadratisch und hat drei Türen und ein Fenster. Über den Türen beziehungsweise dem Fenster kleine gemalte Medaillons, die sich allerdings bei dieser Beleuchtung nicht recht erkennen lassen, nämlich Frühling —«

Sieben Augenpaare richteten sich brav nach dem Zeigefinger auf den nicht erkennbaren Frühling.

»Sommer —«

Die Herrschaften machten rechtsum und sahen vom Sommer vollends nichts, da sich dieser über dem Fenster befand.

»Herbst —«

Rechtsum. Auch der Herbst war kaum zu unterscheiden.

»Und Winter.«

Tatsächlich. Vier. Man war tief befriedigt.

Nach dem Rundgang durch das Erdgeschoß, in dem sich eigentlich nur Repräsentationsräume aneinanderreihten, deren Ausstattung bis auf Reste verschwunden war, kam man in die Eingangshalle zurück und stieg nun langsam und nicht mehr ganz so erwartungsvoll die breite Treppe hinauf, die mit ihrem sanften, aber unwiderstehlichen Zug den ganzen Raum einzusaugen und zwischen barocken Marmorbalustern emporzuheben schien.

Oben wurde die Einteilung und die Bestimmung der Räume weit lieblicher. Ein breiter, aber nicht hoher Flur, der an der ganzen Rückfront des Schlosses entlanglief und dessen Fensterreihe nach Norden blickte, war schon von den früheren Besitzern aufs glücklichste als Bildergalerie eingerichtet und damit aus einem seelenlosen Korridor in einen recht reizenden bunten Prospekt verwandelt worden. Wie es damals merkwürdige Sitte gewesen war, hingen die Bilder, sehr einfach gerahmt, dicht neben- und übereinander, so daß sie sich freilich bisweilen störten, dafür aber als Ganzes eine eigenartige und anmutige Tapete bildeten, zumal das Alter die grellsten Farbwidersprüche ausgeglichen hatte. Daß diese Tapete durch Türen unterbrochen wurde, war kein Nachteil.

Danach schloß Käthe die Tür auf zu einer allerliebsten Flucht kleinerer Stuben, die durchaus im Geschmack der napoleonischen und der auf diese folgenden Zeit eingerichtet waren. Die Fenster wurden geöffnet, die Läden zurückgestoßen.
Blendendes warmes Licht, frische Sommerluft strömte herein in den ein wenig nach Staub und Stockflecken erinnernden Duft einer Vergangenheit, die aber doch noch so jung erschien, daß sie sich gern zum Leben erwecken ließ. Zunächst war es ein Ofen auf dünnen Eisenfüßen, der, mit weißen mythologischen Relieffiguren auf pastellblauem Grund, das große Entzücken Christinens bildete. Aber auch die freundlich-hellen Möbel späterer Jahrzehnte, die halb blind gewordenen Spiegel, die illuminierten Kupferstiche an den Wänden, mancherlei Kleinigkeiten auf runden Tischen und auf Kommoden und nicht zuletzt die Uhren gefielen ihr, die in auffallend großer Anzahl überall herumstanden und darauf zu warten schienen, daß man sie aufzog, um ihr seltsames kleines und pedantisches Innenleben mit Unverdrossenheit von neuem zu beginnen, während sich hochgegürtete goldene Genien mit Palmzweigen über sie neigten oder springende Hirsche über die Zeit hinwegzusetzen versuchten. Perlengestickte Klingelzüge, bescheidene Lüster, viel Handgearbeitetes – die Damen mußten die Hälfte ihres Lebens mit Handarbeiten zugebracht haben –, ein Bücherschrank voll gothaischer und anderer Almanache, ein kleines Jagdzimmer mit Feuerwaffen, die schon fast modern zu nennen waren, und manchem absonderlichen Geweih.
»Dies«, sagte Käthe, »war das Lieblingszimmer des letzten Schloßherrn, dessen Bild Sie in dem vorhergehenden Raum über dem Cembalo gesehen haben. Aus den Porträts des oberen Stockwerks läßt sich eine lückenlose Ahnengalerie zusammenstellen, die ungefähr bis in das Jahr 1700 zurückreicht. Damit sind wir am Ende unseres Rundganges.« Sie hatte sich während dieser Worte so an der weißlackierten, schmalen Flügeltür aufgestellt, daß niemand die Stube verlassen konnte, ohne sehr nahe an ihr vorüberzugehen.
Fräulein Dr. Weiland, die es als erste tat, drückte ihr, ohne eine Miene zu verziehen, etwas in die Hand, die Kastellanin schwieg selbstbeherrscht.
Man stieg die Treppe hinab, die Fremden taten noch einen letzten Blick in die Ferne, dann gingen sie zu den wartenden Wagen.
»Du bist aber ein ganz unverschämtes Frauenzimmer!« sagte Käthe, indem sie die Eingangstür abschloß. »Einen alten Straßenbahnfahrschein – das sollst du mir büßen! Oder heißt das etwa, daß meine Führung nicht mehr wert war?«
»Es war eine Führung wie jede andere«, sagte Christine. »Das, was

man wirklich gern wissen möchte, bekommt man nie zu sehen und zu hören.«

»So! Und das wäre, zum Beispiel?«

»Zum Beispiel möcht ich wissen, ob in den Schubladen noch etwas drin ist, und was. Zum Beispiel hab ich in dem ganzen Schloß keine Küche gesehen. Brauchten die Leute denn nichts zu essen? Ich möchte auch wissen, was aus den Kleidern und der Wäsche und den Schuhen geworden ist!«

»Seit wann neigst du eigentlich dazu, so furchtbar indiskret zu werden?« erkundigte sich Käthe. »Du tust ja, als ob du die Leute persönlich gekannt hättest.«

»Hab ich auch!« Und auf Käthes eigentümlichen Blick: »Das heißt, nein, natürlich nicht in dem Sinne, wie du es verstehst. Himmel, ist es denn nicht aussichtslos, sich einem Menschen begreiflich zu machen, der so mit dem Leben zufrieden ist, daß er immer nur die Ganztöne hört? Balthes —«

»Was ist mit Balthes? Du meinst doch den Uhrmacher?«

»Durch ihn kenn ich die Leute nämlich wahrhaftig, zum mindesten ihre Vorfahren. Er hat mir eine Geschichte erzählt — ach, eine Romanze auf den schwarzen Tasten —«

»Davon weiß ich ja gar nichts!« sagte Käthe. »Auf den schwarzen Tasten? Kein übler Ausdruck, Christine. Mir scheint also, daß die Familie von jeher einen besonderen Standpunkt zur Welt gehabt hat, wenn ich dich recht verstehe. Und so ging es ja auch zu Ende, es paßt gut in die ganze Bildergalerie.«

»Ging es zu Ende?« fragte Christine. »Und was weißt du davon?«

Käthe setzte sich auf den Sockel der alten Sonnenuhr.

Christine sah zu der Sitzenden hinab, die die alten Schlüssel ihres Bundes betrachtend durch die Finger gleiten ließ.

»Wie also ging es zu Ende?« fragte Christine beharrlich.

»Hier? Ja, das ist freilich eine Geschichte, über die ich schon oft nachgedacht habe. Ich — nein, heute nicht, aber morgen sprechen wir vielleicht davon, abends, weil wir dann am Sonntag ausschlafen können. Ich muß es mir noch überlegen. Man kommt nur auf sonderbare Gedanken. Um aber endlich von etwas Vernünftigerem zu reden: du könntest mir ein bißchen helfen.«

»Gern!«

»Sei nicht voreilig, mein Kind. Hier, nimm die Schlüssel und geh wieder in die Halle. Gleich hinter der Tür, in dem Wandschrank findest du einen Besen und einen Mop. In den Zimmern ist nichts zu tun, da müssen sie ja die Filzpantoffel tragen. Dagegen in der Halle, auf den

Steinplatten, sind die Spuren des Fremdenverkehrs zu beseitigen. Und schließen Sie wieder gut zu, Minna!«
»Gewiß, gnädige Frau. Was ist dann aber mit dem Lohn?«
»In der Beziehung war ich noch nie schäbig«, antwortete Käthe, gab ihr mit einer sehr noblen Geste den Straßenbahnfahrschein zurück und ging von dannen.
Christine schloß also die Tür wieder auf. Im Wandschrank fand sie alles Nötige. Bevor sie jedoch mit der Arbeit begann, erlebte sie ein paar merkwürdige Sekunden. In dieser Dämmerung nämlich, in diesem ganz lautlosen, unwirklichen Spiel vieler gebrochener Farben, das nur noch wie ein letzter Hauch, eine verklingende Erinnerung durch die Jalousieläden hereinkam und auf den mattglänzenden Fliesen gleichsam herumirrte, ohne etwas zu finden, woran es körperlicher werden konnte — in dieser Einsamkeit wurde ihr plötzlich sonderbar zumute.
Es war wie ein kleines Schwindelgefühl. Nicht, daß nun etwa die Wände begonnen hätten, sich zu drehen, nein, so war es nicht. Alles blieb wie es dastand. Nur eben die Treppe mit dem unwiderstehlichen Schwung ihrer Wangen hatte etwas Magnetisches, das Bewußtsein des Gleichgewichtes kam dadurch in Gefahr; nur eben die übermäßig großen Fenster, wundervolle Flächen voll bunter Schatten, schienen in eine Art Bewegung geraten zu wollen; wenn draußen ein Windhauch über goldenblühende Beete glitt oder das durchsonnte Laub eines Pfirsichzweiges winken ließ, dann bewegten sich diese Farbschatten, wie ein Quell stiller Heimlichkeiten kam's aus ihnen, floß herab und heran, huschte über die Steinplatten; nur eben von den flachen Wölbungen, wo Wand und Decke weich ineinanderliefen und Stuckornamente mit verwirrender Anmut zwischen dem Waagrechten und dem Senkrechten dahinspielten, sich überschlugen und nicht mehr ganz auf die Füße kamen, dort hallte gleichsam sogar die Lautlosigkeit wider, auch sie wurde in einer unfaßbaren Weise lebendig, wollte es werden, war nahe daran, es fehlte nur noch ein winziger Schritt über jene Grenze, die das Unwirkliche vom Wirklichen trennt.
Christine spürte es wie einen Atem — und plötzlich öffnete sie die Tür ins Freie recht schnell, ein Strom von Licht stürzte herein, eine wahre Drehorgelmusik von Licht, verglichen mit der hundertfachen Unterteilung jener farbigen Schatten, für die sie noch vor einem Augenblick so empfindlich gewesen war. Alles wurde sogleich und durchaus entzaubert durch diesen Ansturm von Unmittelbarkeit.
Sie schüttelte den Kopf — es war aber freilich mehr das Abschütteln eines inneren Schauders —, und nahm den Besen fester in die Hand; sie dachte, daß dergleichen Beklemmungen gewiß nicht das Richtige für

eine ordentliche Putzfrau seien, daß ein solches Erlebnis noch vor wenigen Wochen bestimmt nicht über sie hergefallen sein würde, und nun begann sie mit einer wahren Erbitterung zu arbeiten, als ob sie diese Zwischendinge, diese Undinge ein für allemal hinausfegen könnte, damit ihr solches nicht wieder begegne.
Was hab ich denn aber? fragte Christine, teils vergnügt, teils ärgerlich. Immer wieder gerate ich an den Rand des Daseins, oder der Boden rutscht mir unter den Füßen weg. Die Umgebung macht es, diese merkwürdige Zeitlosigkeit, in der es keine Perspektive gibt . . . es wäre schon beinahe kein Wunder, wenn jetzt im oberen Stockwerk eine silberne kleine Glocke bimmelte, weil irgend jemand in irgendeinem der Zimmer am Klingelband gezogen hat.
Da war er also schon wieder, dieser kleine Schauder, das Unwirkliche, das seine Stimme erheben wollte, um zu zeigen, daß es keineswegs so unwirklich sei, wie man immer dachte.
Christine ertappte sich, wie sie tiefsinnig auf dem steinernen Sockel der alten Sonnenuhr (oder was es gewesen sein mochte) saß, ganz eingesponnen in die unendliche Süße der Mittagsstille – und da vernahm sie wieder einmal das inbrünstige Grillenkonzert, den Wiesenhang heraufzitternd. Es war so laut wie noch nie, aber bis zu diesem Augenblick hatte sie doch nicht das Mindeste davon gehört. Es stand so dicht um sie her wie das flimmernde Sonnenlicht, man konnte ihm nicht ausweichen, alle Nerven begannen, dieses Tremolo mitzumachen, es war geradezu gefährlich, jawohl, das war es. Trotzdem wollte man sich nicht aus diesem Goldnetz befreien, das aus einer anderen Welt über einen hergeworfen wurde.
Die kleine Sophie kam endlich vom Gärtnerhaus, um nachzusehen, wo die Tante blieb. Man wartete schon mit dem Essen auf sie.
»Etwas muß hier verhext sein!« sagte Christine bei Tisch.
Herr Buch meinte mit seinem ruhigen Lächeln, das sei heute schon möglich.
Warum heute?
Weil ja heute, am einundzwanzigsten Juni, die Sonne auf ihrer Bahn umkehre. Ob das nicht etwas Großartiges sei, das Großartigste vielleicht, was man sich denken könne? Freilich soll man beim Weltall um Gottes willen nicht immer gleich an eine Maschine denken, aber für unsere unzulänglichen Hirne ist es in diesem Fall vielleicht die faßlichste Vorstellung: eine wunderbare, riesige Maschine, so tadellos gebaut und instandgehalten, daß sie vollkommen geräuschlos geht; alles blitzt ewig frischgeputzt, die Wellen drehen sich, ungeheure Pleuelarme schwingen hin und her, die Sonne, das herrliche goldene Schwungrad

mit spiegelnden Speichen dreht sich im gleichmäßigsten Gang — nun aber wird dieser Gang langsamer, immer langsamer, schon lassen sich die einzelnen Speichen unterscheiden, auch die Pleuelstangen beginnen zu zögern, als müßten sie sich etwas überlegen — dann, wahrhaftig, steht das Ganze still, still für die Länge eines Herzschlages, eine unsichtbare Hand muß den Weltenhebel umgelegt, die wunderbare Maschine umgesteuert haben, denn jetzt beginnt sie zwar wieder anzulaufen, gleich blitzend, gleich tadelfrei und geräuschlos — aber rückwärts!

Dies war gewiß ein sehr einfaches Bild, vielleicht traf es auch nicht völlig zu. Indessen wurde Christine, wie Herr Buch es so entwarf, doch sehr eingenommen und gefesselt; sie sah das alles vor sich, beinahe fühlte sie es in sich, oder sie selbst fühlte sich darin, mitgeschwungen von der ewigen Bewegung.

»Und nun geht es also rückwärts?«

»Wir können's nicht ändern. Was heißt übrigens rückwärts oder vorwärts bei diesem Pendel der Ewigkeit? Hauptsache ist, daß die große Uhr nicht stehen bleibt.«

»Das beruhigt mich nun«, sagte Christine, so angetan von dem Gedanken, daß sie erstaunt aufblickte, als die anderen lachten.

Eine halbe Stunde später war sie schon wieder unterwegs, allein und losgelöst, nur so sanft hingetragen von dem Bewußtsein, daß sie kein Ziel habe, keines zu haben brauche, der zephyrleichten Flocke einer Löwenzahnblüte vergleichbar, ein herrliches neues Gefühl. Es trieb sie langsam davon, weder ganz an der Erde noch ganz unter dem Himmel, vielmehr in diesem Zwischenbereich, dessen sie heute früh zum erstenmal innegeworden war, und diesmal auch nicht in den Park hinab, sondern landeinwärts in die Felder und Wiesen der Hochebene, die sich innerhalb von Monrepos in die sommerliche Weite dehnten, ganz voll zeitiger Reife. Mit aller Pracht und Gelassenheit zogen die weißen Schönwetterwolken drüber hin. Hier und da, in feuchteren Mulden vielleicht, stand noch eine Wiese in hoher Blüte, auf den meisten aber lag schon das Heu, und der Atem des Tages wurde berauschend süß.

Hatte schon der Tag manches Sonderbare gebracht, so wurde es abends noch viel sonderbarer.

Das helle Licht lag noch in der Gärtnerwohnung, als Georg Buch nach dem Essen eine Flasche leichten Weins aus dem Keller holte und die Gläser nicht ohne eine gewisse Feierlichkeit vollschenkte.

»Denn es ist doch eine bedeutende Sache«, meinte er, »der Natur in die großen Augen zu blicken und zu fühlen, daß man sie versteht — so gut das einem Menschen möglich ist. Ich denke immer, daß sie es uns vergilt.« Christine, obwohl er vielleicht nicht immer das treffende Wort

fand, begriff recht gut, was er meinte, sie redeten nicht aneinander vorbei, und als man schlafen ging, war sie erfüllt von einer angenehmen Gedankenunruhe und gar nicht müde.
Sie setzte sich auf das Fensterbrett und blickte hinaus.
In dieser kürzesten Nacht des Jahres vermochte auch die Welt nicht einzuschlafen, es war nicht jenes stille, gleichmäßige Atmen in ihr, mit dem sie sonst die Lider senkte, sondern ein Atemanhalten, ein Lauschen, eine Spannung. Dieses eine Mal im Jahr besann sich alles Verborgene auf seine Macht, weil die Sonne, die größte Macht, stillstand.
Und nun, dachte Christine, merkt man erst, wie einsam doch der Mensch ist, wie einsam er geworden ist, weil er sich immer mehr außerhalb des großen Rhythmus gestellt hat.
Es war nicht mehr hell, es würde auch nicht völlig dunkel werden, der Himmel konnte sich nicht entschließen, Abschied zu nehmen. Halbe Töne, Vierteltöne. Das Grillenkonzert kam auf langhingestreckten Wogen von Heuduft heran.
Zu den Füßen der nahen Gebüsche stieg nun doch eine kleine Nachtfinsternis aus der Erde, nur schüchtern, gar nicht bedrohlich, mehr eine dunkle Schar kleiner Kobolde, die auch dabei sein wollten und nicht fehlen durften. In diesem samtschwarzen Teppich jedoch leuchteten die Funken der Johanniswürmchen, stille, milde Orgelpünktchen im Vibrato der geigenden Grillen.
Mahr – wenn Mahr da wäre. Er wüßte wohl etwas über dieses Konzert. Drei Zeilen nur, die alles sagten, gefolgt von tausend Zeilen Schweigen.
Ein Schimmern begann, das Licht des vollen Mondes.
Es gab keinen Grund, schlafen zu gehen. Aber es gab viele Gründe, nicht schlafen zu gehen. Wann würde man dem Leben, seiner stillen Heimlichkeit wieder so nahe sein wie in dieser Stunde?
Jetzt war das Zifferblatt auf der Armbanduhr nicht mehr zu erkennen; im silberblassen Himmel standen die Sterne, nicht viele, herrlich einsame.
Von den Leuchtpünktchen im dunklen Laub, je genauer man sie zu erkennen bemüht war, schienen Kreise auszugehen, die im Herankommen immer größer, freilich auch bleicher wurden, unaufhörlich und lautlos gefolgt von neuen, die in der gleichen Art wuchsen, sich öffneten wie Augen.
Ganz nahe klang der Schlag der kleinen Turmuhr, aber Christine wußte nicht, wie oft. Oh, gleichviel.
Seltsam übrigens, diese Uhren im Schloß, wenigstens eine in jedem Zimmer und, soweit sie sich erinnerte, mit bescheidenen künstlichen

Späßen, als sollten da Variationen über das einförmige Thema Zeit geschrieben werden. Das wäre etwas für Balthes. Ob er jetzt wohl mit seiner großen Arbeit zu Ende gekommen war?
Man konnte den Mond nicht sehen, aber man sah an dem wachsenden Schimmer und dem Tieferwerden der Schatten, wie er sich hob.
Aus dem Fenster zu steigen war eine Kleinigkeit, nicht der Rede wert, nur ein Schritt. Christine tat es, übrigens ohne romantische Gedanken, sie bildete sich nicht ein, nun im Park etwa dem Elfenkönig Oberon zu begegnen oder der verliebten Titania. Sie stellte sich nur vor, wie zauberschön der Blick von der Schloßterrasse in die unendliche silberne Weite dieser Nacht sein müsse, an deren Himmel ein farbiger Hauch des Tages nicht verglimmen wollte.
Da stand sie nun, einsam, der Mittelpunkt einer ungeheuren Welt, die sich über ihr und um sie wölbte, die sich weniger als je begreifen, aber deutlicher als je fühlen ließ. Der Mond lag weiß an den Fensterläden des Schlosses, und der Blütenduft war jetzt noch viel schwerer und süßer als im Sonnenlicht.
Spielte jemand dort oben auf dem Cembalo?
Nein, es war ein Windschauer, der unversehens von der Hochebene herkam, um das Schloß wanderte, mit den kühlen Füßen des Morgens ins Tal hinablief, mit den kühlen Händen der Frühe leise im Laub harfte. Ein Hahn krähte, wohl genarrt durch diese undunkle Nacht. Aber sieh: über dem Horizont, fast im Norden, leuchtete schon ein durchsichtiges Grün.

Im Laufe des Vormittags erhob sich ein schnurrendes Getöse und eine kleine Unruhe, diese übrigens mehr sichtbar als hörbar, und auch das Sichtbare beschränkte sich auf einen ganz engen Kreis: ein Autobus kam, von drei oder vier Wagen begleitet. Der Film. Die Fahrzeuge hielten an der Rückseite des Schlosses. Für kurze Zeit gab es ein geringes Durcheinander und Herumstehen, dann beruhigte sich alles.
Käthe fragte, ob Christine so freundlich sein wolle, das Schloß aufzuschließen.
Christine wollte nicht so freundlich sein. Sie wußte ja, daß Käthe sie nur aus Höflichkeit gefragt hatte, daß Käthe darauf brannte, diese kleinen Dienste selber zu tun, um mit den aufregenden Leuten doch ein wenig in Berührung zu kommen.
»Ja, dann mußt du aber so gut sein und kochen!« sagte Käthe mit einem heuchlerischen Seufzer. »Gerade heute läßt es sich nicht anders einrichten.«

Christine versprach, ihr Möglichstes zu tun.
Käthe lief mit roten Backen davon. Aber bereits nach zehn Minuten kam sie zurück, deutlich gekränkt. »Wie angenehm!« sagte sie (natürlich!). »Man braucht mich nicht weiter. – Na, auch gut. – Diese Leute tun, als ob sie alles besser wüßten. – Was machst du denn da mit den Kartoffeln? – Ein feines Benehmen ist das aber nicht. Die Fensterläden reißen sie auf, als ob sie hier zu Hause wären. Und in der Halle ziehen sie sich um, was sagst du! Friseure und Garderobefrauen, mich geht's ja glücklicherweise nichts an. Nur gut, daß sie bloß zwei- oder dreimal kommen. Nein, brrr! – Ich brauche dich jetzt nicht mehr. Aber gib dir keine Mühe –«
Christine sagte, sie denke gar nicht daran, sich irgendwelche Mühe zu geben. Da jedoch Käthe mit ihrer Enttäuschung offenkundig allein sein wollte und die Töpfe bedrohlich auf dem Herd herumstieß, räumte Christine ohne weitere Bemerkung das Feld und ging diesmal in den Park hinab, ein Weg, von dem sie sich mancherlei hübsche Entdeckungen versprach.
Von ferne sah sie in den Blumenanlagen vor dem Schloß ein paar Menschen, das war alles.
Tiefer und abseits, aber doch nicht sehr weit entfernt, entdeckte sie bald etwas sehr Liebliches. Sie war über mancherlei glatte Wege gegangen, an einer künstlichen, längst zugewucherten Felsgruppe vorüber, vorbei auch an einem leeren kleinen Springbrunnenbecken, zu dem ein paar Stufen hinabführten, dann zwischen Steinsäulen hindurch, die ehedem vermutlich die Gitterwölbung eines Rosenganges getragen hatten; man konnte sich leicht vorstellen, wie es hier einmal ausgesehen haben mochte, aber Christine neigte zu der Meinung, daß es jetzt schöner sei: diese moosige, ganz verstummte Sommereinsamkeit.
Nun aber öffnete sich der Weg in ein Halbrund, das gewiß einmal, nach der Mode der Zeit, ein Naturtheater gewesen war.
Ein schmales, viereckiges Wasserbecken nahm den Platz ein, den heutzutage das Orchester haben würde, und trennte so den Raum für die Zuschauer von der früheren Bühne, von der freilich nichts anderes mehr vorhanden war als der im Halbkreis gebogene grüne Hintergrund, nämlich eine jetzt übermäßig hohe Taxushecke. Im Zuschauerraum gab es nur noch eine einzige Steinbank, altersgrau, rissig und mit den Füßen in einem Moosteppich.
Um diese frühe Mittagszeit lag die Sonne voll in dem kleinen Theater, es war wie ein Gefäß, mit Goldwein angefüllt, die Bäume warfen keinen Schatten herein.
Christine setzte sich auf die Bank, von der sie durchaus wünschte, daß

es Marmor sei, und mußte über sich selber lächeln: wie schon der Grundriß eines Theaters, der Gedanke, daß hier einmal gespielt worden war, der Blick auf einen zur Bühne bestimmten Platz und dieser Taxushintergrund — wie diese Möglichkeiten und Vergangenheiten es bewirkten, daß sie die Spannung des Theaterbesuchers und den Wunsch fühlte, es möge da nun etwas agiert werden. Die Szene in Gedanken zu beleben, fiel ihr nicht schwer. Ohne Zweifel mußten hier barocke Figuren auftreten, Helden mit schönen Beinschienen und wallenden Straußfedern auf den Helmen. Oder auch solche aus dem Rokoko, mit Mantel und Degen, und Damen in kostbaren Reifröcken, die sich aber durch einen weißen Stab mit einer blauen Schleife daran als Schäferinnen auswiesen. Und dies alles spiegelte sich im stillen, schwarzen Wasser.

Wie schön ist es, dachte Christine, gar nichts zu tun zu haben, so daß man sich einmal mit solchen Gedanken und Vorstellungen beschäftigen kann.

Sie tat es mit dem größten Genuß und bedauerte freilich, daß es in ihrem Kopf außer der sehr großen Schublade mit Chemiekenntnissen nur sehr wenig und sehr kleine andere gab, aus der sie etwas hätte hervorziehen können. Wäre Mahr hier —

»Nun?« fragte, als Christine heimkam, Käthe mit einer gewissen Bereitschaft zur Eifersucht.

»Was?«

»Hast du mehr Glück gehabt als ich? Du warst lange fort!«

»Ach«, antwortete Christine lachend und verstand erst jetzt, was gemeint war. »Daran hab ich gar nicht gedacht.«

»Kaum zu glauben!«

»Es wird dir aber weiter nichts übrig bleiben.«

»Wo warst du also?« Christine berichtete.

»Ach so, dort«, sagte Käthe. »Ein besonders hübscher Fleck, nicht wahr? Der kleine Teich. Ist Wasser darin?«

»Ja.«

»Wie breit mag er wohl sein?«

»Der Teich?« fragte Christine verwundert. »Es ist ja fast mehr ein Graben. Gewiß nicht breiter als — nun, fünf oder sechs Schritt. Warum?«

Sie sah, daß Georg Buch ein wenig die Stirn runzelte.

Auch Käthe schien es zu bemerken, denn sie antwortete nicht auf die Frage, sondern deckte sie vielmehr zu: »Nun wissen wir doch immer noch nicht, was da drüben eigentlich gefilmt wird, und ich hoffte so sehr, daß du es herausbringen würdest.«

»Mir ist es von Herzen gleichgültig.«
»Bitte, du bist es gewesen, die sich dafür interessierte, ob der Film in der Gegenwart oder früher spielt, und mir ist inzwischen etwas ganz anderes und Wichtigeres eingefallen, nämlich, ob er eine Beziehung zur Geschichte von Monrepos hat oder ob das Schloß nur als Kulisse für eine andere Geschichte dient, die damit nichts zu tun hat.«
»Es gibt also eine Geschichte von Monrepos?«
»So, wie Sie das Wort auffassen, möchte ich's nicht beschwören«, sagte Georg Buch und beteiligte sich damit zum erstenmal an der Unterhaltung. »Keiner von uns war dabei. Schließlich: Was ist Geschichte, deren Wahrheit sich nicht beweisen läßt? Im bürgerlichen Leben nennt man das Klatsch.«
Am nächsten Tag — es war ein Sonntag — stand außerhalb des Schattenzeltes der großen alten Linden eine ungewöhnliche Hitze, die sich, als die Morgenfrühe vorbei war, langsam zur Gewitterschwüle zusammenballte. Die Leute vom Gärtnerhaus blieben daheim, es war, als ob man auf etwas zu warten habe, nur die Kinder spielten sich immer ferner in den Park hinab, wo sie einen Badeplatz im Bach wußten. Georg Buch genoß den freien Tag wie stets, indem er, ein wenig abseits unter den Bäumen, las oder still vor sich hin dachte.
Zur rechten Stunde trugen die Frauen den runden Tisch und bequeme Stühle ins Freie, ein Johannisbeerkuchen zum Kaffee stand bereit, ein Korb mit Flickarbeiten, die schon lange auf eine solche Gelegenheit warteten, sorgte für Beschäftigung der Hände, und wenn der Himmel, der hin und her zu überlegen schien, kein drohenderes Gesicht annahm, durfte man sich auf eine ungestörte und angenehme Unterhaltung freuen. Er begnügte sich einstweilen mit einem sehr fernen Grollen und Murren, gleichsam als Untermalung und Hintergrund für das Folgende.
Christine hatte sich vorgenommen, das Gespräch im richtigen Augenblick auf jene Andeutungen zu bringen, über denen Georg Buch gestern so einsilbig geworden war. Als nun Georg erschien, kam ihr Käthe zuvor, und das war ihr gar nicht unangenehm.
»Du mußt wissen«, sagte sie nämlich, »daß er eine Abneigung hat gegen Geschichten, in denen etwas Unklares oder vollends Unerklärliches vorkommt. Das Naturtheaterchen ist ihm nicht geheuer, er hat immer etwas dagegen, ja, er vermeidet sogar, dorthin zu gehen.«
»Gespensterfurcht?« fragte Christine mit einem verwunderten Kopfschütteln.
»Nennen Sie es wie Sie wollen«, antwortete Georg Buch. »Was mich betrifft, so würde ich's freilich anders nennen, wenn es ein anderes Wort dafür gäbe. Aber ich muß gestehen, daß ich keins kenne, das der eigent-

lichen Stimmung auch nur nahekommt, die mich dabei immer befällt. Es ist wahr, mit dem Naturtheater hängt eine Geschichte zusammen – und weil das Gewitter doch nicht vollends heraufzusteigen scheint und wir also in Ruhe hier sitzen bleiben können, will ich versuchen, sie Ihnen zu erzählen, damit Ihnen die Neugier nicht den angenehmen Nachmittag verdirbt. Sie werden aber sehen, daß die Sache eigentümlich genug ist und eben auch zu denen gehört, die man gar nicht gut in Worten ausdrücken kann, eben weil es nicht die richtigen Worte für das gibt, was eigentlich dahintersteckt. Lassen Sie also wenigstens meine gute Absicht gelten, im übrigen werden Sie schon verstehen, was gemeint ist.«

Er ließ sich noch eine Tasse Kaffee geben, sah eine kleine Weile dem Zug der Wolken nach und begann die Geschichte von der

Sonne im Krebs

Was ich jetzt sagen will, ist hierherum nicht unbekannt; trotzdem wird man diese Geschichte nicht zweimal in derselben Form hören, jeder nämlich erzählt sie anders, weil eben keiner etwas Genaues weiß. Deshalb wahrscheinlich hätte Käthe so gern erfahren, ob wohl gar eben diese Geschichte es ist, die hier verfilmt werden soll, und welche Les- oder vielmehr Hörart man dem Unternehmen zugrunde gelegt hat.

Sie kennen ja, Christine, eine Tageswanderung von Ihrer Heimatstadt entfernt, weit draußen in der Ebene ein Schloß namens Uggla. Ich weiß nichts darüber, aber man muß wohl annehmen, daß die Familie, die hier in Monrepos wohnte, nämlich die Uggla-Elenburg-Obdenwald, mit jenen Uggla in der Ebene zusammenhängt. Soviel ich sehe, braucht uns das aber nicht zu kümmern – wieviel sieht aber unsereins? Er sieht über den Schatten seines Schneckenhauses nicht hinaus, und schon der Schatten des benachbarten Schneckenhauses beunruhigt uns, weil er uns fremd ist. Gut, lassen wir's dabei bewenden, und nun zur Sache.

Sie sind ja wohl erst einmal durch die oberen Räume gegangen, Christine. Ich weiß nicht, ob Ihnen dabei aufgefallen ist, wieviel Uhren dort herumstehen. In jedem Zimmer zwei, aber drei sind wohl der Durchschnitt. Man kann sie nicht alle aufziehen, abgesehen davon, daß die meisten vermutlich nicht mehr gehen würden.

Damals aber muß es ein rechtes Getickel und Getackel gewesen sein. Offenbar hatte die Familie eine Leidenschaft für Uhren, und da muß man sich doch fragen, weshalb das so war.

Denn den meisten Menschen erscheint es wohl nicht besonders tröstlich, von einem Augenblick zum andern, ununterbrochen, Tag wie Nacht und Tick wie Tack daran erinnert zu werden, daß wir schon wieder ein Schrittchen in die Ewigkeit getan haben, daß wir nicht von den Zinsen

leben, sondern vom Kapital, und daß dieses Kapital mit beklemmender Unausweichlichkeit von Sekunde zu Sekunde geringer wird.
Bis zu einer gewissen Stelle unseres Lebensweges pflegt uns diese Verminderung gleichgültig zu sein, genau wie der Verschwender nicht daran denkt, daß er einmal auf den Grund seines Beutels gelangen werde. Aber dann kommt eben doch einmal die Stunde —
Also nein, Uhren sind eine praktische, aber keine tröstliche Erfindung. Es soll einen Mönchsorden geben, dessen Angehörige nicht im Bett, sondern in ihrem dereinstigen Sarg zu übernachten pflegen — damit sie's nicht vergessen. Leute, die sich mit Uhren umgeben, sind ähnlich.
Wie sahen sie aus, die letzten Ugglas? Die Männer hatten feine, zergrübelte, überzüchtete Gesichter; die Frauen waren meistens recht hübsch, aber nicht in der Art, hinter der nichts steckt, sondern eben auch schon mit Gedanken vergiftet und immer ein wenig rätselhaften Blicks — man traut ihnen nicht ganz. — Der letzte hieß Johannes Baptista.
Daß er, gerade er, zum Grübeln neigte, zeigt ein Buch, das er geschrieben hat und das auch gedruckt worden ist. Er beschreibt darin seine Reise von Konstantinopel durch Kleinasien nach Syrien und Jerusalem, wobei er den Spuren der Kreuzfahrer gefolgt ist, von denen er mancherlei Merkwürdiges zu berichten weiß, ebenso auch von den Assassinen und ihrem Oberhaupt, dem Alten vom Berge, ja, er geht noch viel weiter zurück bis zu den antiken Mysterientempeln und ihrem Schicksal zu der Zeit des aufkeimenden Christentums, lauter Dinge, von denen ein gewöhnlicher Mensch nichts ahnt, die aber den reisenden Johann Baptist sehr beschäftigt haben müssen. Jedenfalls war er bestimmt keiner von den Menschen, die fest in der Erde wurzeln, war auch bestimmt nicht das, was man unter einem Landedelmann versteht, sondern er gehörte zu den Leuten, die gelegentlich auch einmal um die Ecke blicken können. Übrigens blieb diese Fahrt durch Kleinasien nicht seine einzige Reise, er muß bis etwa zu seinem vierzigsten Jahr so gut wie dauernd unterwegs gewesen sein, und sehr viel in Paris.
Daß er unter diesen Umständen nicht heiratete, ist verständlich, und daß er auf solche Weise zum Letzten der Familie wurde, logisch. Um es kurz zu sagen: er scheint mehr ein Heide als ein Heiliger gewesen zu sein.
Aber das ist seine Sache und für die Geschichte nur deshalb von Bedeutung, weil er eben doch eines schönen Tages eine Frau heimbrachte und ganz so tat, als ob es jetzt nur an ihm liege, ein neues Kapitel, womöglich sogar einen neuen Band der Familienchronik zu beginnen.
Wenigstens trieb's ihn jetzt nicht mehr so sehr in der Welt herum. Es war aber wohl doch schon ein bißchen spät geworden, das neue Kapitel geriet anders, als er vermutlich dachte.

Wie er zu seiner Frau gekommen war, woher sie stammte, weiß ich nicht, aber gewiß war sie nicht irgendwo aufgelesen, keine Seiltänzerin oder Kammerzofe, sondern eine Dame, die recht gut nach Monrepos paßte — wahrscheinlich zu gut, wie sich herausstellte, zu gut nämlich in diese eigenartige, von unsichtbaren Dingen aller Art belebte Umgebung, in diese Luft, die von jeher erfüllt war von dem quälenden Vergnügen des Halbausgesprochenen, Unbestimmten, Schwebenden, von dieser seltsamen Sucht, mit allem allein fertig zu werden, sich mit Gedanken herumzuplagen, die für den einzelnen Menschen zu übermächtig sind. Denn das lag schon immer in der Familie, es muß wohl ein Erbteil aus früheren Zeiten gewesen sein.
Sie hieß Lenore.
Sorgen — was man heutzutage darunter versteht — hatten die Leute nicht, die durften leben wie auf einem anderen Stern, man kann sich das gar nicht mehr vorstellen; ob aber der andere Stern in jeder Hinsicht ein besserer war, das bleibt fraglich, denn die Menschen, alle Menschen, sind nun einmal für die Erde gemacht, und sie vertragen auf die Dauer nichts anderes.
Es läge nahe, zu vermuten, daß der Baron von Uggla, der ja die Welt durchstreift hatte und sie recht genau kannte und vielleicht in seiner Art ein Lebemann war, daß dieser Uggla eine blutjunge, hübsche Frau heimbrachte und daß er, dem schon die Schläfen grau wurden, mit ihr das erlebte, was sich oft genug zu ereignen pflegt. Aber Lenore war keineswegs mehr blutjung, sondern in jenen Jahren, die genauso aussehen wie die Tage, die wir eben jetzt erleben: dem Kalender nach hat der Sommer gerade erst begonnen, dem Äußeren nach steht alles erst vor der Reife und im schönsten Schmuck, jedoch der Wirklichkeit nach ist das große Atemanhalten in der Welt, weil die Sonne für einen Herzschlag stillsteht und dann auf ihrer Bahn zurückgeht — zunächst nicht merklich, zunächst noch durch die gesundeste Fülle des Lebens . . . aber doch zurück, daran läßt sich nichts ändern, man kann es nicht wegleugnen, die Augen nicht davor verschließen.
Vielleicht war dies für Lenore ein Grund gewesen, zu heiraten, einer der Gründe. Das gehört zu den Dingen, über die Frauen wohl nicht gerne sprechen, wenn sie auch um so mehr darüber nachdenken.
Nun, in Monrepos ging die Sonne ausnehmend langsam rückwärts, man tat alles, was sich geschmackvollerweise tun ließ, um sich seines Lebens zu freuen. Johann Baptist ließ sogar das kleine Naturtheater wieder instandsetzen, das lange vernachlässigt worden war. Aus der Umgebung kamen die Kutschen mit bunten, lustigen Nachbarn durch die Wälder, die damals noch weit ausgedehnter waren als heute; es wurde gespielt

und musiziert und getanzt, der eine konnte dichten und eine Komödie schreiben, der andere malen — aber die Uhren, die merkwürdig vielen Uhren in Monrepos tickten und tackten. Je geistreicher man die Zeit vertrieb, desto weniger blieb sie stehen, desto schneller verging sie, und wiewohl dies ja der eigentliche Zweck war, so hatte es doch seine Schattenseiten. — In den Blumenbeeten vor dem Schlosse befand sich, auf dem Steinsockel, eine Sonnenuhr mit einem waagrechten, hübsch gravierten Zifferblatt und einem nach astronomischer Berechnung geneigten Zeiger, dessen Schatten getreulich die Stunde wies; er hatte die Form eines Pfeiles, und er durchbohrte ein Herz.

Lenore Uggla ließ sich von ihrem Mann erklären, wie die Stundenweisung zustandekam und daß es die Bahn der Sonne war, die sich durch den Schatten auf dem Zifferblatt offenbarte; er zeigte ihr auch, daß dieser Schatten am Mittag des einundzwanzigsten Juni am kürzesten sei, und weshalb er danach allmählich wieder wachsen müsse.

Oft genug stand sie vor dem einfachen Instrument, das eine besondere Anziehungskraft auf sie ausübte. Die mancherlei Uhren im Schloß ließen sie gleichgültig, das war Menschenwerk, und wenn man wollte, konnte man ja das Pendel anhalten und sich damit vortäuschen, auch die Zeit anzuhalten. Bei der Sonnenuhr aber ging das nicht: das große Pendel, das mit seiner goldenen Scheibe am Himmel schwang, einmal im Jahr hin und her, konnte keine Hand ergreifen, hier drehte sich kein Rädchen, hier ticktackte nichts — und gerade die Lautlosigkeit, die Unentrinnbarkeit, die sich in nichts anderem als in Schweigen kundtat, war es, die Lenore um so tiefer beunruhigte, je genauer sie diesen Ablauf und seine Unerbittlichkeit begriff.

Bisher war ihr nur das Leben in den großen Städten der Erde bekannt gewesen, für das die Jahreszeiten fast gegenstandslos sind. Jetzt aber begann sie zu ahnen, wie der Gang der Welt wirklich, wie sehr der Mensch an diesen Gang gekettet ist und daß die große Sonnenwende sich ohne jegliches Wort und mit einer unwiderstehlichen Einfachheit vollzieht. Mit ihrem Eintritt in das himmlische Zeichen des Krebses beginnt die Sonne rückwärts zu gehen.

Jeder Mensch ist eine Welt für sich, eine kleine Welt, in der sich die große spiegelt, und dem äußeren Ablauf entspricht genau ein innerer. Der Gedanke hatte Lenoren bisher nicht berührt. Jetzt, da sie mitten in der Natur lebte, durch nichts gestört, jene leisen Stimmen zu vernehmen, traf er sie unversehens. Aber sie war doch nicht demütig genug, sich mit ihm einverstanden zu erklären, und so widerstrebte sie — eine Kluft tat sich auf zwischen dem wirklichen Leben und dem, was sie unter dem Begriff Leben verstehen wollte.

Eines Tages bemerkte Uggla, daß die bronzene Sonnenuhr von ihrem Sockel verschwunden war. Lenore tat erstaunt, sie wußte nichts davon. Im übrigen, sagte sie, gebe es ja im Schloß genug Uhren, und der Sockel werde mit einem hübschen Marmorbildwerk sicherlich viel besser aussehen, schon längst habe sie sich eine Flora oder einen Narziß dahin gewünscht.
Ihr Mann war ärgerlich, widersprach, es kam zu einem Zwist, die wertlose Sonnenuhr zeigte sich als das, was sie in der Tat und ihrer Bedeutung nach war: ein Sinnbild für die seelische Lage, besonders für die, worin Lenore sich befand. Bald genug wurde deutlich, daß dieser kleine Zwist — wie sich ja von selber verstand — keineswegs das Eigentliche war. Was aber war dann das Eigentliche?
Um es kurz zu sagen: Über den Wald- und Blumenhorizont dieses Daseins, dieses angenehm verspielten Lebens, das sich stets im Mittelpunkte der Welt gefühlt und sich dementsprechend wichtig genommen hatte, war als dunkle Wolkenwand das Altwerden aufgestiegen.
Hätten die beiden Uggla ernstlich zu tun gehabt, so würden sie wohl kaum Zeit gefunden haben, wie gebannt auf dieses hereindrohende Grau zu starren. Hätten sie sich mit der Natur, von der sie so herrlich umgeben waren, hinreichend eins gefühlt, so wäre ihnen der langsame, weltgewollte Rückgang des goldenen Lichts gewiß nicht als ein Ende erschienen, und mit einer natürlichen Frömmigkeit wären sie imstande gewesen, sich zu fügen.
Es verhielt sich aber ganz anders. Einmal an der ewig kritischen Stelle angelangt, die es mit Grazie zu überschreiten gilt, wurde besonders Lenore kopfscheu, wenigstens war sie es, die ihre innere Unsicherheit am deutlichsten und hemmungslosesten erkennen ließ. Der Baron — vielleicht — hatte besser zu schweigen gelernt, mindestens nahm er die Gelegenheit wahr, sich durch ein solches Schweigen die überlegenere Stellung zu verschaffen, eine Gelegenheit, welche die Männer selten versäumen, sie wissen schon warum.
Selbstverständlich aber wurde kein Wort darüber gesprochen, und das war vermutlich der größte Fehler, denn gerade das Unausgesprochene hat in solchen Fällen die Triebkraft eines Sauerteiges. Freilich, versetzt man sich in die Lage Lenorens — was hätte sie denn auch sagen sollen, ohne sich etwas zu vergeben und ohne ihren Mann gerade auf das aufmerksam zu machen, was sie nicht wahrhaben, ja, nicht einmal sich selber eingestehen wollte?
Wie Lenore nun einmal war, blieb ihr wohl nichts anderes übrig als sich an Äußerlichkeiten zu klammern und diese, wenn sie nicht da waren, herbeizuziehen.

Demzufolge wurde das Leben in Monrepos nicht ruhiger und stiller, sondern unruhiger und lauter. Hatte man früher nur bei besonderen Anlässen ein wirkliches Fest gefeiert und große Gesellschaft gehabt, so geschah dies jetzt so oft wie nur irgend möglich und mit immer neuen Abwechslungen, die Lenore erfand. Weniger als je begnügte sie sich damit, die freundliche Hausfrau zu spielen, sondern sie verstand es, sich in den Mittelpunkt dieses lustigen Lebens zu stellen und sich als solchen umschwärmen zu lassen – eine Sonne im bunten Reigen ihrer Trabanten, strahlend, blendend, so blendend, daß niemand auf den Gedanken verfallen sollte und konnte, zu fragen, in welchem Punkt ihrer Bahn sie bereits angekommen sei.

Was nun die erwähnten Trabanten betrifft, so fiel es einer Frau wie Lenore natürlich nicht schwer, mehr als genug von ihnen an sich zu fesselt, und so zog sie am Himmel dahin, ganz königlich und in der goldenen Majestät des Sommers, nie zuvor hatte sie eine solche Höhe in ihrer Bahn erreicht.

Es wurde theatergespielt, gejagt, musiziert, ländliche Kostümfeste und winterliche Maskenbälle überboten einander an Glanz. Der Herr von Uggla sah mit einigem Mißvergnügen, daß die Kosten dieser Veranstaltungen die Summe seiner jährlichen Einkünfte weit überstiegen; indessen beruhigte er sich mit dem Gedanken, daß diese Art zu leben schließlich nur vorübergehend sei, und daß er derlei Unausgeglichenheiten wohl seiner Frau zuliebe in Kauf nehmen müsse. Was machte es auch aus, über die wahren Verhältnisse zu leben, da ja doch keine unmittelbaren Erben vorhanden waren?

Worüber er sich aber nicht so leicht beruhigte, sondern je länger desto mehr beunruhigte, das war Lenorens Planetensystem, als Ganzes und im einzelnen betrachtet. Daß sie sich ihre Begleiter einfing, mochte nach allem, was Uggla überdachte, nur natürlich sein, und er gönnte es ihr, sich noch einmal im Prunk eines Hofstaates zu zeigen. Was ihm aber nicht gefiel, das war die Nähe, bis zu der sie diese Begleiter an sich heranzog und die bisweilen so groß – oder wenn man will: so klein war, daß sich ein Hineinstürzen dieser Planeten in das Zentralgestirn nicht nur befürchten, sondern voraussehen ließ, und gegen die damit unweigerlich verbundenen Erschütterungen seiner sonst recht ordentlichen Welt hatte der Baron von Uggla denn doch einige Bedenken. Erstens nämlich liebte er seine Frau (wenn man auch nicht weiß, wie weit das ging), zweitens verspürte er wenig Lust, mit Hörnern herumzulaufen, nur weil diese Frau sich selber den Nachweis zu liefern wünschte, daß sie noch in der Blüte ihrer Jahre stehe, und drittens wäre ihm nichts so sehr zuwider gewesen als: eine belächelte Figur zu sein – bei diesem

Gedanken drohte ihn seine sonst kaum erschütterliche Ruhe zu verlassen.
Nun hätte es für den Baron freilich nichts Einfacheres gegeben, als seiner Frau die Meinung zu sagen. Aber schon das kam ihm wohl wie ein Anzeichen der Schwäche vor, er verzichtete darauf, fest überzeugt, der ganzen Angelegenheit mit Haltung begegnen zu können.
Unter den Planeten, die Lenore an sich gefesselt hatte, befand sich als Abbild des Mars ein Hauptmann, der bei aller Jugend bereits auf ein ziemlich abenteuerreiches Leben zurückblicken konnte, zumal er, wie Uggla, viel in fernen Ländern gewesen war. Gegenüber dem Baron hatte er den Vorteil, daß er von seinen weiten Wegen nicht ermüdet und ruhebedürftig heimgekommen war, sondern mit dem Vorsatz, alsbald wieder hinauszustürmen. Er machte auch gar kein Hehl daraus, daß eigentlich nur Lenore es war, die ihn in der Heimat zurückhielt, wie er denn überhaupt — auch dies im Gegensatz zu dem Herrn von Uggla — eine Natur ohne Seitengänge und Verzweigungen war und niemals gelernt hatte, die Dinge still zu betrachten oder gar sich Gedanken über sie zu machen. Eine glückliche Veranlagung also, wofern man unter Glück nichts weiter versteht als jähe Einfalt und ein robustes Selbstbewußtsein.
Von allen Trabanten war demnach dieser Hauptmann am leichtesten zu durchschauen, und, wie man hätte glauben sollen, am sichersten in einer Bahn zu halten, in der er die Weltordnung nicht gefährdete.
Aber die Mechanik des Herzens ist eben doch nicht so einfach, am Himmel in uns sind die Bewegungen weniger gesetzmäßig als am Himmel über uns — und dies, scheint es, hatte Uggla nicht in Rechnung gezogen, besonders was den Weiberhimmel anbetrifft.
Nun war es damals so eingerichtet, daß die Gäste in den wenigen Nebengebäuden untergebracht zu werden pflegten, und zwar unerwartet einfach — die vornehmste Unterkunft war das heutige Gärtnerhaus —, während das Schloß allein der Herrschaft vorbehalten blieb, und zwar bewohnte Lenore den linken, Uggla den rechten Flügel, wie sich noch heute an der Zimmereinteilung deutlich erkennen läßt, die hüben wie drüben gewissermaßen spiegelbildlich ist. Das war damals so Sitte. Der rechte Flügel wußte also nicht, was der linke tat. Für einen eifersüchtigen und mißtrauischen Mann wäre das Anlaß genug gewesen, kleine und große, lächerliche und tragische Szenen abrollen zu lassen.
Im Grund genommen aber war der Baron weder eifersüchtig noch mißtrauisch, wenigstens nicht in dem landläufigen Sinn dieser Worte. Er hatte zuviel von der Welt und besonders von den Menschen gesehen, um sich noch von so verhältnismäßig primitiven Regungen ernstlich stören zu lassen. Aber gleichgültig war ihm die Sache doch nicht.

Hier ist eine bedeutende Lücke in der Geschichte – man kennt diesen letzten Uggla zu wenig, er war eine undurchsichtige Natur und es läßt sich nichts über ihn aussagen. Eins allerdings hatte er gewiß, nämlich Haltung, und er achtete streng darauf, daß in seinem ganzen Hause diese Haltung bewahrt wurde. Aber das erklärt noch nichts, und vieles, ja die Hauptsache mag dunkel bleiben.

Eines schönen Sommernachmittags führte man im Naturtheater ein kleines Lustspiel auf. Zu den Darstellern gehörten auch Lenore – welche sich die Gelegenheit, zu glänzen, auch diesmal nicht entgehen ließ – und der Hauptmann.

Nach dem Essen, das darauf im Schlosse folgte, begleitete Uggla einige Gäste aus der Nachbarschaft nach Hause, verspätete sich dabei, und als er tief in der Nacht heimkam, fand er die Tür, durch die man noch heute das Schloß zu betreten pflegt, offen – eine Unregelmäßigkeit, die an und für sich bedeutungslos gewesen wäre, hätte nicht im Türschloß ein Schlüssel gesteckt, dessen kunstreicher Messinggriff ihm unbekannt war. Kein Zweifel, der Schlüssel war neu angefertigt, und derjenige, der ihn benützt hatte, war mit diesem immerhin etwas merkwürdigen Besitz verhängnisvoll leichtsinnig umgegangen! Um einen aus der Dienerschaft konnte es sich nicht handeln, da die Dienerschaft das Schloß stets nur durch den rückwärtigen Eingang betrat.

Den Schlüssel also nahm der Baron an sich.

Niemand weiß genau, was in dieser hellen Nacht eigentlich geschah.

Als die Gärtner bei Tagesbeginn an ihre Arbeit gingen, fanden sie den Baron von Uggla in dem kleinen Naturtheater. Nicht auf der Bühne, sondern auf dem Platze, der für die Zuschauer bestimmt war. Neben ihm lag eine Pistole, aus der ein Schuß abgefeuert worden war.

Der Arzt stellte fest, daß ein Selbstmord unmöglich vorliegen könne, denn Uggla war ins Herz getroffen, aber an seiner Kleidung war keine Spur von Pulverschmauch zu entdecken. Die Kugel mußte also aus größerer Entfernung gekommen sein.

Die Untersuchung und Verfolgung des Falles verlief so, daß sie tunlichst wenig Aufsehen erregte – etwas anderes hatte niemand erwartet – und sie führte zu keinem Ergebnis. Da jedoch die Pistole, die neben dem Toten gefunden worden war, unzweifelhaft aus seiner eigenen Waffenkammer stammte, so einigte man sich schließlich trotz allem auf die Annahme, daß der Arzt sich doch wohl geirrt habe.

Die Baronin Lenore von Uggla verließ ein Jahr später das Schloß Monrepos. Sie soll in Südamerika gestorben sein als Gattin eines brasilianischen Generals, der angeblich deutscher Herkunft war. Aber man weiß ja, wie leicht solche Gerüchte entstehen und geglaubt werden.

»Ja«, sagte Georg Buch und richtete sich ein wenig auf, gleichsam als müsse er aus mancherlei Gedanken in die Gegenwart zurückkehren, »das sind solche Geschichten, die mich immer an Pilze erinnern.«
Christine sah ihn an.
»Das, was da zutage kommt und überraschend sichtbar wird, ist gar nicht das Eigentliche. Sondern das Eigentliche ist unterirdisch, ein vielfältiges Gewebe aus sehr feinen Fäden, das unter Umständen wohl manches Jahr lang im Erdboden sein kann, ohne daß man's ahnt. Es ruht, es schläft. Dann aber, eines Morgens — ja, so ist das. Man geht im Walde, plötzlich erblickt man so ein Gebilde, von dem noch gestern abend keine Spur zu sehen war. Es ist herrlich rot oder violett oder es hat dieses wunderbar zarte Grau mit einem Hauch von perlmutterigem Rosa, etwas wirklich Staunenswertes. Aber je verlockender es ausschaut, desto giftiger ist es meistens. Ich frage mich immer: wie kommt nun dieses harmlose, unbemerkenswerte Fadengewebe in der Erde dazu, etwas so teuflisch Auffallendes und Gefährliches hervorzubringen? Ich weiß es nicht, niemand weiß es. Aber es gibt nicht nur gute Geister, davon bin ich überzeugt. Man muß sich in acht nehmen. Und dann, bedenken Sie doch, nach einer geringen Spanne des Aufsehens, nach zwei oder drei Tagen, ist alles vorbei, der Waldboden sieht wieder friedlich und harmlos aus wie zuvor, niemand könnte etwas ahnen. So bleibt es lange, vielleicht wiederum jahrelang. Aber das unterirdische Gewebe stirbt nicht ab, es denkt gar nicht daran, und eines Tages — nein, wahrhaftig, man muß sich in acht nehmen, sage ich.«
Dies also war am späten Sonntagnachmittag.
Am Montagmorgen fand Käthe, daß Christine recht erbärmlich aussehe, blaß und übernächtig, als habe sie kaum geschlafen. Es gab aber viel zu tun, sie konnte nicht fragen. Die Frau, die das Gemüse und die Blumen nach Niedenwald zu fahren pflegte, war krank geworden. Das brachte die Ordnung dieser kleinen Welt unziemlich durcheinander, denn der Wagen mußte auf alle Fälle hinunter. Ein Gärtnerjunge wurde mit der verantwortungsvollen Aufgabe betraut und bekam einen Zettel mit, auf dem alle Kunden verzeichnet standen; es gehörte ja nichts dazu, das Pferd Rosa, Rosa mit dem Strohhütchen, war vernünftiger als ein halbes Dutzend Gärtnerjungen, schlimmstenfalls hätte es die Sache auch allein erledigt, nur einkassieren konnte es nicht, und bergab mußte die Bremse angezogen werden. Dies alles aber wurde geregelt, bevor Christine auf der Bildfläche erschien, sie bekam nur noch ein Endchen Nervosität und Gehetze zu spüren, denn auch die Ordnung hatte ihre Nachteile, sie gleicht einer Reihe von aufgestellten Dominosteinen: fällt der erste, dann schnurren alle andern um.

Also ging Christine einstweilen der Hausfrau ein bißchen aus dem Wege, man weiß, wie das ist. Sie machte ihr Zimmer fertig, fand eine Kleinigkeit zu nähen und hatte Anlaß, dabei ungeheuer viel zu denken. Die Sonne im Krebs wollte und wollte ihr nicht aus dem Kopf — kein Wunder, daß es in diesem Kopf nicht ganz so aussah wie gewöhnlich. Auf einmal, hatte Georg Buch gesagt, eines Morgens steht der Pilz da, rot oder violett oder perlmutterfarben, aber das ist nicht das Eigentliche; das Eigentliche ist unterirdisch, ein vielfältiges Gewebe aus sehr feinen Fäden; man muß sich in acht nehmen.

Zu alledem tauchten auch noch diese Filmleute auf. Man konnte wahrhaftig nicht sagen, daß sie störten. Sie kamen einfach in ihren Autos, Käthe ging hinüber und schloß auf, im übrigen blieben sie für sich, hatten es eilig und waren froh, wenn ihnen niemand zwischen den Füßen herumlief.

Bei alledem gehörten sie aber doch nicht hierher. Christine war im Begriff gewesen, ein wenig spazierenzugehen. Gerade heute hätte sie gern auf dem Sockel der Sonnenuhr gesessen und vielleicht über die Geschichte nachgedacht. Das konnte sie nun nicht. Die Filmleute waren ihr so gleichgültig wie nur möglich, immerhin hätte sie nun doch wirklich gern gewußt, was sie da eigentlich drehten und ob es sich dabei um das Schicksal des letzten Herrn von Uggla und Monrepos handelte oder um etwas ganz anderes, Entlegenes, Albernes. Aber deshalb konnte man natürlich nicht hinübergehen.

Sie schlug die Richtung ein, in der sie schließlich zu dem Naturtheater kommen mußte, und das war ja kein Wunder. Über die Wiese hinweg sah sie, in den etwas höher gelegenen Blumenrabatten vor dem Schlosse, ein paar Köpfe, eine Stehleiter, eine Kamera, Bewegung von Wichtigkeit. Christine lächelte. Diesen Kreis würde sie nicht betreten, und vor ihr lag die Einsamkeit und die mittägliche Stille des Parks.

Nein, nicht völlige Einsamkeit, diesmal.

Denn auf dem Wege, der vom Schloß herunterführte und alsbald in den ihren einmünden mußte, kam ein Mann, der also vermutlich ein ähnliches Ziel hatte wie Christine — wenn er überhaupt eins hatte.

Man war noch ziemlich weit voneinander entfernt, die Sonne blendete, Christine vermochte ihn nicht zu erkennen, über das Gras hinweg sah sie nur, daß er einen dunklen Rock trug.

Sie zögerte, halb mit dem Gedanken, ob sie ihren Weg nun überhaupt fortsetzen sollte, halb in dem Wunsch, den Fremden wenigstens vorangehen zu lassen.

Er hatte keine Eile, Christine noch weniger.

Als die beiden Pfade näher zusammenkamen, wurde sie doch aufmerksam.

Der Mann war, wie sich jetzt zeigte, ungewöhnlich gekleidet. Er trug einen schwarzen, sehr auf Taille gearbeiteten Gehrock, dazu eine elfenbeinfarbene Steghose.
Also einer von den Schauspielern.
Also doch im Kostüm der Zeit.
Vielleicht sogar die Geschichte, ja, recht wahrscheinlich die Geschichte des letzten Herrn von Uggla, denn so mußte er wohl ausgesehen haben, ziemlich genauso hatte Christine sich ihn vorgestellt.
Und jetzt erwachte in ihr eine kleine Backfischneugier, eine Backfischaufregung — einen Sekundenbruchteil noch lächelte sie über sich selber, dann jedoch überließ sie sich, bewußt zwar, aber willig, der Spannung der Lage und dem Gang der Dinge, dem nicht ganz echten Zauber des theatralischen Abenteuers und bedauerte nur — in einem Winkel ihres Herzens — daß sie eben doch kein heimlich tagebuchschreibender Backfisch mehr war. (Ach, weshalb begegnen einem so herrliche Erlebnisse fünfzehn Jahre zu spät, wenn man nichts mehr damit anfangen kann?)
Was war zu tun? Nichts. Man ging einfach weiter.
Ein Darsteller in einer Arbeitspause. Eine recht gute Erscheinung, so weit sich das von rückwärts beurteilen ließ. Nun, gut auszusehen, gut zu gehen, gemessene Bewegungen zu haben, das war sein Beruf. Ein eleganter Mann, ein Herr — der Baron von Uggla. Er schlenderte so dahin, als ob der Park ihm gehöre, offenbar nachdenklich, oder — wahrscheinlicher — etwas ermüdet. Er strebte gemächlich auf das Naturtheater zu und würde sich aller Voraussicht nach auf die einzige dort befindliche Bank setzen . . . wahrhaft schade nur, daß er dann in die Schoßtasche seines Gehrocks langen und ein in Zeitungspapier gewickeltes Butterbrot herausziehen würde — eine für Christine beinahe schmerzliche Vorstellung. Ach, wie sehr mangelhaft ist doch die Welt!
Dies mochte aber sein wie es wollte, Christine würde sich neben ihn setzen, sie konnte ja nichts dafür, daß es keine zweite Bank hier gab.
Indessen liefen die Ereignisse nicht genauso ab.
Der Herr von Uggla nämlich ging zunächst an der Bank vorbei bis an den Rand des Wasserbeckens, blieb dort stehen und schaute hinüber zur Bühne; vielleicht dachte er darüber nach, daß sich hier wirklich ausgezeichnet Theater spielen ließ. Vielleicht sah er sich in einer großen dankbaren Rolle, oder er dachte an einen rauschenden Erfolg aus seiner Vergangenheit.
Übrigens stand er vermutlich genau an derselben Stelle, wo —
Aber jetzt drehte er sich langsam um und erblickte Christine, die sich mittlerweile auf die Bank gesetzt hatte. Sein freundliches, feines Gesicht verriet keine Überraschung, das hätte auch nicht zu ihm gepaßt.

Er kam herzu, deutete eine Verbeugung an und fragte, indem er bereits Platz nahm: »Ich störe Sie?«
»Nicht im geringsten«, antwortete Christine, »und ich hoffe, daß auch ich niemand störe.«
»O nein«, sagte er und schlug das rechte Knie über das linke, mit einer auffallend eleganten, weltmännischen Bewegung. Das Frühstücksbrot, vor dem Christine so gebangt hatte, blieb gänzlich außer Betracht. Er war bestimmt ein guter Schauspieler, der wußte, was er seiner Rolle und seinem Publikum schuldig war. Und seinem Kostüm!
Was dieses Kostüm betraf, so wunderte sich Christine im stillen, wie große Mühe man sich doch heutzutage gab, alles möglichst echt zu machen bis in die unbedeutendsten Einzelheiten. Während der folgenden Minuten konnte sie sich davon überzeugen. Es zeigte sich, daß sein merkwürdig geschnittener Taillenrock nicht einfach schwarz war, wie sie zunächst gedacht hatte, sondern von jener satten, tiefvioletten Dunkelheit einer Pflaume, von der man den bläulichen Reif abgewischt hat; das Tuch war außerordentlich fein; sie erinnerte sich, einmal gelesen zu haben, daß die Dandies der Biedermeierzeit ihre neuen Tuchröcke, wenn sie vom Schneider kamen, mit Glasscherben abschaben ließen, so daß anstelle der wolligen Oberfläche eine matte Glätte blieb; so schien dieser Rock behandelt worden zu sein, dessen Kragen übrigens auffallend hochgezogen war. Die weißseidene Halsbinde, die fast bis zum Kinn reichte, wurde durch eine Perlennadel zusammengehalten, die Weste war aus gelblichem geblümtem Brokat. Die Berlocken an der Uhrkette, das Lorgnon, an einem dünnen Goldkettchen umgehängt, fehlten nicht.
»Sie wünschen aber gewiß, sich auszuruhen«, sagte Christine und verspürte eine geringe Mißbilligung wegen der Tatsache, daß diese Worte klangen, als müsse sie ihre Anwesenheit entschuldigen.
»Aber ich bitte Sie sehr!« antwortete er und betrachtete sie aus schönen braunen Augen, in denen ein freundliches, etwas müdes Lächeln war — Christine dachte, daß sie sich die des wirklichen Uggla so vorgestellt habe und daß man wohl überhaupt kaum einen geeigneteren Darsteller für diese Rolle finden könne. Sie bemühte sich, die Unterhaltung zu beleben und fortzusetzen. »Der Platz ist Ihnen bekannt?« fragte sie. »Er liegt freilich ein wenig abseits.«
»O ja, er ist mir bekannt«, sagte er und ging auf ihre Gesprächsabsicht mit einer Art von dankbarem Vergnügen ein. »Ich finde ihn besonders hübsch, und daß er abseits liegt, ist wohl kein Nachteil. Sie sind noch nicht lange in Monrepos?«
»Erst ein paar Tage. Es ist bezaubernd, und zwar im wahrsten Sinne des Wortes.«

»Es würde mich interessieren«, sagte er, »was Sie unter ›bezaubernd‹ verstehen. Denn — verzeihen Sie meine Offenheit, die hier ja nur schmeichelhaft ist — Sie machen nicht den Eindruck eines Menschen, der solche Worte gedankenlos ausspricht.«
Christine antwortete bereitwillig: »Bezaubernd scheint mir Monrepos vor allem deshalb, weil es die Zeit ihres Gewichts beraubt.«
»Sie meinen —«
»Gewöhnlich steht uns die Zeit wie eine Mauer gegenüber, nein, wie zwei Mauern, nämlich eine vor uns und eine hinter uns. Deshalb kann unser Horizont nur ganz eng sein, unser Blick nicht in die Vergangenheit dringen, noch viel weniger aber in die Zukunft. Hier jedoch, scheint mir, beginnen diese Mauern durchsichtig zu werden, das heißt: wenn man auch nicht geradezu durch sie hindurchgehen kann, so kann man doch wenigstens hindurchsehen.«
»Wahrhaftig —!« sagte der Herr von Uggla, griff nach seinem Lorgnon, besann sich aber offenbar, daß man eine Dame wie diese nicht einfach durch das Glas betrachtete und beschränkte sich also darauf, mit dem Lorgnon ein wenig auf und ab zu wippen. Er machte das außerordentlich echt. »Dann müßte der Unterschied zwischen Vergangenheit, Gegenwart und Zukunft also aufgehoben sein?«
»Eben das meine ich«, erwiderte Christine, »wenn auch ›aufgehoben‹ wohl zuviel gesagt ist. Immerhin verschwindet die Unwirklichkeit, welche ganz besonders die Vergangenheit umschleiert und tot erscheinen läßt — diese verschwindet bis zu einem bedeutenden Grad. Ich weiß nicht, ob ich mich ganz deutlich ausdrücke?«
Er sah sie mit einer leisen, höflichen Verwunderung an.
Sie fuhr lächelnd fort: »Sie müssen natürlich dasselbe Gefühl haben, sogar noch stärker, denn darin liegt für Sie ja wohl die Hauptmöglichkeit, glaubhaft zu wirken.«
»Sehr klug, auffallend klug!« antwortete er, und Christine stellte mit einem nun wahrhaftig beinahe backfischmäßigen Vergnügen fest, daß er sie voll wachsender Aufmerksamkeit betrachtete. »Sie finden also, daß ich glaubhaft wirke?«
»Durchaus — das heißt —«
»Also doch eine Anerkennung mit Vorbehalt?«
»Nicht wie Sie vielleicht denken. Ich wollte sagen: für denjenigen, der Ihre Geschichte kennt, die Rolle, die Sie spielen, muß Ihre Erscheinung durchaus glaubhaft wirken. Ich bin seit gestern in dieser Lage. Wie es aber wäre, wenn ich nichts wüßte, das will ich nicht beurteilen.«
»Ah, jawohl«, sagte er mit der verbindlichen Anerkennung, die kennzeichnend für ihn war. — »Und was, wenn ich fragen darf, wissen Sie?

Was weiß man?«
»Soviel mir erzählt wurde«, antwortete Christine, und plötzlich war eine seltsame Art von Zurückhaltung in ihr, die sie sich nicht hätte erklären können, »soviel mir erzählt wurde, fand man den Baron von Uggla eben hier, auf dieser Seite des Wasserbeckens, mit einem Herzschuß, der aber nicht von ihm, sondern von einem andern abgefeuert worden sein mußte.«
»Jawohl. Ganz recht.«
Christine blickte zu der Stelle hinüber. Sie konnte sich die Szene mit einer Deutlichkeit vorstellen, die schon beinahe Halluzination war, und sie dachte, daß ihr dies wohl nur durch die Gegenwart eines so ausgezeichneten Darstellers der Rolle möglich werde. So, wie Georg die Geschichte erzählt hatte, blieb ja eigentlich nichts unklar – bis auf die Frage: ob es sich tatsächlich so verhalten hatte. Aber wer wollte das mit Gewißheit behaupten?
»Verzeihen Sie«, sagte der Baron, indem er mit der Hand ein erinnerndes Hüsteln verdeckte. »Jede Auffassung ist notwendigerweise einseitig, sonst wäre es ja keine Auffassung, sondern eine Feststellung. Sie haben die ihre, ich habe die meine. Es ist ... ja ... es erscheint mir aber nicht unwichtig, Vergleiche anzustellen. Wir werden uns gewiß noch besser und zu unserem gegenseitigen Nutzen einigen, wenn wir unsere Auffassungen zwar nicht gleichmachen, aber doch wenigstens auf den gleichen Ton stimmen. Man versteht sich dann um so viel leichter.«
»Sollte das einen Wert für Sie haben?« fragte Christine erstaunt.
»Oh, Sie glauben nicht, welchen Wert es hätte!« antwortete er. »Auch ich weiß ja nur einen Teil. Man weiß ja immer nur einen Teil. Denjenigen Teil nämlich, der die eigene Person betrifft. Denn, meine Dame, was wissen wir von anderen? Nichts, genau genommen. Wir mögen es uns einbilden, etwas zu wissen – es sind aber eben nur Bilder, die wir immer in uns bewirken; ob sie der Wirklichkeit gleichkommen, wissen wir nicht. So lebt jeder in einer selbstgeschaffenen Welt und tastet an der Welt der anderen nur herum wie an einer Glaskugel. Dies ist die furchtbare Einsamkeit, die eigentliche Leere des Weltraums, der eisige Hauch des Todes, der alles Geschaffene trennt.«
Er wurde lebhafter. »Und hier mögen Sie nun den Urgrund alles dessen erblicken, was wir als dramatisch empfinden: den von vornherein zum Scheitern verurteilten Versuch zweier Geschöpfe, sich – ihrer Glaskugelwelt zum Trotz – zu vereinigen. Da gibt es nur zwei Möglichkeiten. Entweder nämlich, es gelingt ihnen nicht, ihre gläsernen Schalen zu zerbrechen, dann bleiben sie ewig voneinander getrennt und können nichts tun, als sich schmerzlich stumm anzublicken. Oder aber es gelingt ihnen

— dann geraten sie über die Scherben hinaus in die tödliche Kälte des Weltraums und müssen zugrundegehen, vereinigt zwar, aber doch zugrunde, eben deshalb zugrunde! Indessen sind das doch nur äußerst seltene Ausnahmefälle: Tristan und Isolde, Paolo und Francesca. Wir gewöhnlichen Sterblichen werden einer solchen Vereinigung gewiß nicht gewürdigt. Wir bleiben einsam in unserer Schale, verdammt zu quälender Ungewißheit. Uns fehlt der Überblick über das Ganze; jawohl, die Idee, der Sinn des Ganzen, der Zusammenhang bleibt uns verborgen, und das einzige, was wir tun können, ist: in den Kulissen auf unser Stichwort zu warten, dann auf der Bühne zu erscheinen, unser Sprüchlein mehr oder weniger brav herzusagen und wieder zu verschwinden — vielleicht nicht für immer, sicher jedoch bis zum nächsten Stichwort — — wie lächerlich, welcher groteske Einfall: sich vorzustellen, daß ein Komödiant auch ohne Stichwort auf dieser Bühne erschiene und alsbald ratlos zwischen Ratlosen stünde! — Oder sind Sie anderer Ansicht, meine Dame?«
Dann, gleichsam sich selber auffangend, mit gedämpfter Stimme und sehr eindringlich: »Wissen Sie, was aus Lenore geworden ist?«
»Sagen Sie mir vor allem«, erwiderte Christine, mitgenommen von der Bewegung, die in seinen Worten lag, »sagen Sie mir zunächst, wie sich die Sache mit dem Herrn von Uggla verhielt, oder wissen auch Sie es nicht?«
»Wer sollte es wissen, wenn nicht ich!« antwortete er. »Der Baron Uggla traf in jener Nacht den Hauptmann bei Lenoren, und zwar unter Umständen, die jeden Wortwechsel überflüssig machten. Er holte die beiden Duellpistolen, deren eine man später neben ihm fand. Man hielt nichts von Zeugen und allen diesen leeren, albernen Förmlichkeiten. Um jedoch einen ordnungsgemäßen Verlauf wenigstens einigermaßen zu sichern, wählte man das Wasserbecken als Distanz, es sind sieben Schritt. Uggla, als der Beleidigte, hatte den ersten Schuß. Die Nacht war ungewöhnlich hell und es ging schon auf den Morgen zu. Seien Sie übrigens versichert, daß Uggla eine vollkommen ruhige Hand hatte. Nicht etwa, daß ihn diese peinlichen Ereignisse unberührt oder kalt ließen, nein, aber bei solchen Dingen erreicht der Mensch immer einen gewissen Punkt, jenseits dessen bereits eine ganz ruhige Gleichgültigkeit liegt, eine Gelassenheit, als ob es sich nicht mehr um ihn selber, sondern um jemand handle, der ihn nicht das mindeste angeht. Diesen Punkt überschritt Uggla, indem er die Pistole hob. Er hatte weder ein Rachebedürfnis noch Angst vor dem Tode — er war lediglich neugierig, was sich nun alles ereignen würde, und als ein Mann, der gewohnt war, alles mit großer Sorgfalt zu tun, zielte er genau und durchaus in dem Wunsche, die Angelegenheit korrekt zu Ende zu bringen. Der Hauptmann stand im

hellen Licht. Distanz sieben Schritt, Ugglas Hand zitterte nicht. Da ereignete sich etwas.«
»Ja –?«
»In diesem Augenblick nämlich hörte man in geringer Entfernung die Stimme Lenorens.«
»Ja –?«
»Sie rief einen Namen. Aber es war nicht der Name des Barons, sondern der des Hauptmanns.«
»Ja –?«
»Da schoß Uggla, und zwar auf ein magisch phosphoreszierendes Pünktchen, das langsam vor dem dunklen Baumgrund dahinschwebte; er hätte ebensogut auf den Mond schießen können, aber dazu hätte er sich umdrehen müssen – und das war ihm jetzt die Sache nicht mehr wert.«
Nach einer Weile fragte Christine: »Dann also?«
Der Erzählende hob ein wenig die Schultern und deutete mit einer geringfügigen Kopfbewegung auf die Stelle, wo der Herr von Uggla gefunden worden war. »Was aber ist aus Lenoren geworden?«
»Völlig genau scheint das niemand zu wissen«, antwortete Christine und berichtete, was sie tags zuvor gehört hatte.
»In der Tat!« sagte er nachdenklich. »Jawohl. Es spricht manches für die Lösung, sie ist logisch.«
»Finden Sie?« fragte Christine.
»Sie nicht?« fragte er dagegen und sah sie mit einem Blick seiner braunen Augen an, in dem etwas Unsicheres, beinahe Ängstliches zu liegen schien.
»Ich weiß nicht«, sagte Christine überlegend. »Man hört und liest dergleichen Geschichten ja immer wieder, sie unterscheiden sich nur in Äußerlichkeiten voneinander, je nach der Zeit. Ich kann's aber nun einmal nicht in Ordnung finden, daß ein Mann, der von seiner Frau betrogen worden ist, sich obendrein auch noch totschießen läßt, vollends von demjenigen, der ihn betrogen hat.«
Er schüttelte den Kopf und erwiderte: »Das ist es doch nicht. Darum handelt es sich nicht. Das ist, wie Sie es nannten, eine Äußerlichkeit, meine Dame. Der Kern, um den sich dieser Wirbel begab, lag ja nicht in dem Baron von Uggla, sondern in Lenore. Er liegt, wenn Sie mir das Bild gestatten, in dem Punkte, den die Sonne erreicht, wenn sie auf ihrer Bahn in das Zeichen des Krebses tritt. Er liegt in dem großen Atemanhalten, auf das, unerbittlich, die Umkehr folgt, jene zuerst unmerkliche, dann aber immer deutlichere Verkürzung der Tage. Spüren Sie denn nicht die furchtbare, allertiefste, gespenstische Unruhe und Erschütte-

rung, welche sich in diesem Augenblick in der Welt, hinter ihr, verbirgt? Alles steht vor der großen Entscheidung des Daseins. Auch der Mensch. Im allgemeinen ist er, zu seinem Glück, gedankenlos genug, es einfach hinzunehmen. Es gibt aber Naturen, die sich dagegen aufbäumen möchten, obwohl sie sich sagen müssen, daß dies unmöglich oder doch mindestens sinnlos ist. Und da sie die Sonne nicht zwingen können, so nehmen sie wenigstens die Sonnenuhr weg. Gegen die große Ordnung hilft das freilich nichts. Fühlen Sie aber nicht, daß ein Mensch an diesen Dingen zugrundegehen kann — eben dadurch zugrundegehen, daß er sich oben halten möchte? Die große Woge, die zurückflutende, nimmt ihn mit. Dies ist das Eigentliche, was sich unter jenem äußeren Geschehen begab.«

Er sprach so gelassen, als stünde er selber jenseits seiner Gedanken.

Christine, unter dem Eindruck dessen, was alle die Zeit hier wie eine Last in ihr gelegen hatte und sich nun unversehens als Schicksal der Welt offenbarte, hörte gesenkten Kopfes und mit geschlossenen Augen zu.

Schwindelgefühl, jenes dunkle Goldgrün wie in der Tiefe eines durchsonnten Stromes, erfüllte sie.

Selber war sie der durchsonnte Strom, lautlos dahinlebend. Sie wußte nicht mehr, ob die Worte wirklich gesprochen wurden, die sie vernahm, und ob die Sprache weiterklang. Die Sprache war in ihr, keine Worte mehr, nur eine geheimnisvoll aufleuchtende, aufklingende Erkenntnis. Ein Sommermittagstraum.

Dann wurde auch dies ruhig und still. Das große Schweigen stand um sie, trat wieder in ihr Bewußtsein — und nun, auf einem leisen Wehen von Heuduft herangetragen, wurde das Grillenkonzert hörbar, das wie ein silbernes Netz über den Wiesen hing.

Waren Schritte auf dem Kies? Sie entfernten sich nicht, sie kamen langsam näher.

Christine öffnete die Augen und erblickte Georg Buch.

»Kommen Sie nur«, sagte er.

»Aber —«

»Der Tag ist immer sonderbar, ich weiß schon.«

»Welcher Tag?«

»Heute haben wir den vierundzwanzigsten Juni«, sagte er. »Johannistag. Sie sollten auch nicht so ohne Hut in der grellen Sonne sitzen und schlafen.«

»Ich hab doch nicht geschlafen«, sagte Christine verwirrt.

Als sie aber aufstand, taumelte sie ein wenig, nahm seinen Arm, und nun gingen sie wortlos nebeneinander her.

Käthe trug eben das Essen in die Stube. »Oh, Christine!« rief sie, sehr diesseitig und ganz ohne Ahnung von dem dunkelgrünen Strom. »Wo bist du gewesen? Warum warst du nicht hier! Die Filmleute sind heute mit ihrer Arbeit fertig geworden, sie kommen nicht wieder. Aber ich durfte dabeibleiben und zusehen!«

»Nun also«, sagte Christine mit einem abwesenden Lächeln.

»Dich scheint es nicht besonders aufzuregen!« sagte Käthe leicht enttäuscht.

»Doch, doch. — Haben sie dich nicht zu guter Letzt noch entdeckt?«

»Nicht gerade. Ich bin auch froh, eigentlich. Denn weißt du — nein, einfach nein. Es ist eine so bittere Enttäuschung, wenn man es in der Nähe sieht.«

»Wie hattest du es dir denn gedacht?«

»Aber ich weiß jetzt doch wenigstens, weiß wenigstens ungefähr, worum es sich handelt. Ach, nichts mit Monrepos!«

»Wieso — —!«

»Wie wir befürchteten: eine moderne Geschichte, irgend etwas, mit Voilekleidchen, Flanelljackett und Tennisschlägern. Aber darauf kannst du dich verlassen: dazu geb ich mein Schloß nicht noch einmal her, ich nicht. Und — mein Gott, Christine —!«

Es sei wirklich nicht zu begreifen, sagte Christine zwei Stunden später im Liegestuhl, und Georg Buch habe gewiß recht mit der Behauptung, daß man sich vor zu viel Sonne in acht nehmen müsse. Übrigens sei dies die erste Ohnmacht ihres Lebens gewesen, und sie schäme sich fast zu erklären: eigentlich sei es wunderschön — einmal so gar nichts mehr zu wissen und innerhalb einer Sekunde zu bemerken, daß es, nun ja, daß es eben dahingehe. Wenn weiter nichts dabei sei, dann bitte, jederzeit!

»Aber nicht bei uns!« sagte Käthe. »Mach mir keine Ungelegenheiten! So etwas tut man nicht, wenn man zu Besuch ist. Im übrigen will ich dir Rosas Strohhütchen aufsetzen, damit dergleichen nicht wieder vorkommt! Es hat so hübsche blaue Futterale für die Ohren.«

»Nein, aber etwas anderes —«, sagte Christine, schon wieder ziemlich lebhaft. »Ich habe mich jetzt ausgeruht und wunderbar erholt und —«

»Ja, das merkt man.«

»Höchste Zeit, daß ich wieder ein nützliches Glied der menschlichen Gesellschaft werde! Weil du von Rosa sprichst: ich werde morgen früh mit nach Niedenwald fahren, das wäre doch einmal etwas anderes, man vergräbt sich sonst so leicht in seine selbstverständlich dummen Gedanken, und vielleicht kann ich mich sogar ein bißchen nützlich machen?«

»Gar nicht übel . . .«, sagte Käthe nachdenkend. »Der Junge, der einstweilen fahren muß, macht sowieso die Hälfte verkehrt und wird mich noch totärgern. Und mit dem Pferd kann er auch nicht ordentlich umgehen. Na, du auch nicht, aber —«

»Bitte!« sagte Christine. »Ich kann!«

»Wieso? Ja, richtig. Um so besser. Gut also. Du wirst mir doch nicht vom Bock fallen?«

Christine runzelte die Stirn und erwiderte, wenn sie gewußt hätte, daß ihr diese Ohnmacht nun zeitlebens nachhängen würde, dann hätte sie sich so etwas niemals gestattet; aber natürlich, ist das vielleicht eine Erholung, wenn man nicht einmal ohnmächtig werden darf, ohne daß sich ein schreckliches Getöse darum erhebt?

Dies alles war, von beiden Seiten her, nicht völlig echt. Käthe hatte mehr Sorgen und Christine mehr Gedanken, als sie zeigten.

Indessen mußte man zunächst mit dem Augenblicke fertig werden, und es ist immer eine Angelegenheit der Oberfläche, das Gesicht zu wahren. Übrigens meinte es Christine durchaus ernst: daß etwas sehr Ablenkendes geschehen müsse. Denn allein aus sich heraus, das wußte sie, würde sie mit diesen Dingen niemals fertig werden, und ein sicheres Gefühl verbot ihr, darüber auch nur ein Wort zu verlieren. Wenn Mahr da wäre . . .! dachte sie wieder einmal.

Aber sie schlief in dieser Nacht wie ertrunken oder wie nach einer großen Krise, und war sehr frisch, als um fünf Uhr der Wecker rasselte.

Dreiviertel Stunden später, die Sonne schien bereits warm, kam sie eben dazu, wie das Pferd Rosa gutmütig und zuverlässig aus der Stalltüre polterte und angeschirrt wurde. Sie betrachtete mit einer gewissen Nachdenklichkeit die von Käthe erwähnten blauen Ohrenfutterale und bekam das Aufschreibebüchlein, in dem bereits alles eingetragen war.

»Morgen werde ich das tun«, sagte sie.

Der Gärtnerjunge Paul war nicht besonders gekränkt, daß er zur Seite rutschen und ihr seinen Platz als Kutscher überlassen mußte, aber er machte ein Gesicht, das erkennen ließ, wie sehr er bereit war, im Ernstfall seine fünfzehn Jahre entschlossen in die Bresche zu werfen.

Käthe sah das Fuhrwerk nicht ohne Vergnügen. »Hübsch«, sagte sie. »Beinahe unglaublich hübsch! Und sieh zu, daß du die Erbsen losbringst, sie werden schon ein bißchen hart; vielleicht kannst du dem Gemüsehändler etwas über die Funktionine erzählen, das mögen sie besonders gern. Und bergab mußt du das Gas wegnehmen!«

»Also«, sagte Christine, ohne sich um diese unfeinen Anspielungen zu kümmern, und das Pferd Rosa zog brav an.

»Die Peitsche«, rief Käthe hinterdrein, »die Peitsche ist aber nur dazu

da, um ihr die Fliegen zu verjagen, etwas anderes würde sie furchtbar übelnehmen!«
In einer zarten Wolke aus dem Duft von Lauch, Zwiebeln, Kohlrabi, Pferd und Rosen fuhr man dahin, Christine war sich schon lange nicht mehr so wichtig vorgekommen. Sie wußte, dies war das einfachste und vielleicht auch das einzige Mittel, das ihr im Augenblick helfen konnte. Denn dasitzen und grübeln — ein unmöglicher Gedanke! Man muß den Blick auf das Diesseitige richten, und je diesseitiger es war, desto besser.
Alles ging vortrefflich, die neue Gehilfin des Schloßgärtners von Monrepos wurde von den Kunden, besonders von den grünbeschürzten Hausdienern der Hotels in Niedenwald mit wohlwollendem Schmunzeln begrüßt, und es war nicht nur für den Knaben Paul erstaunlich, wie schnell sich alles abwickelte; sogar die schon ein bißchen harten Erbsen blieben unbeanstandet. Christine hatte eine merkwürdige Art, sie war flink, unwiderstehlich, und wenn sie einen alten Marmeladekübel voll hellen Rosen vom Wagen hob, sah es aus wie gemalt.
Alles wurde verkauft, und trotzdem kam man eine halbe Stunde früher als gewöhnlich nach Hause. Die neue Gärtnerin lieferte die lederne Umhängtasche mit dem Geld ab und war mindestens ebenso zufrieden mit sich und der Welt wie letzthin, als sie den großen Staatspreis bekommen hatte, ja, eigentlich noch wesentlich zufriedener, denn diesmal hafteten nicht so viele Probleme an dem Erfolg — und überhaupt.
Wie es aber bei Dilettanten immer ist, wollte sie nun die Sache gleich übertreiben und sofort nach dem Essen mit zum Heueinfahren hinaus. Da wurde aber Käthe energisch und schickte sie in den Park. Christine folgte dieser Anordnung, wenn auch nicht gern. Ihre Sehnsucht nach Arbeit war freilich nicht unbezwinglich, ein verdöster Nachmittag lockte sehr — aber sie hatte Bedenken, mit sich allein zu bleiben.
Das Erlebnis von gestern, über das sie mit niemandem sprach, weil sie selber nicht im geringsten wußte, was sie davon halten sollte, dieses Erlebnis war durch die lustige, unbeschwerte Tätigkeit des Morgens überblendet und in die Bereiche der Ungewißheit zurückgedrängt worden; es war, auf eine ganz sonderbare Weise, schon jetzt so fern wie ein vergangener Schmerz — der sich ja viel schwerer vergegenwärtigen läßt als ein vergangener Schrecken —, aber doch noch nahe genug, daß die Erinnerung daran ein sehr tiefgründiges Unbehagen verursachte.
Und vor eben diesem Unbehagen, vor dieser bedeutsamen Gefährdung des inneren Gleichgewichts fürchtete sie sich. Noch niemals war sie in diesen Bezirken des Erlebens gewesen, wollte aber auch nicht wieder dahin, ihre ganze Natur widerstrebte dem, obwohl sie sich sagen mußte, daß es eben aus der Natur emporgestiegen und Gestalt geworden war.

Um so seltsamer, unbegreiflicher, ja geradezu um so ärgerlicher für sie selber war es, daß sie im Weggehen zu Käthe sagte: »Gib mir doch die Schlüssel, ich möchte drüben etwas nachsehen . . .«
Sie nahm sich vor, von diesen Schlüsseln keinen Gebrauch zu machen und wußte doch genau, daß sie dem Vorsatz untreu werden würde. Oh, die Männer haben schon recht, wenn sie über uns spotten! dachte sie, ziemlich erbittert über sich selber, und setzte sich auf eine Bank unweit des Schlosses mit dem halb aufreizenden, halb unbehaglichen Gefühl, daß sie nun wohl allmählich wieder in eine Stimmung wie gestern geraten werde, und dabei, sozusagen, blickte sie innerlich stets ein wenig beiseite: ob sich denn nichts zeige, ob nicht irgend etwas geschehe —
Denn für ihre seelische Verfassung wäre das trotz allem sehr gut gewesen. Es hätte nämlich gezeigt, daß nicht alles aus ihrer Einbildung hervorgegangen war.
Da sah sie, daß der Schatten einer menschlichen Gestalt über sie fiel, einer Gestalt, die hinter ihr stand, und sie blieb regungslos und wie erstarrt.
Sie hüstelte aber, und eine sehr milde Stimme sagte: »Christel, hoffentlich erschreck ich Sie nicht?«
Das war Herr Stefan, der Organist.
Er war, wie er neulich versprochen hatte, nicht mit dem Brausen des Sturmes gekommen, sondern auf dem Fahrrad wie das Säuseln des Windes, und das Rad hatte er natürlich im Gärtnerhaus gelassen.
»Oh, gut!« sagte Christine, denn es war doch eine sehr große Erleichterung. »Wie schön, daß Sie mich besuchen!«
»Ich besuche ja gar nicht Sie«, erwiderte er lächelnd und setzte sich. »Ich bin nur so hier. Ich wollte mich nur einmal nach der anderen Christine umsehen, Sie erinnern sich doch. Sind Sie ihr inzwischen vielleicht zufällig begegnet? Wie herrlich: die weißen Wolken dort über dem Buchenwald!«
»Ja«, sagte Christine, »ich bin ihr begegnet — unter anderem — und ich weiß nicht, welche von uns beiden hysterischer ist. Aber zufällig — nein, zufällig war das, glaub ich, nicht. Es ist übrigens noch gar nicht lange her.«
»Das ließ sich denken«, sagte Herr Stefan. »So geschwind geht es in Monrepos nicht. Auch das Verzaubertwerden will gelernt sein.«
»Verzaubert —?« fragte sie, beinahe mißtrauisch.
»Nun, oder entzaubert, wie man's nimmt«, sagte er, »weil es ja ganz darauf ankommt, welche Welt man als die eigentliche ansieht.«
Christine war jetzt aber entschlossen, sich nicht wieder in diese seltsamen Bereiche ziehen zu lassen, dazu hatte sie eben vorhin ein bißchen

zu viel Angst gehabt. »Und Sie sind auch nur so zufällig hier?« fragte sie.
»Keineswegs, das wissen Sie doch.«
»Wie steht's daheim, kommt die kleine Stadt ohne die große Tochter aus?«
»Mühsam«, antwortete Herr Stefan. »Die schönsten Grüße von allen — ja — sogar von Balthes.«
»Sogar? Was heißt das?«
»Er hat einen Kummer.«
»Ernstlich?«
Stefan wiegte bedächtig den Kopf. »Er jedenfalls nimmt es ernst; Sie wissen doch: die große Uhr!«
»Sie geht nicht?« fragte Christine mit weiten Augen.
»Sie ging tadellos. Aber gestern ist sie stehengeblieben, und es ist ja wirklich recht traurig, daß nicht einmal unser Freund Balthes die Welt wieder in Ordnung bringen kann. Da muß eben doch noch etwas sein, was man nicht weiß.«
Christine fühlte, wie sie blaß wurde. »Wann war das?«
»Es war so«, antwortete Stefan, »daß Balthes ein paar Leute eingeladen hatte, das Wunderwerk zu besichtigen, ich durfte auch dabei sein, und da standen wir nun im Rathaussaal und Balthes hielt einen kleinen Vortrag. Sie wissen ja, das kann er ausgezeichnet, er versteht es, seine Zuhörer zu spannen, und er hatte es natürlich derart eingerichtet, daß er kurz vor zwölf Uhr fertig war, und wir nun alle ganz gefesselt auf die vielfältigen Kunststücke blickten, die sich zur Mittagsstunde bei der Uhr ereignen. Es klappte auch alles wunderbar, und zum Schluß blieb nur noch übrig, daß Petrus hinging und bitterlich weinte. Aber Petrus machte nur eine kleine Bewegung, als ob er im Begriff sei hinzugehen — und da tat es einen leisen Ruck und es war, als ob er sich die Sache überlegt hätte, und nein!«
»Weiter?«
»Nichts weiter, nicht das mindeste, bedauerlicherweise. ›Da ist etwas passiert!‹ sagte Balthes. Ja, den Eindruck hatten wir alle. ›Sie werden das schon wieder hinkriegen‹, sagte der Bürgermeister Hagenauer mit der trostvollen Überzeugtheit, die er immer hat, wenn etwas schiefgegangen ist, dazu ist er ja Bürgermeister. — ›Einen Augenblick!‹ sagte Balthes und fingerte irgendwo herum. Aber es half nichts, der Mond und die Planeten und die Sonne standen still wie Anno Jericho und blieben still. Ich übrigens auch, indessen die anderen zum Mittagessen gingen, und Balthes war ganz zerschmettert. ›Stefan‹, sagte er dunkel, ›es ist schon so: keine Geschichte hat ein Ende. Haben Sie nicht vorhin

erwähnt, daß Sie morgen nach Monrepos wollen?‹ – ›Jawohl‹, sagte ich. – ›Nun‹, sagte er, ›da werden Sie ja Christine Weiland begegnen, die wird schon wissen, weshalb das hier passiert ist.‹ Jetzt bitt ich Sie, Christel, wie kämen Sie dazu? Balthes war sehr verwirrt.«
»Ja«, sagte Christine, »wie käme ich dazu!«
»Wahrscheinlich meinte er die andere Christine«, bemerkte Herr Stefan mit seinem freundlichen Kinderlächeln. »Es tut mir aber von Herzen leid, er hat sich so viel Mühe gegeben und betrachtet es als Ehrensache.«
Christine hatte diesen Bericht mit einer Art von Erregung angehört, die in ihr aufstieg wie das wachsende Wasser eines Flusses, und sie fühlte, wie es ihr schon fast bis zum Herzen reichte, dunkelgrün und durchgoldet und wie von einem ganz tiefen Orgelton dahergetragen. Sie wehrte sich dagegen, aber wenn sie hier sitzen blieb, würde wohl alles nichts helfen. Deshalb stand sie auf – es fiel ihr schwer –, sah sich um, weil sie an der Wirklichkeit eine Stütze zu finden hoffte, und dann hörte sie sich sagen (es klang aber ganz ruhig): »Lieber Herr Stefan, dabei fällt mir ein, daß ich – daß ich im Schloß noch etwas nachsehen wollte. Begleiten Sie mich? Bitte!«
»Mit dem größten Vergnügen!« antwortete Stefan. »Denn ich bin niemals hier, ohne durch diese lieben alten Räume zu gehen. Im April – ach, es war ein unbeschreiblich süßer Frühlingstag, ich hatte die Fenster geöffnet, die Pfirsiche blühten und die Bienen summten im Spalier – damals hab ich sogar das Cembalo gestimmt und bis in die Dämmerung hinein gespielt, Käthe wurde schon unruhig, weil ich so lange nicht wiederkam.«
»Das ist gut«, sagte Christine, »o ja, das ist sehr gut!«
Sie gingen hinüber. In der Eingangshalle mußte jetzt einmal gründlich geputzt werden, viele Spuren von Kreppsohlen tappten da durcheinander, mit bloßem Auskehren und Bohnern würde das kaum zu beseitigen sein. Aber Christine seufzte nicht lange darüber, sondern sie stiegen die Treppe hinauf und wanderten durch das warme Dämmerlicht und diese Luft voll Vergangenheitssüße, in der etwas von einem Mittagsschlaf war.
Die Stube, in der sich das Cembalo befand, hatte zwei Fenster. Christine machte das eine auf, Stefan das andere, und sie stießen auch die Läden zurück, daß der helle Tag hereinfluten konnte und alle Farben, alle Polituren aufwachten.
Über dem Cembalo hing das lebensgroße Bildnis eines Mannes, auf das Christine, als sie das erstemal hiergewesen war, nicht geachtet hatte, wenigstens war es ihr nicht ins Bewußtsein gekommen.
»Es ist der letzte Schloßherr«, bemerkte Stefan, indem er sich mit seiner

behutsamen, umständlichen Art daranmachte, das Instrument zu öffnen. Christine sah sehr hellbraune Augen aus dem feinen, etwas müden und blassen Gesicht auf sich gerichtet. Sie sah einen pflaumenschwarzen Rock, die seidene Halsbinde, die mit einer Perlennadel zusammengehalten wurde, die Weste aus geblümtem, gelblichem Brokat.
Ein Messingschildchen in der Mitte der unteren Rahmenleiste besagte, daß dies Baron Johann Baptist gewesen sei, geboren 1809, gestorben am 24. Juni 1849.

Professor Mahr stand am Fenster seines Wohnzimmers. Man konnte nicht sagen, daß er den Himmel betrachte, denn seine Gedanken waren mit anderem beschäftigt, aber er sah ihn, und bisweilen wurde er sich dessen bewußt, nämlich dann, wenn die Gedanken in ihrem Zug eine Ähnlichkeit mit den Wolken hatten.
Die Wolken. Auf die Dauer geschieht nichts in der Welt gleichförmig. Eine Zeitlang, eine unbestimmte Zeitlang mag der Himmel rein und blau sein, dann kommen Dunstschleier, Wolken, vielleicht wird es nur ein Gewitter, vielleicht eine Reihe von grauen Tagen, und man weiß immer erst nachher, ob das schöne Wetter oder die grauen Tage günstig waren. Oh, je nachdem. Heute braucht die Erde Sonnenschein, morgen braucht sie Regen. Fest steht nur, daß kein Gleichmaß in diesem Geschehen ist, alles kommt schubweise, stoßweise, das Schicksal scheint nichts von der goldenen Mittellinie zu halten, es pendelt zwischen Nichts und Allem.
Und das Leben sprießt aus demselben Boden wie das Schicksal, auch das Leben vollzieht sich stoßweise. Man sieht das an der Pflanze: sie wächst nicht gleichmäßig, sondern in kleinen Rucken, zwischen denen sie gewissermaßen Atem holt und neue Kraft sammelt; das ist nur ein Vergleich, er paßt für unser Menschenhirn, weil wir ihn verstehen — wer will sagen, was eigentlich dahintersteckt?
Nicht einmal das bißchen Pflanzenleben können wir begreifen, dieses sanfte, lautlose Geschehen, wieviel weniger das Schicksal und sein Wesen. Mitunter scheint es, als ob alle Welt, als ob sogar das Schicksal uns vergessen habe: nichts rührt sich, niemand kümmert sich um uns, eine große Windstille herrscht. Dann jedoch offenbart sich, daß während dieser Zeit die Werdekraft und die daraus erfließenden Geschehnisse bloß aufgestaut worden sind, und plötzlich, an einem einzigen Tag, durchbrechen sie den Wall. Es soll nur niemand glauben, daß er vergessen worden sei, das Leben hat ein gutes Gedächtnis, nicht nur im großen, sondern auch im kleinen.

Eine Zeitlang, wie gesagt, rührt sich nicht das mindeste. Keiner besucht uns, keiner schreibt uns, von Wichtigerem gar nicht zu sprechen. Eines Morgens jedoch poltert ein ganzer Stoß Briefe herein, es ist, als ob die Post sie für diesen Tag gesammelt und aufgehoben habe, und nun zeigt sich eben, daß man weder im Bösen noch im Guten vergessen wurde. Das ist ein ganz gewöhnliches Beispiel, jeder kennt es.
Heute war für den Professor ein solcher Tag, und solchermaßen grübelte Mahr, mit einem Blick in die Wolken, bevor er sich entschloß, den Briefstoß näher zu betrachten. Vielleicht war auch ein bißchen Unbehagen dabei; man weiß ja nie, was in so einem Umschlag steckt, man erwartet einen herzlichen Gruß und erfährt von einer Lungenentzündung.
Bis zu einem gewissen Grade ist es nicht feig, vor dem Leben Angst zu haben, sondern klug; übrigens ist es ja auch mehr Mißtrauen als Angst, ein sehr begründetes Mißtrauen, denn Vorsicht, das Tier beißt! Das kann man ihm nicht abgewöhnen; bisweilen läßt sich's einfach nicht vermeiden, daß man gebissen wird, aber man braucht ihm wohl auch nicht geradezu die Finger zwischen die Zähne zu halten.
Mit derlei Gedanken also betrachtete Mahr die eingelaufene Post. Einen großen, elfenbeinfarbenen Brief legte er gleich beiseite und hob ihn für zuletzt auf, er kam von Christine. Dies war eine von den kleinen Lebensklugheiten, mit denen sich der Mensch das Dasein etwas erleichtern kann und auf die Mahr selten verzichtete; denn so bitter konnte keine von den anderen Mitteilungen sein — Christinens Brief würde zu guter Letzt ein wenig Süßigkeit darüber ausstreuen. Und es waren Ferien — Ferien, nichts eilte.
Sonst also? Eine ausländische Zeitschrift wünschte einen Beitrag über sein Forschungssondergebiet; die Arbeit war angenehm in mehrerer Hinsicht und gerade recht für einsame Urlaubstage. Dann kamen ein paar Unerheblichkeiten, belangloses Zeug, immerhin nichts Ärgerliches. Danach aber eine — nun ja, das mußte man rundweg zugeben — eine recht aufregende Anfrage: Ob es Herrn Professor Mahr möglich sei, sofort nach F. zu kommen, es handle sich um seinen in diesem Fall äußerst wichtigen Rat bei der Besetzung eines Generaldirektorpostens. Näheres mündlich, drahtet Antwort.
Ja, ja, das Leben geschieht stoßweise, ruckweise, oft kommt alles zusammen, übrigens auch die leeren Tage. Aber dieser Tag war nun bei Gott nicht leer, man wußte gar nicht, wo man mit dem Überlegen beginnen sollte. Das Schicksal, das Leben hat seine Launen, bisweilen geruht es, sich hinreißend liebenswürdig zu zeigen — aber dann ist doppelte Vorsicht geboten, keinesfalls darf man das Mißtrauen vergessen und die Aufmerksamkeit gegenüber diesem bissigen Tier, diesem

boshaften, aber schönen Tier, indessen wird es dadurch eigentlich wertvoller, als wenn es nur einfach langweilig und häßlich wäre. Man kann etwas mit ihm anfangen, nur muß man es zu behandeln wissen; bisweilen läßt sich sogar seine Bosheit, lassen sich seine plötzlichen Ausbrüche so lenken, daß es, wenn auch wider Willen, vernünftige Arbeit leistet. Dazu gehört Überlegung, Voraussicht und vor allem Ruhe. Auch die Dompteure im Tigerkäfig tragen die größte Ruhe zur Schau, sie lächeln — das ist natürlich eine Lüge, aber der Tiger fällt darauf herein.
Auch Mahr lächelte also, zum Teil jedoch über sich selber. Ganz geheuer war die Sache ja niemals, auf ein Unglück muß man immer gefaßt sei, und doch ist es besser, selbst in diesem Falle zu lächeln. Was haben wir denn — letztlich — anderes? Irgendwo trotz allem ein bißchen Angst, aber gerade die dürfen wir nicht zeigen, sonst kommt das wahre Kräfteverhältnis zutage und damit ist das aufregende Spiel natürlich schon verloren, bevor es angefangen hat. Derart stehen die Dinge in Wahrheit. Sollte man's glauben, daß sogar ein Universitätsprofessor sich mit Raubtierdressur befassen muß? Ach, freilich muß er das nicht unbedingt, aber das Leben wird dadurch aussichtsreicher, bunter und wertvoller. Man darf die Entwicklung nicht übers Knie brechen, aber man darf auch nicht zu spät kommen, das eine wäre so falsch wie das andere.
Und jetzt griff er zu dem letzten, zu Christinens Brief.
Was? sagte er aber nach ein paar Minuten, hielt das brennende Zündholz so lange zwischen den Fingern, bis es beinahe ein Unglück gab, und warf's dann in den Aschenbecher, ohne ein neues anzuzünden.
Denn das, was er da zu lesen bekam, war äußerst kurios, es war beinah unmöglich und wurde sogar dadurch nicht glaublicher, daß Christine es geschrieben hatte, Christine, die bisher so furchtbar vernünftig gewesen war.
Der Morgen endete damit, daß Professor Mahr zum Bahnhof ging, um ein Telegramm aufzugeben und eine Fahrkarte zu kaufen. Er war noch viel nachdenklicher als zuvor.

Wohin aber käme die Menschheit, wenn sich jeder mit derart professoralen Gedanken belasten wollte! Die Welt ist bunt und merkwürdig, aber doch wohl in anderer Weise bunt und merkwürdig, wie die Flüssigkeiten und Glaskolben auf dem Tisch eines Laboratoriums. Man kann nicht einfach davorstehen und mit klugem Blick abwarten, daß alles so geschieht, wie es nach dem Lehrbuch geschehen muß. Die meßbaren Dinge sind in der Minderzahl, glücklicherweise.
Man verlangt ja keine wirklichen, großen Überraschungen, ach nein,

die kleinen, spielerischen Launen sind es, die das Leben angenehm machen. Vor allem darf nicht zuviel gedacht werden, das ist einfach ungesund.
Die paar Straßen des Bades Niedenwald (der Perle im grünen Samt der Wälder) glänzen vor Sauberkeit und Problemlosigkeit. Schon wenn die Sonne über die Baumwipfel steigt, ist alles gekehrt und geputzt, sie kann sich wohlgefällig in den Fensterreihen der Hotels und Pensionen spiegeln, und dabei feststellen, daß sie immer noch schön ist, auch in dieser Zeit, da ihre Bahn sich bereits neigt. Der geschorene Rasen, die Blumenkanten glitzern mit Tautropfen, Bäckerjungen und ähnliche Morgengeschöpfe laufen geschäftig von einem Haus zum andern, große Ruhe ist geboten, und es wirkt beinahe mißfallenerregend, wenn ein Wägelchen voll Blumen und Gemüse des Weges kommt und das Pferd hörbar keine Gummiabsätze hat.
Aber auch dieses kleine, morgeneinsame Klappern stört die Kurgäste nicht, denn sie schlafen ja noch, und wenn sie dann erwachen und wohlgelaunt auf ihren Balkon hinaustreten und denken: ›Oh, heute wird wieder ein herrlicher Tag!‹ dann sind die Bäckerjungen und das Gemüsewägelchen längst verschwunden, weil es hier keinen Alltag gibt — es darf keinen geben, aus Gesundheitsrücksichten, laut ärztlicher Vorschrift; vollends für schwere Gedanken oder gar Sorgen ist kein Platz — in dringenden Fällen müßten sie sich nach dem Messingschildchen richten ›Lieferanten rückwärts!‹, wo der Hausdiener sie schon rechtzeitig abfangen würde. Aber alles, was nach vornehinaus geht, strahlt in einer seriösen Heiterkeit. In seiner Art ist das Leben hier ein Kunstwerk, wahrhaft harmlos, und dementsprechend teuer.
Und wie befriedigend gestaltet sich erst der mittlere Teil des Vormittags, der alles, was dabei sein kann und muß, in einer besonders hübschen Szene versammelt, nämlich am Brunnen, in den Kuranlagen! Selbstverständlich ist das schon längst kein gewöhnlicher Brunnen mehr wie im Mittelalter, sondern er ist mit einem eleganten Tempelchen überbaut, an das sich eine offene Wandelhalle schließt; aus einem Bündel blitzblanker Nickelrohre fließt still das Heilwasser in schöne Becken, davor befindet sich eine Art Gesundheitsbüfett, wo nette Fräulein mit rosa Häubchen das Wasser ausschenken. Man läßt sich ein Glas geben, wandelt, trinkt und kann eigentlich gar nicht umhin, so nebenbei festzustellen, wer heute schon wieder ein neues Kleid anhat; das durchaus maßvolle Interesse, welches mit dieser Feststellung verbunden ist, reicht eben hin für einen leicht belebten, jedoch nicht aufgepeitschten Blutkreislauf.
Die Kurkapelle — weit genug entfernt, um auch ihrerseits eben noch

ermunternd, aber nicht aufregend zu wirken — spielt um diese Zeit den Walzer ›Gold und Silber‹, das ist schon seit vierzig Jahren so, man könnte die Uhr danach stellen, die Natur hat alles sehr weise eingerichtet.

Ab und zu freilich ereignet sich etwas. Nichts Schreckliches, denn das wird hier streng vermieden, aber doch ein kleiner Akzent, der für einige Zeit Stoff zum Nachdenken liefert. Da stellt zum Beispiel eines von den netten rosa Häubchen eine schwarze Tafel auf mit den Kreideworten ›Telegramm für Frau Direktor Sengebusch‹.

Einige kennen Frau Direktor Sengebusch, weil sie mit ihr in derselben Pension wohnen, die meisten kennen sie nicht, noch nicht, aber alle verlangsamen den Wandelschritt, diskret, jedoch erwartungsvoll; denn wenn Frau Direktor Sengebusch sich jetzt das Telegramm aushändigen läßt und es öffnet, so ist es zwar unwahrscheinlich, aber doch immerhin denkbar, daß sie erzittert, erbleicht und mit den Worten ›O Gott!‹ (oder so) zusammenbricht. Unwahrscheinlich, ja. Angenommen jedoch, es käme so und man hätte es nicht gesehen, dann wäre es ein bedeutendes Versäumnis, zumal gegenüber den anderen, die es ebenfalls nicht gesehen haben.

Ach, nichts geschah, Bad Niedenwald blieb um eine Sensation ärmer. Zwar ließ sich Frau Dora Sengebusch, als sie das nächstemal am Brunnen vorbeikam, das Telegramm aushändigen. Sie öffnete es auch, aber sie brach keineswegs zusammen, sondern steckte es mit heiterer Gelassenheit in ihr Täschchen und setzte die Kur fort, eben als ob nichts geschehen sei. Hinter ihr zeigte sich — wenn man so sagen darf — einen Augenblick lang der Genius der Enttäuschung, semmelblond und in fades Blaßviolett gekleidet, und er trug ein Täfelchen ›Friede‹ wie bei einem Begräbnis.

Eigentlich schade. Das Bühnenbild wäre so hübsch, die Aufmerksamkeit ziemlich allgemein, die Möglichkeit für eine dramatische Szene durchaus vorhanden gewesen, und Frau Dora Sengebusch war doch eine Persönlichkeit, eine geeignete Persönlichkeit, denn sie hatte ihren eigenen Wagen samt Fahrer mitgebracht. Aber nein. Vermutlich stand in dem Telegramm: Die besten Wünsche zum Geburtstag, oder so etwas.

Nebenbei: zum wievielten? Wenn man Frau Dora im Vorübergehen mit einem unauffälligen Blick streifte, mußte man wohl zu dem Ergebnis kommen, daß sie in einem Alter sei, in welchem diese Frage nicht mehr geradezu gestellt werden sollte. Anfang, Mitte Dreißig. Bei Blondinen, zumal bei einer so gut angezogenen, ist das schwer zu schätzen. Immerhin hätte man mehr von ihr und dem Telegramm erwarten dürfen. Die Kurkapelle spielte jetzt die Stefaniegavotte, der Weltlauf nahm

also bereits wieder den programmgemäßen Fortgang, er kann sich bei versäumten Gelegenheiten leider nicht aufhalten.
Eines durfte man freilich nicht vergessen: Vielleicht war jener Genius der Enttäuschung in Wirklichkeit ein Genius der Täuschung gewesen, ein ganz durchtriebenes Gespenst in einem absichtlich falsch gewählten Kostüm. Bei einer solchen Persönlichkeit wie Frau Direktor Sengebusch war das wohl möglich, diese Leute verstanden es, Haltung zu bewahren, sich nichts anmerken zu lassen. Vielleicht hatte auf dieser durchaus passenden Szene eben doch etwas begonnen, etwas Dramatisches, ein Trauerspiel oder eine Komödie, je nachdem. Denn man weiß doch, daß ein wirkungsvolles Stück eigentlich nie gleich mit einer Ohnmacht, einem Zusammenbruch beginnt, sondern ganz harmlos, eben mit einem telefonischen Anruf oder einem Telegramm, der Zusammenbruch kommt erst am Schluß, denn wo bliebe sonst die Spannung. Das Telegramm war da, so viel stand fest. Vielleicht brauchte man die Hoffnung doch noch nicht ganz aufzugeben.
Nach dem Mittagessen, gegen zwei Uhr, zu einer Zeit also, wo jeder zu ruhen hat, steuerte Frau Sengebusch ihren Wagen durch die mit einer heißen Schläfrigkeit gefüllten Straßen zum Bahnhof. Fast niemand sah es, aber das Telegramm war daran schuld. Schnellzüge sind so rücksichtslos, sie überlegen nicht, wie notwendig, wie streng vorgeschrieben die Mittagsruhe gerade für Kurgäste ist. Hingegen gab Frau Sengebusch ein Musterbeispiel von Rücksichtnahme, sie wollte ihren Fahrer nicht stören, sondern lenkte den Wagen selber.
Aus dem Zug stieg mit ganz neuen Wildlederschuhen unter anderen — nein, nicht unter anderen, denn er war eine Klasse für sich, wenigstens schien er sich so zu fühlen — aus dem Schnellzug also stieg kein Geringerer als Herr Schneider, Frau Doras guter Bekannter, mit dem sie ja erst neulich in der Stadt zusammengetroffen war, wie es der Zufall gewollt hatte. Offenbar hatte auch er eine Kur nötig, und deshalb vermutlich holte ihn Frau Dora mit dem Wagen ab. Das Gepäck wurde gebracht. Bei der Rückfahrt brauchte Frau Dora keinen Umweg zu machen, denn Herr Schneider wohnte in derselben Pension wie sie; auch das hatte der Zufall gewollt. Wie angenehm ist es, wenn sich alles ohne Schwierigkeiten fügt. »Meine liebe Frau Dora!« sagte Herr Schneider.
Eine Stunde danach saßen die beiden im Café Rittmann, obwohl oder vielleicht gerade weil es noch ein wenig zu früh war, Kaffee zu trinken. Das Lokal befand sich in einem alten, gemütlichen Haus, deshalb war der Raum nicht hoch, sondern eher niedrig, dafür jedoch ungewöhnlich tief: eine lange, dämmerige und vor allem kühle Höhle, mit süßem Tortenduft erfüllt, die ihr Licht lediglich durch das weit vorn befindliche

Schaufenster erhielt, welches auch noch geradezu lieblich verdunkelt wurde durch das rotleinene Sonnendach, das die wenigen auf dem Gehsteig stehenden Tischchen überschattete. Von einem Platz im Hintergrund dieser angenehmen Höhle erkannte man draußen nur ein paar leuchtende Farbflecke: das durchsonnte Rot, ein helles Laubgrün, ein weißes Mauerstück. Fast konnte man sich hier der Welt entrückt fühlen, zumal also um diese frühe Stunde sehr wenig Gäste da waren und die Stille nur gelegentlich durch das Klirren eines Löffelchens oder das leise Rasseln der Registrierkasse nicht gestört, sondern eher noch bemerklicher gemacht wurde. Der dunkelblanke Gummibelag des Fußbodens machte jeden Schritt lautlos. Es ging nicht anders, man mußte mit gedämpfter Stimme sprechen.

»Ich freue mich ja so!« sagte Herr Schneider und drückte Frau Doras Hand. »War das nicht wieder mal ein glänzender Einfall? Und Sie haben so liebenswürdig für mich gesorgt!«

»Mein alter Fehler!« antwortete Dora mit sanfter Nachdenklichkeit. »Man ist immer zu nett mit euch Männern, ihr dankt's einem nur selten.«

»In mir werden Sie eine Ausnahme finden.«

»Selbstverständlich. Jeder von euch ist eine Ausnahme. Ich will aber zugeben, es war wirklich ein guter Einfall von Ihnen – hoffen wir es wenigstens. Ganz ohne Anschluß wird auch die Gesundheit langweilig. Ich dachte schon, man hätte mich vergessen.«

»Gnädige Frau!« sagte Herr Schneider. »Es war mir aber einfach nicht eher möglich. Wichtige Ereignisse, bevorstehende Entscheidungen –«

»Jetzt, im Hochsommer? Ich weiß doch Bescheid. Wenn die Herren in Urlaub gehen wollen, gibt es plötzlich nichts Wichtiges mehr, die Weltgeschichte wird bis auf weiteres vertagt.«

»Ein sehr großer Irrtum, mindestens in diesem Fall«, antwortete er und zog die Augenbrauen so hoch, daß sich die Stirn in sehr bedeutende Querfalten legte. Überhaupt konnte man ahnen, daß erhebliche Neuigkeiten in Herrn Schneiders Busen verborgen waren, ein Quell, der spürbar darauf wartete, angebohrt zu werden. Frau Dora beschloß, ihm diesen Gefallen zu tun, zumal ihr Mann ja Direktor bei derselben Firma war und Neuigkeiten sie daher näher berühren konnten. Deshalb sagte sie ablehnend und gänzlich unbeteiligt: »Sie werden ja wohl nicht von geschäftlichen Dingen sprechen wollen?«

»Selbstverständlich nicht«, erwiderte er. »Es handelt sich in der Tat um geschäftliche Dinge, aber ich will nicht davon sprechen.«

»Das ist auch nicht notwendig, denn man würde mir gewiß darüber schreiben, wenn es wichtig wäre.«

»Sicherlich, und wenn die Entscheidung gefallen ist.«

»Entscheidung?« fragte Dora und sammelte langsam, aber mit liebenswürdiger Deutlichkeit ihre Gedanken, die bisher vermutlich mit dem Fräulein beschäftigt gewesen waren, welches hinter einem frischbeladenen Kuchenbrett durch die süße Dämmerung schwebte. »Ist das schon Apfeltorte, Fräulein? Ja, bitte. – Entscheidung, sagten Sie?«

»Ich sagte Entscheidung«, antwortete Herr Schneider und sah noch viel bedeutender aus als vorher. »Gestern, spätestens heute, denk ich, muß der Apfel, nein, der Würfel gefallen sein.«

»Und Sie sind nicht dortgeblieben, wo er fällt?«

»Erstens«, sagte er, »sitze ich ja nicht im obersten Rat der Götter, sondern bin nur ein bescheidener Abteilungsleiter, und zweitens gibt es Dinge, die mit so unwiderstehlicher Macht wirken –«

Dora streifte ihn mit einem verträumten Blick. »Ich will nicht in Ihre Geheimnisse dringen«, sagte sie.

»Wenn es meine Geheimnisse wären«, antwortete er, »so dürfte ich's unter keinen Umständen wagen, Ihnen davon zu sprechen, ohne Ihren Unwillen zu erregen. Ach, mein Herz!«

»Herz? Nein, dafür ist Niedenwald nichts.«

»Ich glaube auch nicht, daß mir hier geholfen wird«, seufzte er. »Indessen handelt sich's nicht um meine Geheimnisse, wenigstens in diesem Augenblick nicht. Überhaupt, was heißt Geheimnisse? Es wäre allenfalls ein kleines Vorgreifen auf Dinge, die morgen oder übermorgen ja doch allgemein bekannt sein werden.«

»Gut«, sagte Dora. »Ich habe Ihnen nun den Gefallen getan, Ihre Wichtigkeit hinreichend anzuerkennen. Die Stimmung ist vorbereitet, ich warte hochachtungsvoll. Schießen Sie jetzt aber los, sonst gibt es womöglich eine Enttäuschung.«

»Das kann wahrhaftig leicht möglich sein«, erwiderte er, »denn mir fehlt die Kenntnis der tieferen Zusammenhänge, und diese Herren sind ja fast unberechenbar.«

»Welche Herren also? Wenn Sie sich noch lange in Positur setzen, Schneiderchen, werden Sie tatsächlich den Augenblick der größten Wirkung versäumen. Es kann sich nur noch um Sekunden handeln. Diese Herren? Sprechen Sie von meinem Mann?«

»Das weiß ich nicht.«

»Sie wissen es nicht?«

»Es wird sich gestern entschieden haben oder heute entscheiden.«

»Ihre Andeutungen – oder sind es bereits Mitteilungen? – leiden nicht an übertriebener Klarheit.«

»Wie könnten sie auch!« sagte Herr Schneider mit einem tiefen Blick.

»Ich bin so glücklich, jawohl, das bin ich, in der glückseligsten Urlaubsstimmung. Heraus aus dem Alltag, ohne Stundenplan, ohne Fernsprecher, in dieser lieblichen Zurückgezogenheit allein mit einer bezaubernden Frau in dem Bewußtsein —«

»— diese gesetzte ältere Dame allmählich neugierig zu machen!«

»Keineswegs, sondern ich wollte sagen: in dem Bewußtsein, demnächst wie ein Stück rosa Seidenpapier in Flammen und Asche überzugehen —«

»Muß es unbedingt rosa sein?«

»Frau Dora, wenn Sie wüßten —«

»Ich glaube, wir sprechen doch lieber von geschäftlichen Dingen.«

»Wenn Sie es also durchaus wünschen«, sagte er, scharmant bekümmert, und holte Atem. »Es ist Ihnen bekannt, daß wir — das heißt unsere Firma — mit drei oder vier anderen Aktiengesellschaften seit längerer Zeit einen — eine —«

»Sagen wir Interessengemeinschaft!«

»Richtig! Genau dieses Wort war es, das ich suchte. Nun, diese Interessengemeinschaft will und muß sich aus praktischen Gründen — wenn auch nicht gerade vor den Augen der breitesten Öffentlichkeit — fester zusammenschließen. Ich brauche das nicht näher auszuführen.«

»Kaum.«

»Die Schaffung einer für alle Glieder gemeinsamen obersten Leitung hat sich dabei als unumgänglich erwiesen.«

»Das läßt sich denken«, sagte Dora gespannt. Im nächsten Augenblick jedoch hielt sie es für gut, sich nichts, aber auch gar nichts zu vergeben und fügte also hinzu: »Übrigens ist mir dies alles nicht ganz neu.«

»Man will einen Generaldirektor ernennen.«

»Ja?«

»Aber das ist nicht einfach. Der Betreffende müßte gerade in diesem Fall die erforderlichen Eigenschaften in einem Maß vereinigen, das durchaus ungewöhnlich ist. So etwas findet sich selten, derartige Persönlichkeiten wachsen nicht am Straßenrand. Und eben deshalb wird die Angelegenheit Sie, gnädige Frau, interessieren.« Dora lächelte.

»Die Sache hat großes Kopfzerbrechen gemacht, das weiß ich. Und mehr —«, sagte Herr Schneider mit ganz ähnlichem Lächeln, »mehr weiß ich nicht, denn gestern abend war noch nichts entschieden.«

Es ist schön, von einem stillen Dörfchen im Tal aus zu erleben, wie die ziehenden Nebel sich langsam teilen und in den Boden zu kriechen scheinen. Von oben herein wird das Licht klarer, heller, farbiger; plötzlich — an einer einzigen Stelle zuerst — reißt der Schleier, und in der noch umrauchten blauen Höhe wird ein besonnter Felsgipfel sichtbar, majestätisch, beinah überirdisch. Welche Aussicht!

»Na!« sagte Frau Dora Sengebusch. »Jeder Mensch hat seine Schwächen, das reine Ideal soll erst noch geboren werden. Ja, so ist es, der eine hat weniger, der andere mehr Vorzüge und Fähigkeiten. Im übrigen aber: ich kenne doch meinen Mann.«
»Eben! — Darf ich hier vorsichtshalber bemerken, daß Sie keinesfalls von mir über die Angelegenheit unterrichtet sein dürfen?«
»Wofür halten Sie mich?«
»Das erlaubte ich mir schon vorhin zu bemerken, es schien Ihnen jedoch besser, nicht darauf einzugehen.«
»Mein Lieber«, sagte Dora mit der heitersten Zärtlichkeit und offenbar angestrahlt von dem goldenen Gipfel, den sie erblickt hatte. »Keine Frau, wenn sie ehrlich ist, findet so etwas unpassend; aber alles, wohin es gehört. Weiter, bitte.«
Er hob die Schultern. »Für's erste weiß ich noch nichts weiter. Man muß abwarten, welchen Lauf die Dinge genommen haben oder nehmen. Natürlich bin ich selber ebenso gespannt wie Sie, denn auch für mich hängt ja manches, vielleicht sogar alles davon ab. Um so angenehmer ist das Bewußtsein«, sagte Herr Schneider mit schläulich überlegenem Zwinkern, »daß man sich allenfalls der besten Beziehungen erfreut — oder sich doch wenigstens zu erfreuen glaubt und hofft.«
»Worauf Sie sich verlassen können«, nickte Dora.
»In den nächsten Tagen werden wir gewiß erfahren, wie man sich entschieden hat. Vorerst mußte Professor Mahr ja auch die Möglichkeit haben, sich über die ganze Lage zu unterrichten.«
»Wer?«
»Herr Professor Mahr — natürlich.«
»Mahr? — Was hat denn der damit zu tun?«
Herr Schneider blickte auf. In seinen Augen breitete sich Entsetzen aus, still aber unaufhaltsam wie ein Tintentropfen auf Löschpapier. Schließlich sagte er: »Ja — sprechen wir denn nicht die ganze Zeit über Ihren Mann?«
Das Löffelchen klirrte. »Soviel ich weiß, heißt mein Mann Sengebusch«, sagte Dora.
»Ja, gewiß, allerdings . . .« Herr Schneider, unter dem alle Brücken zusammenbrachen, rang mit letzter Kraft nach Haltung, aber auch einem Größeren als ihm wäre das bei dieser grauenhaften Katastrophe kaum gelungen. »Ich meine doch natürlich Ihren ersten Mann.«
»Doch, natürlich?« fragte Dora von unten herauf. »Wollen Sie damit . . . ich meine, wollen Sie tatsächlich behaupten, daß Professor Mahr für diesen leitenden Posten — und das finden Sie natürlich?«
»Mein Gott«, stammelte Herr Schneider, »ich setzte dabei voraus —

ich glaubte voraussetzen zu dürfen, — Mahr — selbstverständlich ohne damit im geringsten —«

Aber jetzt sah man wieder einmal, welches das eigentlich stärkere Geschlecht ist, das mit den Pfeilen und Schleudern des wütenden Geschicks am ehesten fertig wird. »Ganz recht«, sagte Frau Dora, damit beschäftigt, ihre Nase ein wenig zu pudern, was große Aufmerksamkeit erforderte und wenig Gelegenheit ließ, andere Dinge wahrhaft ernst zu nehmen. »Sie haben durchaus recht, die Sache ist für mich, für uns, nicht so wichtig. Du lieber Himmel, als ob sich's heutzutage nur um die Besetzung solcher Pöstchen drehen könnte! Und was hat der Betreffende davon? Ärger. Sagen wir also lieber: der Betroffene. Ja, heute gehört schon eine Art — wie soll ich sagen — eine Art Mutwille dazu, sich in einer solchen Stellung allen Unannehmlichkeiten auszusetzen. Nun, das braucht uns nicht zu kümmern. Aber sehen Sie, so passieren die komischsten Dinge und Mißverständnisse, mir war schon ganz unbehaglich zumute, aber jetzt finde ich meine vorige gute Laune wieder. Fräulein, noch ein Stück Apfeltorte. Ja, so können Leute, die einander sonst recht gut verstehen — nicht, Schneiderchen, was soll denn die Mitwelt denken — ich sage: die sich sonst recht gut verstehen, hartnäckig aneinander vorbeireden. Lächerlich. Man darf die Ereignisse nicht zu ernst nehmen, man darf sich nicht von ihnen überrumpeln lassen, das ist es. Hm. — Nun, angenommen, es würde etwas aus dieser ganzen Geschichte — ich gönne es Mahr. Was meinen Sie?«

Herr Schneider tupfte sich die Stirn mit dem Taschentuch, er fühlte jene Wallungen in sich, die auch dem Mann nicht ganz unbekannt geblieben waren, der ahnungslos über das Eis des Bodensees ritt; aber natürlich sank Herr Schneider nicht entseelt aus dem Sattel, Dora hatte ihn gerade noch einmal droben gehalten und er betrachtete sie mit Bewunderung und Dankbarkeit. Eine fabelhafte Frau. »Ja, ja«, sagte er eifrig, »ich bin durchaus Ihrer Ansicht. Ich habe öfter mit Professor Mahr zu tun und schätze ihn nicht nur als bedeutenden Gelehrten, dessen Stern eben jetzt im Aufgehen ist, nein, bereits verheißungsvoll über dem Horizont leuchtet —«

»Poetisch!« warf Dora ein, ihr Ton hätte ihn warnen müssen.

»— sondern auch als einen sehr feinen und überlegenen Menschen.«

Nach einer bedenklichen kleinen Pause meinte Dora, das mit dem Stern könne ja vielleicht stimmen.

Herr Schneider wurde stutzig. Ihn überfiel zum zweiten Male die Ahnung, daß die Blumen seiner Beredsamkeit dicht am Rand des Abgrundes gepflückt seien, und schließlich ging ihm die Erkenntnis auf, es sei für Frau Dora wohl nicht besonders schmeichelhaft, daß ein so

sehr feiner und überlegener Mensch sich von ihr habe scheiden lassen. Nein, dies war kein glücklicher Tag für Herrn Schneider. Aber so geht es ja immer: Wenn man erst einmal nervös geworden ist, geschieht ein Unglück nach dem anderen.
Indessen schien Dora tief über etwas nachzudenken, sie machte einen sehr abwesenden Eindruck, und so durfte Herr Schneider hoffen, es sei ihr entgangen, daß er die Kurve schon wieder beinahe nicht bekommen hätte. »Wissen Sie, ob Mahr hingefahren ist, ob er überhaupt hinfährt?« fragte sie schließlich.
»Er ist hingefahren, selbstverständlich.«
»Meiner Ansicht nach gibt es bei derartigen Menschen überhaupt nichts Selbstverständliches; deshalb ist ja so schwer, mit ihnen auszukommen. Das sagt natürlich nichts gegen ihre Bedeutung.«
Dieser Ansicht mußte Herr Schneider durchaus beistimmen: es war und blieb nicht leicht, mit solchen Leuten umzugehen, sie hatten — wie soll ich mich ausdrücken — etwas geradezu Undurchsichtiges, bisweilen verstand man etwas ganz anderes, als sie eigentlich meinten. Dabei erinnerte er sich des Tages, an dem er den Professor zum letztenmal gesehen hatte, und des vorhergehenden Nachmittags und eines gewissen Erlebnisses mit einer gewissen Dame, und obwohl es für ihn ja eigentlich nicht sehr günstig war, berichtete er doch davon, denn er besaß Humor genug — überdies erschien es ihm gut, durchblicken zu lassen, daß derlei komische und harmlose Entgleisungen bei ihm nicht eben selten und dementsprechend zu bewerten seien. »Mein altes Unglück: ich verstehe nichts von Frauen!« beschloß er seine Erzählung kokett.
Aber Dora blickte ihn nur tief und rätselhaft an, als sei sie zwar bereit, das Gegenteil zu behaupten, tue es jedoch einstweilen nicht, um sich nicht vollends zu verlieren. Es war, als ob sie mittlerweile in eine Art Waldesdunkel entglitten sei, oder ein Wolkenschatten ging über ihre Blondheit hinweg, jedenfalls blieb sie nachdenklich und wurde es immer mehr, sie war innerlich stark beschäftigt, man merkte, daß es ihr Mühe kostete, nach außen hin teilnehmend zu sein. Das stand ihr gut, sie bekam in Herrn Schneiders Augen dadurch etwas Geheimnisvolles, Loreleihaftes, und dafür hatte er eine Schwäche. Er bewunderte sie.
Aber schließlich konnte man nicht stundenlang so dasitzen, das öffnete keine Aussichten, wenigstens keine guten. Zudem schien die allgemeine Mittagsruhe in Bad Niedenwald jetzt beendet zu sein. Das Café füllte sich auffallend schnell, und als — auf einem Podium in der Mitte der Längswand — ein Streichtrio seine Instrumente zu stimmen begann, tauchte Frau Dora aus ihrem Waldesdunkel und blickte mit einem kleinen Stirnrunzeln umher. »Gehen wir?«

Draußen blendete das Sonnenlicht, die Hitze war groß und schwer.
»Sind Sie gekränkt, daß ich so schweigsam geworden bin?« fragte Dora. »Ich habe Kopfweh, und es wird nicht besser, sondern schlimmer. Am klügsten ist es wohl, ich lege mich auf meinen Balkon, da ist jetzt Schatten und man sieht ins Grüne. Bis heute abend ist es gewiß vorbei – es muß vorbei sein, denn wir wollen doch ausgehen?«

Oh, es zeigte sich alsbald, daß eine so feinfühlige Frau durchaus berechtigt war, Kopfweh zu haben. Dora hatte noch nicht lange auf ihrem Balkon gelegen und nachgedacht, als über den Wipfeln des Kurparks weißblendende Wolkentürme hochwuchsen, und hinter ihnen kam ein fernes Grollen, die Schwalben flogen tiefer und zogen einen sirrenden Laut hinter sich her. Dann erstickte der Sonnenschein, zugleich begann's in den Bäumen zu rauschen, das Grollen war jetzt deutlicher und näher. Als die ersten schweren Tropfen fielen, von einem plötzlichen Windstoß herangepeitscht, flüchtete Dora ins Zimmer.

Das Gewitter wurde heftig, wie ein weißer Schleier stürzte der Regen – dann aber, fast noch unvermutet, stand der Wipfelwall tropfenglitzernd in einem leuchtenden Gelbgrün vor dem Dunkelschieferblau verbrodelnder Wolken. Ein Regenbogen spannte sich über die wunderbar nach lauem Wasser duftende Erde, und im Schatten der Büsche hing ein spinnwebfeiner, milchiger Hauch.

Wie schön, wie befreit war alles von der Beklemmung gegenüber dem Unerwarteten, das übermächtig erschienen war, sich nun aber doch aufgelöst hatte, schneller als man hatte hoffen dürfen!

Da zeigte sich wieder einmal, daß es nichts Unlösbares gab; mochte es noch so drohend heraufgrollen – die Menschen setzten eine kleine vergoldete Metallspitze auf ihr Dach und die Spannung verschwand, von der Erde verschluckt. Wie leicht war jetzt alles geworden, und wie unnötig war es gewesen, Kopfweh zu haben.

Die Gärtnerin Christine widmete sich ihrer Beschäftigung schon seit einer Woche mit schönem Eifer. Beschäftigung – sagte sie –, denn Arbeit könne man es ja nicht nennen, wenn ein Mensch jeden Morgen durch die herrlichste Waldgegend ins Tal hinabkutschiert, kutschieren darf, vor sich ein freundliches Pferd mit einem Strohhütchen, hinter sich eine üppige, duftende Wagenladung aus frischem Gemüse und Blumen. Das Frühaufstehen machte ihr Vergnügen; daß die Leute sie für eine richtige Gärtnerin hielten, vollends für eine hübsche, machte ihr noch mehr Vergnügen, das gestand sie freimütig.

In dieser Woche gab es die ersten Gladiolen aus der Gärtnerei Monrepos, wundervolle, lachsfarbene; die Blumenkioske in Bad Niedenwald freuten sich schon darauf wie alljährlich. Christine nahm jeden Morgen mehrere Kübel voll mit, farbige Wolken, vor Frische knirschend und noch mit Tautropfen in den tiefen Blütenachseln, man riß sich darum. Wenn sie mit dem vollen Wagen ins Städtchen kam, blieben die Leute stehen, und manchmal rief jemand aus einem Fenster: Halloh, ach bitte, warten Sie doch ein wenig, ich komme gleich hinunter!

So schön waren die Gladiolen, und Christine hielt stolz an, wenn auch das Pferd Rosa mit leichter Mißbilligung über diese Programmlosigkeit den Kopf schüttelte, daß die blauen Ohrenfutterale wackelten. Sprechen konnte Rosa ja nicht, aber man sah ihr den seelischen Durchbruch zu einer knappen, dafür um so inhaltsreicheren Formel deutlich an, die ungefähr lautete: »Na, na —!«

Christine verstand recht wohl, was Rosa meinte, aber sie nahm sich's nicht zu Herzen, sondern lachte.

Auch bei ihr hatte sich ja eine merkwürdige Art von Durchbruch ereignet, indessen weigerte sie sich ganz einfach, ungeheuer tiefsinnig darüber nachzudenken. Dazu würde sie später, wenn regnerische Tage kamen, genug Zeit haben.

Jetzt aber schien die Sonne, die Welt glänzte und leuchtete noch, sie leuchtete so schön wie nie vorher, und Christine weigerte sich plötzlich, immer in dieser Welt und ihrem eigenen werten Ich herumzustochern, in dieser bedenklichen Büchse der Pandora, aus der, wenn man so unvorsichtig war, den Deckel abzuheben, lauter Fledermäuse schwirrten und anderes gespenstisches Nachtgesindel. Nein. Schluß! Die Sonne schien, die Wälder dufteten, über den Himbeerschlägen taumelten goldbraune Schmetterlinge, auf einer Wolke von lachsfarbenen Blüten fuhr man dahin wie eine . . . nun, gleichviel, wie irgendwer aus der klassischen Mythologie, jawohl, ganz bewußt durfte man sich so fühlen — um aber den bereits wieder heranwabernden Problemen zwischen zwei Daseinsebenen sogleich auszuweichen, wollen wir lieber kurzerhand sagen: Endlich, endlich hatte man Ferien, das richtige Feriengefühl, die glückselige Empfindung und Offenheit für den Glanz des Tages, für den Wert der Gegenwart, und niemand sollte die langen Ohren deswegen schütteln, selbst wenn sie in blauen Futteralen staken. Hü, Rosa!

Am Tage nach dem kurzen aber heftigen Gewitter war die Blumenladung besonders üppig, denn die Beete hatten doch einiges abbekommen, die Blumen mußten schnell verkauft werden.

Als Christine aus einem Laden trat, in dem sie eben das Geld einkassiert hatte, stand ein Herr an ihrem Wagen und verhandelte mit dem Knaben Paul, offenbar wollte er Gladiolen kaufen.

Grundsätzlich mißfiel dies der tüchtigen Gärtnerin, denn es ging natürlich nicht an, daß sie den Inhaber des Geschäfts beliefert und im nächsten Augenblick vor seiner Tür selber Blumen verkaufte, und zwar um eine Mark billiger; solche Abschlüsse machte sie lieber unterwegs, wo es niemand sah.
In diesem Fall jedoch lagen die Dinge anders, denn Christine erkannte den Herrn sofort, obwohl er ihr gerade den Rücken zudrehte.
Und obwohl der Blumenhügel auf dem Wagen lachsrosa war, wurde ihr doch ein wenig blau, nur ein klein wenig, und nur für eine Sekunde, aber es genügte, um darüber unwillig zu werden.
Sie trat vollends hinzu und sagte so gelassen wie nur möglich: »An Private verkaufen wir nicht, auch wenn es Universitätsprofessoren sind!«
»Christine!« rief der Herr, und es war tatsächlich Professor Mahr.
Während der nächsten Augenblicke wurde lauter dummes Zeug geredet, so unverständliches Zeug, daß der Knabe Paul mit offenem Mund dastand und wahrhaftig nicht wußte, was er von dem Ganzen halten sollte.
»So!« sagte aber Mahr schließlich und strich sich über die Stirn. »Also das ist Ihr neuer Beruf!«
»Jawohl«, antwortete Christine, »das ist mein neuer Beruf, und es tut mir nur leid, daß ich ihn nicht schon ein paar Jahre früher ergriffen habe. Es wäre mir manches erspart geblieben.«
»Jedenfalls bekommt er Ihnen glänzend!«
»Das hoffe ich.«
»Sie waren ja schon immer eine hübsche Person«, sagte Mahr, »aber so knusprig hab ich Sie noch nie gesehen.«
»Ja, daran war das Universitätsinstitut für angewandte Chemie schuld«, erwiderte Christine, »und in der Hauptsache natürlich sein Direktor.«
»Aber —«
»Ja, ganz recht.«
»Was?«
»Aber was machen nun Sie hier, wollte ich fragen.«
Mahr betrachtete sie — er betrachtete sie überhaupt immerfort —, besann sich und antwortete lächelnd: »Denken Sie: da bekam ich letzthin einen Brief, einen höchst merkwürdigen Brief, man muß schon sagen: einen Bericht, und zwar von einem gewissen Fräulein Weiland — Sie werden die Dame wohl nicht kennen; daraufhin erschien es mir angebracht und notwendig, nach Bad Niedenwald zu fahren, denn die Gegend scheint ja sehr interessant zu sein, nach dem Brief zu urteilen.«
»Das haben Sie sich aber ziemlich lange überlegt.«

»Ich komme ja auch nicht von daheim, ich —«
»Lieber Professor Mahr«, sagte Christine und leuchtete ihn aus ihren großen hellgrauen Augen an, »es hilft nichts, die Geschichte müssen Sie mir später erzählen, eine Gärtnerin kann nicht stundenlang auf der Straße stehen und schwatzen, die Blumen werden ja welk.«
»Das ist wahr.«
»Seit wann sind Sie hier?«
»Seit gestern abend.«
»Und wohnen?«
»Im Ochsen.«
»Aber eines möcht ich doch wissen«, sagte Christine. »Nämlich: wozu Sie in aller Herrgottsfrühe unterwegs sind, um Blumen zu kaufen!«
Mahr betrachtete sie unentwegt. »Oh, das will ich Ihnen gern verraten«, antwortete er freundlich. »Weil Blumen in aller Herrgottsfrühe stets am frischesten sind. Wenn Sie in Ihrem neuen Beruf erst einmal etwas mehr Übung haben, werden Sie das schon noch lernen.«
»Ja, danke, dann also auf Wiedersehen.«
»Halt, halt — wann darf man Sie besuchen?«
»Nachmittags bin ich immer frei. Und die Blumen kaufen Sie am besten hier im Laden.«
Christine stieg mit einem schönen Schwung auf den Bock und Rosa setzte sich sogleich in Bewegung.
Rosa schüttelte dabei den Kopf, wohl nicht ausschließlich wegen der Fliegen, und im Dahinfahren überlegte Christine, ob ihr Benehmen nur ziemlich albern oder sehr albern gewesen sei. Es ließ sich nicht entscheiden.
Vorsichtshalber hielt sie am Ochsen, gab für den neuen Kurgast einen schönen, großen Blumenstrauß ab — was nun ganz gewiß nicht albern war — und widmete sich fortan der üblichen Abwicklung ihrer Geschäfte, jedoch mit unverkennbar geringerer Eile und mehr unzugehörigen Gedanken als an anderen Tagen, es ging ihr auch nicht so von der Hand wie sonst, sie brauchte länger, und deshalb sah sie heute auf der Heimfahrt noch, wie die Kurgäste zum Brunnen wandelten. Bisher war ihr das von Herzen gleichgültig gewesen, wohl sogar ein bißchen lächerlich vorgekommen. Diesmal aber mußte sie denken, daß es doch eigentlich recht hübsch sei, und es hatte ja auch sicher seine Vorteile, nach Vorschrift etwas für seine Gesundheit zu tun. Übrigens hatte Mahr etwas angegriffen ausgesehen, das fiel ihr jetzt ein. Der Aufenthalt in Bad Niedenwald war gewiß das Richtige für ihn.
Und nun, nachdem sie doch schon so selbstbeherrscht lange und still beglückt und mit absichtlicher Zurückhaltung um den Hauptpunkt her-

umgedacht hatte und herumgegangen war wie ein Kätzchen um den süßen, aber vielleicht doch etwas heißen Brei, jetzt, da der Weg sich schon über das Tal erhob in die durchsonnten Wälder, in den bezaubernden, leisen, wie von Schmetterlingsflügeln herangewehten Duft der Himbeerschläge, in die große, selige Stille – jetzt erlaubte sie sich, ganz zart und mit flüchtigen Fingerspitzen an die Tatsache hinzutasten, an diese nur mit Vorsicht zu berührende, aber doch unbezweifelbare Tatsache, daß Mahr überhaupt da war, daß er ihretwegen gekommen war, daß er sie nicht länger hatte allein lassen wollen.

»Ach, Paul!« sagte Christine. Der Knabe Paul, für feinere Seelenregungen kaum zugänglich, sah sie verständnislos an.

Aber das Pferd Rosa nickte. In Niedenwald hatte es noch den Kopf geschüttelt, jetzt nickte es. Das kam natürlich daher, daß es bergauf ging, bergauf nickte es immer, jedes Pferd tut das. Man kann sich auf nichts verlassen.

Was jedoch die Blumen betraf, die Mahr bei ihr hatte kaufen wollen – was die Blumen betraf, so kaufte der Professor sie wirklich, wenn auch nicht bei ihr, und auch nicht viele, nur vier oder fünf Stengel Gladiolen; er ließ sie in ein halb durchsichtiges Papier einschlagen und ging von dannen, ohne recht zu wissen, wozu er sie gekauft hatte. Es war ihm einfach danach gewesen, er beabsichtigte eigentlich nicht, sie in sein Zimmer im Ochsen zu stellen; sondern er fand, kurz und gut, daß man an einem so schönen Morgen, unter einem so gänzlich wolkenlosen Urlaubshimmel etwas Nettes tun müsse; man konnte ja nicht ahnen, was der Tag bringen würde – vielleicht überhaupt nichts –, und da war es doch hübsch, so etwas Zartes und Frisches zu haben, eine Freude für alle Fälle, und eine ganz herrliche Farbe, dieses satte Lachsrosa, vorausgesetzt, daß es in die richtige Umgebung kam. Muß denn alles in der Welt einen besonderen, einen praktischen Zweck haben? Diese Gladiolen zum Beispiel, daran gab es wohl keinen Zweifel, blühten weder für sich selbst noch etwa gar für die Menschen. Sie taten es einfach. Ohne Grund. Wie schön ist ein solches Dasein, bei dem nicht gleich der Grund durchscheint wie das Leder bei einem Pelz, in dem die Motten sind. Vermutlich ist es eben deshalb so schön, so wohltuend unwissenschaftlich, ja, geradezu unvernünftig schön.

Wohin strebten eigentlich alle diese Menschen mit sicherer Bedächtigkeit? Zum Brunnen. Mahr überlegte ein wenig, dann schlug er denselben Weg ein – nicht gedankenlos oder weil er nichts Besseres zu tun wußte, sondern heiter und durchaus gefaßt auf die möglichen und aller Voraussicht nach kommenden Ereignisse. Mit dem Schicksal ist es eine eigenartige Sache; vielleicht soll man es nicht geradezu suchen, aber wenn man ihm nicht ausweichen kann, dann soll man ihm entgegengehen: Bitte sehr, glauben Sie nur ja nicht, daß Sie mich aus der Fassung bringen können, Sie kommen nicht unerwartet. Denn dies nimmt dem Schicksal den erheblichsten Teil seiner Stoßkraft. Hamlets große Monologe sind bedeutender als seine Entschlußfähigkeit; hätte er nicht so viel geredet, sondern mehr Entschlossenheit gehabt, so gäbe es am Ende des Stückes bestimmt weniger Leichen; readiness is all –

»Du!« sagte Dora und stellte ihr Brunnenglas irgendwohin. »Das ist die Macht der Gedanken, es kann gar nichts anderes sein, sie hat dich hergezogen!«

»Nein«, antwortete Mahr, »es war eine ganz gewöhnliche Lokomotive, gestern abend.«

»Meine Gedanken waren es!« erklärte Dora, bis in die Fingerspitzen aufgeregt. »Ich bin ja so glücklich! So glücklich, hier eine Menschenseele zu treffen! Wenn du wüßtest, wie ich mich danach gesehnt habe! – Gestern abend also bist du erst angekommen?«

»Genauer gesagt: heute nacht. Es ließ sich nicht anders einrichten.«

»Ja, natürlich, das kann ich mir denken.«

»Entschuldige – was kannst du dir denken?« fragte Mahr.

»Ich? Ach, nichts. Ich meine nur. Du hast doch immer so viel zu tun. Ein Mann wie du. Und diese herrlichen Blumen!« sagte sie, durchaus bereit, die Gladiolen in Empfang zu nehmen.

Aber Mahr gab die Blumen dem Brunnenfräulein mit der Bitte, sie einstweilen für ihn aufzuheben. »Weil sie nämlich nicht recht zu dem Blond passen, das du gegenwärtig bevorzugst«, sagte er. »Du weißt, in dieser Beziehung bin ich empfindlich.«

»Und jetzt gehen wir in den Park«, sagte Dora, »oder noch weiter fort, wo nicht so viele gräßliche Leute herumlaufen, in die Wälder! Ich bin ja so glücklich!«

»Laß dich aber nicht stören. Mit wem hattest du dich denn verabredet?«

»Ach, Gott – ich und verabredet. Nein, die Zeiten sind vorbei. Irgendwann muß man ja schließlich einmal vernünftig werden. Übrigens kennst du ihn: mit Herrn Schneider, er ist zufällig hier, aber ich will ihn jetzt durchaus nicht sehen.«

»Dann machen wir also einen kleinen Spaziergang«, sagte Mahr, dem der Gedanke an Herrn Schneider ebenfalls nicht ganz behaglich war.

Aber weit konnten sie freilich nicht gehen, denn Dora war ja nicht zum Vergnügen hier, sondern sie war etwas leidend und durfte sich nicht zu viel zumuten, »und dann will ich dir nur gestehen, ich habe richtiges Herzklopfen, so glücklich bin ich, daß du hierherkommst und mich besuchst.«

»Jawohl«, sagte Mahr und verfiel, ohne dessen recht innezuwerden, in eine nicht geringe Wortkargheit. Denn diese Wendung kam ihm unerwartet.
War es nicht erst zehn Minuten her, daß er an Hamlet gedacht und alles besser gewußt hatte? Bereit sein ist alles. O Teufel, da haben wir's. Vieles hatte er sich zurechtgelegt, auf noch mehr war er gefaßt gewesen – aber das Nächstliegende und Selbstverständliche hatte er einfach übersehen.
Und jetzt, jetzt gab es wiederum etwas völlig Selbstverständliches, nämlich: zu sagen, daß Dora sich in einem begreiflichen und holden Irrtum befand.
Der Augenblick war entscheidend – und der Professor Mahr war ein Mann, nehmt alles nur in allem: er brachte den Mut nicht auf. Ach, Mut ... wenn es sich nur darum gehandelt hätte. Mut, natürlich, hatte er wie sonst einer. Mut ist ja etwas so Primitives, daß man gar nicht davon zu reden braucht. Mut ist etwas Brutales. Aber man darf das Zartgefühl nicht außer acht lassen. Konnte man dieser Frau ganz einfach ins Gesicht sagen, daß sie sich irrte? Nein. Er jedenfalls konnte es nicht; so stand er da, von der angeborenen Farbe der Entschließung wird des Gedankens Blässe angekränkelt, der Rest ist Schweigen, und Hamlet blickte von seinem derzeitigen Aufenthaltsort zu dem Professor Mahr herüber, ohne eine Miene zu verziehen.
Es konnte nicht ausbleiben, daß Dora diesen Rest, dieses Schweigen, sofort wieder falsch auffaßte. »Wie schön die Rosen blühen«, sagte sie, tief atmend. »Siehst du, da war ich nun alle diese Tage hier so trübselig und einsam –«
Er schnappte nach dem Stichwort. »Ich denke, Herr Schneider ist hier?«
»Ach, der!« sagte Dora.
Aber Herr Schneider, das leuchtete ihm plötzlich als höchst wichtige Erkenntnis auf, war eine bedeutsame Figur, deren Anwesenheit Rückschlüsse zuließ, besonders wenn man ihn und Dora kannte. Er wußte von den Fusionsplänen und was damit zusammenhing – also wußte es auch Dora. Dies alles ging Mahr mit erstaunlicher Geschwindigkeit und Klarheit durch den Kopf.
Und zum Überfluß fragte Dora scheinbar unvermittelt: »Mit dem Nachtschnellzug also? Aber der kommt doch aus einer ganz anderen Richtung?«
»Besprechungen!« sagte Mahr. »Es wird einem nichts geschenkt, nicht einmal die paar Ferientage. Aber nun bin ich hier – ein angenehmes Gefühl, daß die Welt mit ihren vielfältigen Ansprüchen draußen geblieben ist, hinter den sieben Bergen. Ein paar Tage lang nichts von

ihr wissen und hören, das allein ist schon ein Grund zu guter Laune. Vielleicht sogar der einzige, was meinst du?«

»Du hast immer so merkwürdig recht«, sagte Dora. »Überhaupt hast du eine Auffassung vom Leben . . . nicht zu ernst, nicht zu leichtsinnig, wahrscheinlich gerade das Richtige. Früher hab ich das nicht so verstanden. Es lag wohl daran, daß ich keine Vergleichsmöglichkeiten hatte. Ja, mit der Welt, das ist richtig, und hier lebt man wirklich wie auf einer glückseligen Insel. Gibt es eigentlich etwas Neues draußen —?«

»Nichts Besonderes«, antwortete er.

»So. Ach, ich freu mich, daß du hier bist. Kein Stirnrunzeln, ja? Ich bin nicht unbescheiden. Aber schon das Bewußtsein, jemand in der Nähe zu haben, der es gut mit einem meint —«

»Es geht mir augenblicklich viel durch den Kopf«, sagte Mahr. »Ich fürchte, daß ich kein sehr guter Gesellschafter sein werde, sein würde. In solchen Zeiten hat man das Bedürfnis nach äußerer Ruhe, und dazu ist Niedenwald wohl das Richtige. Schlafen — einsame Spaziergänge —«

»Wenn du für meinen Wagen Verwendung hast?« fragte Dora mit freundlicher Schüchternheit. »Ich brauche ihn so gut wie nie, ich muß liegen. Für heute nachmittag zum Beispiel erwarte ich den Besuch des Arztes. Ach, nein, nichts Ernstliches. Hoffentlich.« Sie seufzte. »Nur ab und zu, wie das eben so ist — nicht wahr? Aber das versteht ein Mann nicht, ihr habt euren Beruf, euren Ehrgeiz, ihr blickt immer über das Balkongeländer in die weite Landschaft. Beneidenswert, aber was will man machen. Eines weiß ich bestimmt: Wenn ich wieder mal auf die Welt komme —«

»Ja, ja«, sagte Mahr ein wenig nervös. »Übrigens, dein Vorschlag mit dem Wagen —«

»Ja? Gern!«

»Ich werde das natürlich nicht ausnützen, darauf kannst du dich verlassen. Nur eben heute nachmittag, und da du ohnehin —«

»Ausgezeichnet. Wann soll er dich abholen?«

»Gar nicht. Ich werde ihn abholen, den Wagen. Es gibt Zeiten, in denen man sich von jedem anderen menschlichen Wesen gestört fühlt, weißt du.«

»Ich weiß, immer noch wie früher. Auch das hab ich damals nicht verstanden. Sagen wir also: Um zwei Uhr stellt der Fahrer den Wagen vor deine Tür und bringt dir die Schlüssel hinauf.«

Die Gladiolen kamen nun also doch in den Ochsen, in eine nicht ganz passende Umgebung; sie befanden sich etwas zu nahe bei einem sehr bunten, sehr herzlichen Strauß, der von einem weiter nicht bekannten Fräulein abgegeben worden war. Nach dem Mittagessen ruhte Mahr ein wenig auf dem Sofa und betrachtete von dort aus die Blumen ziemlich tiefsinnig. In einer Stunde würde der Wagen kommen. Bis dahin gab es vieles zu überdenken, und das war um so schwieriger, als der Professor ahnte, daß er mit gewissen Dingen nicht fertig werden würde.

Bisweilen macht sich das Leben den verdächtigen Spaß, Aufgaben zu stellen, in denen zu viel Unbekannte vorkommen, mit Regeln läßt sich da nichts ausrichten, es bleibt Glückssache, Sache des Talents, ob man die Lösung findet.

Das Teuflische daran ist, daß derlei Aufgaben zunächst ganz einfach aussehen; harmlos, sozusagen freundlich lächelnd stehen sie da — oh, das werden wir gleich haben, einen Augenblick bitte. Aber siehe da, so leicht ist es nun doch nicht, man wird stutzig, man kratzt sich hinter den Ohren, beginnt zu erwägen, und wo man die hilfreiche Hand eines Engels erwartete, zeigt sich plötzlich ein Pferdefuß, eine wahrhaft unnötige Erscheinung, denn das Leben ist ohnehin schwierig genug, und wenn man die eine Aufgabe gelöst hat, dann stellt sich meistens heraus, daß die Lösung gar nichts weiter ist als eine neue, noch verwickeltere Aufgabe. So wird einem der geistige Hochmut allmählich abgewöhnt, dafür ist gesorgt.

Anlaß genug, sich nachdenklich das Kinn zu reiben. Mahr tat es unbewußt, aber mit Ausdauer. Die letzten Tage waren für ihn sehr anstrengend gewesen, sie hatten eine ununterbrochene Anspannung der Aufmerksamkeit erfordert und waren nach endlosen Besprechungen und Verhandlungen gefolgt gewesen von beinahe schlaflosen Nächten.

Es kommt selten vor, daß der Mensch so völlig genau sieht, wie er sein Schicksal, seine Zukunft in der Hand hält, und wie es nur von ihm, von einem kleinen Ja oder Nein abhängt, welches Gesicht diese Zukunft haben wird. Oder: der Weg gabelt sich. Wohin jetzt? Nicht jeder ist ein Herakles, nicht jeder fühlt sich berufen, Heldentaten zu verrichten, die mitunter eine reichlich sonderbare Verpackung haben, zum Beispiel den Stall irgendeines Königs Augias auszumisten und dadurch diesem König Augias zu einer Unsterblichkeit zu verhelfen, die er wahrhaftig nicht verdient hat. Aber so bodenlos ungerecht ist das Leben: hätte der König Augias nicht einen Weltrekord an Schlamperei aufgestellt in der Kunst, einen Rinderstall verdrecken zu lassen, niemand dächte mehr an ihn. So jedoch merken sich alle Schulkinder der Welt seinen Namen. Was aber wird aus denen, die brav ihren Kuhstall sauber halten? Niemand kennt sie. Oh, wie zweifelhaft sind doch bisweilen die Hintergründe des Ruhms.

Was den Professor Mahr anbetraf, so hatte er — nach Besichtigung des Stalles und anderer Gelegenheiten zum Heroismus — die Sache einstweilen offengelassen und sich an jenem Kreuzweg ins Gras gesetzt, allerdings mit dem Versprechen, sich bis Ende dieser Woche zu entscheiden.

Aber das wußte außer den allernächsten Beteiligten niemand und schon gar nicht dieser muntere Herr Schneider. Heute war Dienstag, wie angenehm! Gibt es in dieser Welt irgend etwas, ein Aktenstück mit dem Vermerk ›Eilt sehr‹, das nicht gut und gern eine Woche liegenbleiben kann? Bedenkt man, daß jede Tat, jede Entscheidung aufgefaßt werden kann als Anfangsglied einer Kette von Ereignissen, die sich ins Endlose fortzieht, dann erscheint es geradezu als oberste Pflicht, sich alles genau zu überlegen. Vor uns liegt die Ewigkeit — was bedeutet dagegen eine Woche?

Es klopfte. Die Autoschlüssel. Ja, danke. Übrigens: wie fährt man nach Monrepos? Empfehlen Sie mich bitte der gnädigen Frau.

Ein herrlicher Tag. Ein sehr lobenswerter Wagen. Eine Gegend, als sei hier mit Umsicht alles zusammengestellt, was man von einer Sommerfrische erwartet. Und ein Mann am Steuer, der allen Grund hatte, in froher Stimmung dahinzufahren — obwohl, ja, das ließ sich nicht überhören, obwohl in einer mäßig tief liegenden Schicht seines Bewußtseins ein leises Tremolo war wie von feinen, zirpenden Stimmchen, oder als striche jemand mit dem Geigenbogen über eine sehr gespannte Saite; man vernahm es nicht immer, sondern nur bisweilen, nur wenn jene Bewußtseinsschicht etwas mehr an die Oberfläche kam, und dann fühlte Mahr regelmäßig das Bedürfnis, sich hinter den Ohren zu kratzen; aber das tat er natürlich nicht, sondern er bemühte sich, dieser doch irgendwie bänglichen Anwandlungen Herr zu werden, indem er sich vor Augen hielt, daß der Tag wirklich viel zu schön sei, um in der Geologie des Gemüts herumzugraben.

Besonders deutlich hörte er das merkwürdige Konzert, als er zu der Stelle kam, wo die Straße sich gabelte und man links aufwärts in den Park von Monrepos einbiegen mußte — was er selbstverständlich ohne Zögern tat, denn deshalb war er ja überhaupt hierhergekommen. Der Umstand, daß man hier herunterschalten mußte, half ihm über den Augenblick; mit diensteifrig vermehrtem Gemurmel begann der Wagen bergan zu klettern, der sonnige Wiesengrund blieb zurück — aber es zirpte, es zirpte.

Daher kam es vielleicht auch, daß Professor Mahr nicht, wie er gedacht hatte, mit einem schön beherrschten Schwung vor der Tür des Gärtnerhauses landete und fröhlich auf den Hupenknopf drückte, um seine Ankunft zu verkünden, sondern daß er den Wagen ganz bescheiden und unauffällig ein wenig abseits hinter die Büsche stellte und als schlichter Wanderer sich der Schwelle näherte, innerlich sehr geneigt, es als Zeichen lauteren Selbstbewußtseins auszulegen, daß er darauf verzichtete, sich mit fremden Federn zu schmücken. Alles andere, in der Tat, hätte theatralisch wirken können, und dies wäre schon deshalb verfehlt gewesen, weil Christine und Käthe in der Küche standen, sehr mit Einkochen beschäftigt.

Von einer theatralischen Wirkung konnte also wahrhaftig nicht die Rede sein, denn ein Mann ist selten überflüssiger als in einer Küche, wo eingekocht wird, und das will im Hinblick auf die ohnehin zutageliegende Überflüssigkeit der Männer etwas heißen.

»Gleich!« sagte Christine und wies mit dem Ellbogen — denn sie hatte einen schweren und bedrohlich heißen Topf in den Händen — auf ein Armsünderschemelchen, das in ziemlicher Entfernung stand.

Mahr setzte sich sofort und etwas verschüchtert und beobachtete die angewandte Chemie, die ihm recht gefährlich vorkam, denn Christine ging jetzt mit kühner Entschlossenheit daran, den sehr heißen Topfinhalt ohne alle Zwischenhilfsmittel in bereitstehende Gläser zu schütten. Mahr fühlte sich an jene verhängnisschwangeren Augenblicke im Zirkus erinnert, in denen der Todessprung von einem Trapez zum andern stattfindet, wobei den Musikern der Atem stockt und im Hintergrund ein Mann mit einer Rotkreuzbinde sichtbar wird.

Aber die mehrfachen Salti vom Topf in die Gläser glückten, der angespannte Ernst schwand aus dem Gesicht der Akrobatin, er wich einem befreiten Lächeln, und indem sie sich mit dem braunen Unterarm das Haar aus der Stirn strich, sagte Christine: »Da haben Sie aber Glück gehabt!«

In dieser Äußerung spürte der Professor nun eine Ungerechtigkeit, mindestens die Bereitschaft zu einer Ungerechtigkeit. Er fand, daß doch wohl nicht er, sondern Christine Glück gehabt hatte. Trotzdem lag eine gewisse Logik darin, wenn man sich nämlich — falls die Sache schief gegangen wäre — die möglichen Folgen ausmalte.

Deshalb atmete er auf und antwortete voll Überzeugung: »Jawohl!«, und Christine band sich die große blaue Schürze ab, vermutlich zur Bekundung, daß ihre Programmnummer zu Ende sei.

Es zeigte sich, daß sie unter der Schürze das allerliebste neue Dirndl trug, das ihr so besonders gut stand, und Mahr fühlte sich bewillkommnet.

»Um vier Uhr gibt es Kaffee«, sagte Käthe.

Wie einfach ist doch das Leben, wenn man nur immer die knappste Formel findet.

Mahr handelte sogleich nach dieser Erkenntnis und zog, während sie ins Freie traten, Christinens Arm durch den seinen. »Ja, nun bin ich also hier«, sagte er.

»Ja, nun sind Sie hier.« Und nach einer Weile: »Gefällt es Ihnen?«

»Sehr, aber lassen Sie mir nur ein wenig Zeit.«

»Wieso Zeit?«

»Ich muß mich erst auswundern«, sagte er. »Das nennt man jemanden zum besten haben, freilich in der angenehmsten Weise! Stellen Sie sich vor: Ich bekomme da einen Brief ... einen Brief höchst sonderbaren Inhalts, das läßt sich wohl behaupten. Es stand ja nicht ausdrücklich darin, daß ich herkommen sollte, trotzdem gab es für mich keinen Zweifel, denn was tut ein guter Chef, wenn er liest, daß seine erste, seine unschätzbare Mitarbeiterin Zwiegespräche führt mit Herren, die schon hundert Jahre tot sind, mit Herren in pflaumenfarbenem Gehrock und tief zeitlosen Augen! Dieselbe Post aber bringt mir eine zweite höchst wichtige Nachricht, eine dringende Aufforderung –«

»So ist es ja immer«, sagte Christine. »Und nach reiflicher Überlegung und noch reichlicherem Zigarettenverbrauch beschlossen Sie also –«

»Irrtum! Die Überlegung war keineswegs reiflich, sonst hätt ich den nächsten Zug versäumt. Bisweilen muß man auch imstande sein, etwas ohne Überlegung zu tun. Es klingt vielleicht gemütsroh, aber ich sagte mir: ob der bewußte Herr mit dem pflaumenfarbenen Gehrock hundert Jahre oder hundert Jahre und drei Tage tot ist, darauf kommt wohl nicht mehr allzuviel an.«

»Das ist wahr«, sagte Christine. »Aber damals kam es ja eigentlich nicht auf ihn, sondern auf mich an.«

»Und hier liegt nun meine Gemütsroheit, das ist auch wahr«, antwortete er. »Indessen scheint mir, daß sie Ihnen ausgezeichnet bekommen ist, Christine, entschuldigen Sie, wenn ich Sie immer wieder betrachte: Haben Sie schon von jeher so lange Wimpern gehabt? Und so unbeschreiblich hellgraue Augen – und wenn ja, weshalb haben Sie mich nicht darauf aufmerksam gemacht?«

»Es steht nicht in meinem Anstellungsvertrag«, sagte Christine, »das Kultusministerium hat diesen Punkt übersehen. Wie wär's nun, wenn wir allmählich wieder vernünftig reden würden?«

»Legen Sie so großen Wert darauf?«

»Im Augenblick vielleicht wirklich nicht so sehr«, antwortete Christine, und es war ganz bezaubernd, wie sie das Gesicht abwandte, weil in den hellgrauen Augen etwas zu viel Wasser stand. »So, da haben wir's!« sagte sie, aber mit einem kleinen Zorn, weil er es bemerkte. »Kaum sind Sie hier, schon geht es wieder los mit den Nerven. Ja, und Ihre Reise? Die großen Neuigkeiten?«

»Ach, nicht der Rede wert. Später. Ich bin doch Ihretwegen hier. Dies ist — dies war die alte Sonnenuhr?«

»Ja.«

»Eine reichlich merkwürdige Geschichte, Christine.«

»Und schon lange vorbei.«

»Hundert Jahre.«

»Nein, länger: mehr als eine Woche, von einer gewissen Christine Weiland gerechnet. Es war ganz gut, daß ich allein damit fertig werden mußte.«

»Fertig, Christine? In ein paar Tagen? Sind Sie wirklich damit fertig geworden, und wie soll ich das überhaupt verstehen?«

Er war sehr verwundert.

»Man kann schwer über solche Dinge sprechen«, sagte Christine und setzte sich auf den alten Stein. »Wer will denn behaupten, er wisse genau, wo die Welt aufhört und das eigene Ich anfängt? Im allgemeinen gehen wir so dahin und kümmern uns nicht um diese verdächtige Grenze — wenn sie wirklich vorhanden ist, worüber ich mir neuerdings ziemlich unklar bin. Ist es denn nicht wahrhaftig so, daß uns vieles immer zweifelhafter vorkommt, je älter wir werden? Vielleicht gibt es die Grenze gar nicht, der Mensch konstruiert sie nur, damit er wenigstens ein schwaches Hilfsmittel habe, sich einigermaßen im Dasein zurecht zu finden.«

»Sie müssen sehr viel gedacht haben in diesen Tagen.«

»Gedacht?« Christine blickte in die Endlosigkeit des Sommertags. »Nein, gedacht habe ich wohl sehr wenig. Aber mir ist manches aufgegangen. Aufgegangen wie ein Bild, man kann es nur anschauen, nicht darüber nachdenken, denn dann zerfällt es gleich in Einzelheiten. Aber die Einzelheiten sind es doch nicht, auf die es ankommt, sondern das Ganze ist es.«

Mahr betrachtete sie schweigend.

»Sehen Sie«, sagte Christine, »da begegnen einem plötzlich Dinge, unvermutet, unbekannt — man erschrickt davor wie ein scheuendes Pferd. Weil man aber kein Pferd, sondern ein Mensch ist — oder es wenigstens sein sollte — kommt man schließlich dahinter, daß dieses unbekannte, plötzliche Ding, das uns so beunruhigt, gar nichts anderes ist als unser eigener Schatten. Eine höchst erstaunliche und, wenn Sie wollen, vielleicht ebenso erschreckende Entdeckung, denn sie zeigt, daß die Grenze zwischen der Welt und dem Ich, dem Draußen und dem Drinnen in gewissem Sinne gar nicht besteht, es ist alles eins, und die Gespenster gehen in uns selber um. Vor sich selber muß man erschrecken. Ich will«, sagte sie gleichsam absinkend, »nur erklären, weshalb ich es für recht gut halte, daß ich allein damit fertig werden mußte. Weshalb soll man sich denn aus dem Wasser ziehen lassen, wenn man schwimmen kann. Aber daß ich schwimmen kann, weiß ich erst jetzt. Und ich glaube, noch einmal würde ich Ihnen einen solchen Brief nicht schreiben.«

»Schade«, sagte Mahr.

»Da haben wir's!«

»Nein, nicht so. Mir scheint nämlich, daß der Brief — ich meine die Tatsache, daß Sie ihn geschrieben haben — doch wesentlich mitgeholfen hat.«

»Wozu?«

»Zu Ihrer Entdeckung, wo die bewußte oder unbewußte Grenze vielleicht und wo sie bestimmt nicht zu suchen ist. Alles hat seine zwei Seiten, und mancher, der ins Wasser fällt, badet dabei zum erstenmal in seinem Leben. Aber die Hauptsache bleibt doch wohl, daß man nicht ertrinkt. Darf ich sagen, daß ich Sie bewundere, Christine?«

»Sagen Sie einfach, daß Sie sich über mich wundern.«

»Das wäre zu wenig.«

»Nein, es gibt eben Dinge, mit denen man allein fertig werden muß, sonst geht's in den Graben. Angenommen, Sie sind mit dem Wagen in einer Haarnadelkurve — schätzen Sie es dann, wenn Ihnen jemand ins Steuerrad greift?«

»Mit welchem Wagen?« fragte Mahr und verspürte in einem Winkel seines Gemüts ein nicht in den Zusammenhang passendes Zirpen.

»Nur so!« antwortete Christine. »Denken Sie über den Fall Weiland, was Sie wollen — aber bitte nicht jetzt!« Und mit einer von den schnellen Wendungen, die ihn schon früher bisweilen überrascht hatten: »Weshalb sind Sie hier?«

»Um Sie aus dem Wasser zu ziehen.«

»Ich bin aber schon wieder auf dem festen Boden und sogar bereits wieder trocken.«

»Seien Sie nur nicht allzu trocken!« bat Mahr. »Bis vor kurzem stand Ihnen das ganz gut, aber jetzt sind Sie eine andere Christine. Sie glitzern.«

»So!« sagte sie. »Ich glitzere! Das ist ja eine bemerkenswerte Entdekkung. Finden Sie, daß es sich mit meiner Stellung in der Wissenschaft verträgt?«

»Zum mindesten ist es etwas Neues.«

»Ja, dafür bin ich nun eine Gärtnerin, die jeden Tag Blumen in die Stadt fährt — ach, nicht mehr lange, denn die alte Urschl ist wieder gesund, ich darf gar nicht daran denken. Weshalb lachen Sie?«

»Mir scheint, ich bin im richtigen Augenblick gekommen. Sie werden

also nicht mehr Blumen verkaufen, und Einkochen werden Sie ja wohl auch nicht immer, es ist eine so gefährliche Beschäftigung. Vielleicht finden Sie ein wenig Zeit, sich um einen alten Hagestolz zu kümmern, der doch nun eben einmal da ist, obwohl man ihn nicht mehr braucht, und der sich seines Lebens noch ein bißchen freuen möchte.«
»Es wäre zu überlegen.«
»Oh, es ist bereits überlegt. Ich habe die Absicht, Sie für ein paar Tage nach Niedenwald einzuladen. So selbstsüchtig bin ich. Nein, lassen Sie mich ausreden! Ich weiß: als Sie mich neulich so schnöde im Labor sitzen ließen, hatten Sie genug von mir, von allem. Aber inzwischen ist ja manches geschehen. Das Natürlichste wäre vielleicht, daß ich hier oben bliebe, aber ich habe keine Lust, auf dem Heuboden zu schlafen. Deshalb müssen Sie also hinunterkommen.«
»Muß ich!« sagte Christine, widerspenstig wie in ihren besten Zeiten. »Bloß damit Sie sich nicht langweilen!«
»Wie gut Sie mich kennen! Ja, die Gefahr der Langeweile ist gerade bei mir immer besonders groß.«
»Sagten Sie vorhin ›einzuladen‹?«
»Jawohl, das sagte ich.«
»Haben Sie das große Los gewonnen?«
Mahr blickte ihr in die Augen und antwortete ernsthaft: »Das weiß ich nicht, Christine. Vielleicht. Vielleicht auch nicht. Heute ist Dienstag. Es kommt ganz darauf an.«
»Wenn ich eine Ahnung hätte, wovon Sie reden!«
»Nehmen Sie an: ich habe zwei Lose in der Tasche, eines davon ist das große. Aber welches?«
»Wollen Sie mir nicht endlich erklären –«
»Nein. Das ist es ja, was ich nicht kann. Übrigens –« sagte er, »hat es damit Zeit, die ganze Woche, und Sie wissen, was alles in einer Woche geschehen oder nicht geschehen oder sich ändern kann. Es kommt darauf an. Nun gut, lassen wir's darauf ankommen, Christine, das Leben ist so spannend. Wovon sprachen wir? Richtig, von Ihrem Besuch in Niedenwald. Sie haben sich wunderbar erholt – und überhaupt – – darf ich Ihnen die Nachkur ausmalen: gründlich schlafen, gut und in aller Ruhe frühstücken, ein bißchen Brunnen –«
»Nachmittags ein Kaffeespaziergang –«
»Abends ein wenig tanzen –«
»Nein.«
Mahr sagte: »Wenn eine Frau angesichts so vieler Lockungen so entschieden Nein sagt, dann kann es nur die Kleiderfrage sein.«
»Ein Erfahrungssatz, der diesmal nicht stimmt.«

»Also?«
»Wie wär's«, fragte Christine wieder einmal, »wenn Sie nicht immer mich, sondern gelegentlich auch die Gegend betrachten wollten? Es soll recht hübsch sein hier oben, wenigstens behauptet es der Reiseführer.«
Zweierlei war deutlich: sie hatte seinen Vorschlag weder angenommen noch völlig abgelehnt, und beide hatten sich in dem Gespräch etwas zu sehr ausgegeben, Christine natürlich am meisten, und jetzt kamen ihr Zweifel, ob das ganz richtig gewesen sei, es kam eine gewisse Ernüchterung und das Gefühl, daß man mit diesem Wiedersehen vielleicht etwas sparsamer hätte umgehen sollen.
Und deshalb gab ihm Christine, während sie aufstand, die Hand — nur so, als wolle sie sich helfen lassen — und sagte gleichsam abschließend: »Die Hauptsache ist, daß Sie gekommen sind, darüber freue ich mich mehr, als Sie wohl denken, und heute ist ein wunderschöner Tag.«
Dies war nun der Augenblick, in dem es Mahr als einen besonders guten Gedanken erkannte, daß er seinen kleinen Fotoapparat in der Tasche hatte. Damit konnte man sich jetzt beschäftigen, es lenkte ab und war doch ernsthaft genug, um die ruhigbeglückte Stimmung nicht zerflattern zu lassen.
Der hohe Himmel mit seinen prächtigen Wolkengebilden, die besonnte Fülle der Blumen, Christine mit ihrem hübschen Kleide, das vom Wind eben genug bewegt wurde, um nicht gestellt zu wirken, zwei von Steinbrech halb überwucherte Stufen, eine Ecke des Schlößchens — dies alles mußte mit Bedacht erblickt, mit Überlegung ausgewählt werden. Das beste war jedoch, daß man, von geringen aber bildwichtigen Erörterungen abgesehen, schweigen und zur Besinnung und Ruhe kommen konnte.
Mahr tat alles so langsam wie nur irgend möglich, mit stiller Freude in immer neuer, ja wachsender Verwunderung darüber, wie sehr sich Christine in diesen wenigen Tagen verwandelt hatte. Nicht nur sie selber, mehr noch das geheimnisvolle Es in ihr war aufgeblüht — spät, ja, im höchsten Punkte der Sonnenbahn, aber doch eben noch in dem Punkte, da die Sonne stillzustehen und alles in gereifter Daseinslust den Atem anzuhalten scheint, eine süße, offene Freude.
Wie Christine vor diesem Himmel, diesen Wolken stand, wie der Wind leise mit ihrem Haar spielte, wie sehr sie in das Bild gehörte, mit ihm eins war, wie alle Linien zusammengingen! Da war nichts mehr von jenen schnöden Härten und Gegensätzlichkeiten zu spüren, durch die sich ihr Wesen früher gekennzeichnet hatte, sie gab sich der Sommerwelt hin, die entscheidende Grenze und damit jedes Diesseits und Jenseits war nicht mehr vorhanden: Einheit des Daseins, aus dem tiefen Grunde

der Welt wie eine Blume entfaltet, aber nicht wie eine ahnungslose und törichte kleine Frühlingsblume, die nichts abwarten kann, sondern in schöner Bewußtheit und Dankbarkeit.

Dann schlug es, dünn und zögernd, vier Uhr, als wollte die Zeit sich entschuldigen, daß sie sich in Erinnerung brachte, ja, als sei sie — falls es verlangt würde — bereit, den letzten Schlag zurückzunehmen.

»Das haben wir nun gut gemacht«, sagte Mahr, und es blieb angenehm unklar, wie tief seine Gedanken dabei gingen.

Käthe, als die beiden recht pünktlich zum Kaffee kamen, schien irgendwie enttäuscht, sie schien auf irgend etwas zu warten, aber es gab ja nichts dergleichen, keine verträumte Abwesenheit der Gedanken, kein stilles Lächeln, nichts, was man füglich verlangen konnte, und die Art, wie Mahr und Christine über ihren Stachelbeerkuchen herfielen, wirkte einfach ernüchternd.

»Bedenken Sie nur bitte«, sagte Mahr entschuldigend, »wie selten ich Gelegenheit habe, einen selbstgebackenen Stachelbeerkuchen zu essen.«

»Hm —!« sagte Käthe, und es gab niemanden, der nicht wußte, was sie damit meinte.

Aber Christine hatte ihr sanft aufreizendes Lächeln, über das Käthe sich manchmal doch recht ärgern mußte.

»Es scheint übrigens«, fuhr Käthe fort, und zwar offenbar aus einem besonderen Gedankengang heraus und fast, als ob sie jemand entschuldigen müsse, »es scheint übrigens, daß Monrepos gerade heute nachmittag von einem riesigen Fremdenstrom überflutet ist?«

Christine antwortete, sie habe niemand gesehen.

»Wem gehört dann das Auto, das da steht?« fragte Käthe. »Doch nicht Ihnen?«

»Nein«, sagte der Professor Mahr, denn er zählte sich mit Recht zu den Männern, die es mit der Wahrheit sehr genau nehmen, buchstäblich genau. Die Wahrheit ist ein eigentümliches Ding. Manchmal wäre sie wahrer, wenn sie weniger wahr wäre. Aber nicht jeder Mann hat in jedem Augenblicke den Mut dazu. Es war so friedlich und gemütlich in der alten Stube bei Kaffee und Kuchen, man saß leicht erschöpft auf dem Sofa, niemand mag stundenlang in Problemen wühlen. Alles, wohin es gehört, alles zu seiner Zeit.

»Nein«, sagte Mahr also, sehr mit einer einzelnen Stachelbeere beschäftigt, die dem Löffelchen hartnäckig auswich und ihrem Schicksal durchaus entgehen wollte, obgleich dazu keinerlei Aussicht bestand; auch sie sträubte sich gegen das Verhängnis und versuchte noch ein bißchen, der Lage die beste Seite abzugewinnen, eine ganz törichte Stachelbeerperspektive.

Nach einer Stunde meinte der Professor, nun müsse er wohl an den Heimweg denken, es sei ein Urlaubsnachmittag gewesen, wie er im Bilderbuch steht, vielen Dank.
Käthe sagte, er solle nur recht bald wiederkommen, und blieb rücksichtsvoll im Haus, aber Christine begleitete ihn natürlich ins Freie.
Er schlenderte so dahin — »denn eigentlich sind Sie mir noch eine Antwort schuldig, Christine, und jetzt muß es sich entscheiden, ob Sie Ihren Chef mutterseelenallein in Bad Niedenwald sitzenlassen wollen.«
»Eine sehr schwierige Entscheidung«, antwortete sie, »bei der das Einerseits genausoviel wiegt wie das Andererseits. Ist es denn hier oben nicht viel schöner und freier als dort unten?«
»Zugegeben«, antwortete er. »Zugegeben. Aber —« und dabei zog er zwei zusammengebundene Schlüsselchen aus der Tasche und begann — vielleicht gedankenlos — damit zu spielen.
Christine sah diese Schlüsselchen, und jetzt sah sie auch den Wagen, zu dem man von ungefähr gekommen war.
»Was!« fragte sie. »Er gehört also doch Ihnen?«
»Wer? Der Wagen? Ach so. Nein. Er gehört nicht mir. Ich habe ihn mir nur geliehen. Er gehört meiner Frau. Ich meine selbstverständlich: meiner früheren Frau, Dora. Sie heißt jetzt Frau Sengebusch. Ich dachte, Sie wüßten das. Aber es kommt ja nichts darauf an. Sie ist zufällig in Bad Niedenwald zur Kur, vielmehr — zufällig ist vielleicht ein irreführender Ausdruck — es war mir bekannt, daß sie dort ist, ich begegnete ihr heute früh und sie war so nett, mir den Wagen zu leihen, aber immer geht das natürlich nicht, das kann man niemandem zumuten und ich habe auch gar nicht die Absicht — — übrigens hat sie dort unten jemand getroffen, den Sie ebenfalls kennen, nämlich Herrn Schneider, ich habe ihn noch nicht gesehen, lege auch keinen besonderen Wert darauf, sie erzählte mir's nur. Ich glaube, daß es für Dora ein Vergnügen sein würde, Sie kennenzulernen.«
Christine betrachtete das Auto mit großem Interesse. »Ein schöner Wagen«, sagte sie, »wirklich! Elegant, und es steckt etwas drin, das sieht man. So, ja, Ihre — ich finde das aber sehr selbstlos, daß sie Ihnen den Wagen geliehen hat. Wußte sie eigentlich wozu?«
»Ach nein«, sagte Mahr, »alles ging sehr schnell, und auf so vertrautem Fuße stehen wir doch nicht mehr, obwohl wir nichts gegeneinander haben, nein.«
»Wie kommen Sie dann zu der Annahme, daß es ihr ein Vergnügen sein würde, mich kennenzulernen?«
»Ich bitte Sie —«
»Gott«, sagte Christine und hob gelassen, sehr gelassen die Schultern,

»wenn man jemandem ein Vergnügen machen kann – die Gelegenheit dazu ist ohnehin selten genug. Auf zwei, drei Tage vielleicht?«
Mahr strahlte. Er strahlte jedoch merkwürdigerweise nicht ganz so sehr, wie man es nach dieser plötzlichen und günstigen Wendung der Dinge vielleicht hätte erwarten dürfen. Eine dunkle Ahnung dunkler Möglichkeiten zog über den Hintergrund seines Gemüts, aber damit konnte er sich jetzt freilich nicht befassen. »Wunderbar!« sagte er und küßte ihr die Hand, ohne innezuwerden, daß es das erstemal in seinem Leben war – und ebenso kaum bewußt fügte er hinzu: »Also los!«
Christine lachte. »Was fällt Ihnen ein! Dachten Sie, ich würde nun einfach meine Zahnbürste in die Tasche stecken und mitfahren?«
»Nicht?«
»Und wer bringt morgen früh das Gemüse und die Blumen in die Stadt?«
»Ja. Allerdings. Aber sagten Sie denn nicht –«
»Morgen muß ich noch einmal fahren«, stellte Christine fest. »Von übermorgen ab bin ich frei. Also könnten Sie mich morgen nachmittag abholen? Kommen Sie aber zeitig, denn Sie haben ja den Park noch gar nicht gesehen und das Schloß – und das Bild!«
Mahr sagte: »Wie schön, an einem schönen Tage zu wissen, daß ein noch schönerer folgen wird!«
»Beschwingt!« sagte Christine mit einem Rückfall in ihre frühere Schnödigkeit. »Übrigens haben Sie recht, das Barometer steigt.«

Als die Gärtnerin Christine am nächsten Morgen mit ihrem Gemüsewägelchen und dem Pferde Rosa durch Niedenwald fuhr, dachte sie, es würde taktvoll von Mahr sein, ihr dabei nicht in den Weg zu kommen. Der Professor war in der Tat so taktvoll, er lag nämlich noch im Bett und schlief.
Mit gewohnter Tüchtigkeit erledigte sie alles. Dann kam der Augenblick, wo das breite Bügelmaul der umgehängten Ledertasche zum letztenmal über einem einkassierten Geldbetrag zusammenschnappte. Nun gehörte die Gärtnerin Christine der Vergangenheit an und Fräulein Dr. Weiland lenkte den Wagen, langsamer als sonst und mit Gedanken, denen eine Beimischung von Sentimentalität nicht fehlte, zum Städtelein hinaus. Das Pferd Rosa schien nicht zu wissen, ob es nicken oder den Kopf schütteln sollte; unschlüssig über die Lage führte es eine Bewegung aus, die sich zwischen den beiden Extremen hielt, und kennzeichnete damit eben diese Lage trefflich.
Wer aber stand an der Straße, morgenfrisch und wie aus dem Ei ge-

schält? Herr Schneider. Herr Schneider persönlich, er winkte, man sah ihm an, für wie ausgezeichnet er seinen Einfall hielt.
Christine freilich blickte zu ihm herab mit einem Gesicht, als ob sie sich dieser Meinung fürs erste nicht völlig anschließen möchte. Aber Herr Schneider hatte wieder einmal seinen bezaubernden Tag, in der Frühe war seine Unwiderstehlichkeit besonders groß.
»Ich bin gestern abend noch Herrn Professor Mahr begegnet«, sagte er, »und durch ihn erfuhr ich erst – nein, wie reizend! Welche originelle Idee, und wie gut es Ihnen steht!«
»Hm, ja. So!« sagte Christine.
»Wenn ich das eher gewußt hätte! Es wäre ein Grund zum Frühaufstehen und also sehr gesund gewesen.«
»So. Ja, hm!« sagte Christine. »Sind Sie schon lange hier?«
»O nein, das heißt –«
»Demnach haben Sie also noch nicht besonders viel versäumt.«
Herr Schneider vermochte sich dieser Logik zwar nicht zu entziehen, meinte jedoch, man könne das nicht so wissen, er sei der gegenteiligen Ansicht; er habe jedoch unmöglich eher nach Niedenwald kommen können. Wichtige, ja, sehr wichtige Ereignisse –
»Dann ist es also Bad Niedenwald, das viel versäumt hat«, sagte Christine, ärgerte sich aber sofort über diesen zwar naheliegenden, jedoch unbegründeten Ausfall. Was hatte Herr Schneider ihr getan? Nichts, und er würde ihr auch niemals etwas tun. Sie gelobte, sich sofort zu bessern. Um irgend etwas zu sagen, was freundlich klang, fragte sie: »So, gestern abend waren Sie noch mit Professor Mahr zusammen?«
»Wir waren zu dritt«, antwortete Herr Schneider, offenbar schon wieder im Begriff, eine Neuigkeit aus dem Busen zu ziehen.
Aber Christine bemerkte nur: »Ja, ja, gewiß.«
Nach einem winzigen Augenblick der Befremdung stellte Herr Schneider fest, daß sie sich prächtig erholt habe, kein Wunder übrigens bei einem derart naturnahen Leben. »Da sieht man, wer so glücklich ist, daß er sich um nichts zu kümmern braucht und keine Sorgen hat. Unsereiner dagegen –«
Das Pferd Rosa schüttelte den Kopf, diesmal sehr entschieden, ja nicht ohne eine gewisse Heftigkeit.
»Die Fliegen!« sagte Christine. »Ich kann sie nicht mehr halten.«
»Die Fliegen?«
»Das Pferd!«
»Ebensowenig aber«, behauptete Herr Schneider, »können Sie mich herzlos hier stehen lassen mit aller meiner Wiedersehensfreude und meinen Neuigkeiten!«

»Steigen Sie also auf!« sagte Christine. Paul kletterte über den Bock nach hinten, Herr Schneider setzte sich neben sie, dabei gab er sehr auf seine flanellenen Bügelfalten acht. Er war so diplomatisch und raffiniert, von dem herrlichen Morgen zu sprechen, von den Annehmlichkeiten des Urlaubs —
»Ja — und die Ereignisse, die Neuigkeiten?« fragte Christine, als die Straße bereits in den Wald emporzusteigen begann und Rosa im Schritt ging.
»Mancherlei, o ja«, antwortete er. »Vieles wird Ihnen gleichgültig sein, und über das, was Ihnen vielleicht nicht gleichgültig ist, wird Herr Professor Mahr Sie ja schon ins Bild gesetzt haben.«
»Wir haben über derlei Dinge überhaupt nicht gesprochen.«
Wahrhaftig? Nun, dies sei bemerkenswert, erklärte Herr Schneider, denn es zeige, daß Mahr offenbar nicht darüber zu sprechen wünsche — noch nicht.
Möglich, aber doch nicht eben wahrscheinlich, meinte Christine. Wahrscheinlicher sei wohl, daß es sich dabei um Angelegenheiten handle, die den Professor nicht persönlich berührten.
Herr Schneider machte sein bedeutendstes Gesicht. Oh, er war klug, er wußte, wie man einen Trumpf, den man in der Hand hält, auszuwerten hat und kostete seine Überlegenheit aus.
»Soviel ich weiß«, sagte aber Christine plötzlich, »sind Sie ja mit Frau — mit der früheren Frau Mahr sehr befreundet?«
Das war ein Querschuß, der ihn außer Gefecht setzte, denn er traf und kam aus einer ganz unerwarteten Richtung. Herrn Schneiders Gesicht wurde sofort viel weniger bedeutend. Leider sah er sich gezwungen, seinen Trumpf schleunigst ins Spiel zu werfen, es war kein Sieg, sondern eine Rettungsaktion, zu der sie ihn da heimtückisch nötigte.
»Eine sehr liebenswürdige und weltgewandte Dame, ja«, sagte er, »der ich wirklich dankbar bin, daß sie mich auf dieses wundervolle Fleckchen Erde aufmerksam gemacht hat. Professor Mahr ist ebenfalls ganz entzückt — von Niedenwald, meine ich. Nun, es wird ihm wohltun, nach den schwierigen Verhandlungen der letzten Woche für ein paar Tage auszuspannen, zumal noch alles in der Schwebe ist — zu sein scheint. An solche Entscheidungen kann man nur mit aller Ruhe und innerer Sammlung herangehen, das versteht sich. Mahr ist eine so überlegene, eine so überlegte Natur! Beneidenswert. Ich kann das sagen, denn ich leide oft genug an meiner Impulsivität, sie hat mir schon manchen dummen Streich gespielt. Aber unser Professor!«
Christine nickte nur.
»Der Mensch sieht sich wohl nur einmal im Leben vor der Entscheidung,

ob er Generaldirektor eines der größten Industriekonzerne werden soll, werden will! Wenn ich mich in seine Lage versetze — wie vieles mag dafür, wie vieles dagegen sprechen — nein, dazu gehört schon Format, wahrhaftig! Aber das hat er ja, ich bin sicher, daß Sie mir beistimmen, er hat es in einem Ausmaß, — na, nichts gegen die anderen, es geht mich nichts an, ich bin glücklicherweise unbeteiligt und nicht im Rennen. O bitte, auch nichts gegen Herrn Sengebusch zum Beispiel, schon wegen seiner entzückenden Frau — aber Mahr, das ist schon jemand, ich habe keinen Anlaß, mit meiner Meinung hinter dem Berge zu halten, zumal sie offenbar auch die Meinung der maßgebenden Stellen ist.«

»Jawohl . . .« sagte Christine.

Erschöpfend war diese ihre Äußerung nicht, Herr Schneider hatte eine weitaus größere Wirkung erwartet. Aber darauf kam es im Augenblick nicht so sehr an. Im Augenblick kam es darauf an, daß er eine gewisse bedenkliche Klippe umschifft hatte, einen Stein des Anstoßes, von Dora wurde kein Wort mehr gesprochen.

»Ich möchte Sie nur bitten«, sagte er etwas enttäuscht und kleinlaut, »diese Mitteilungen vertraulich zu behandeln. Ich habe die ganze Sache überhaupt nur erwähnt, damit Sie im Bilde sind. Wenn man das nicht ist, kann man so leicht einen Fehler machen, und ich dachte, es würde Ihnen angenehm sein —«

»Gewiß! — Eine Frage, lieber Herr Schneider, sind Sie ein begeisterter Fußwanderer?«

»Nein«, sagte er verwundert, »das will ich nicht behaupten. Warum?«

»Weil nämlich ihr Rückmarsch um so länger wird, je länger Sie mitfahren. Mir macht es ja nichts aus, und dem Pferd auch nicht, aber —«

»Oh, Sie haben recht wie immer«, antwortete er, »und ich muß zum Brunnen! Vielen Dank für die schöne Fahrt. Ich hoffe, wir sehen uns bald wieder?«

»Vielleicht schon morgen«, sagte Christine freundlich.

Herr Schneider sprang also ab. Übrigens hätte es nicht so geeilt. Denn am Brunnen begegnete er zwar dem Professor, aber Dora war nicht da. Herr Schneider dachte an den gestrigen Abend, den sie zu dritt in aller Gemütlichkeit verbracht hatten; es war durchaus nichts vorgefallen, was Doras Abwesenheit begründen konnte; im Gegenteil, Mahr war so mitteilsam gewesen und hatte seine Fahrt nach Monrepos geschildert, es mußte sehr hübsch sein dort oben.

»Mir unbegreiflich!« sagte Herr Schneider, deutlich nervös. »Die gnädige Frau wird doch nicht krank geworden sein?«

»Kaum«, antwortete Mahr. »Was wollen Sie, man hat solche Tage, an denen man lieber mit sich selber allein bleibt.«

»Jedenfalls werde ich mir erlauben, nachzufragen.«
»Ich würde das nicht tun«, sagte Mahr. »Man sollte das Recht auf ein privates Dasein niemals außer acht lassen. Vielleicht hat sie ihren nachdenklichen Tag? Ich halte das für durchaus möglich.«
»Ach so, jawohl . . .«, sagte Herr Schneider darauf. Er verstand wieder einmal die Welt nicht. Diese Leute hatten eine so fatal dunkle Art, sich auszudrücken.

Nach dem Mittagessen fragte Käthe: »Hast du schon gepackt?«
»Ja, bis auf ein paar Kleinigkeiten.«
»Wann holt er dich ab?«
»Wir haben nichts Bestimmtes ausgemacht.«
»Ich meine nur. Darin sind Männer nämlich komisch; im Krieg stehen sie jahrelang draußen, ohne die Geduld zu verlieren, aber wenn sie auf unsereins einmal zehn Minuten warten sollen, treten sie von einem Fuß auf den andern und werden ungut.«
Georg Buch sagte: »Wenn nicht gerade geschossen wird, ist Krieg auch viel weniger gefährlich.«
Käthe zog die Brauen hoch: »Da siehst du, wie sie sofort zusammenhalten!«
»Nichts sehe ich«, antwortete Christine. »Ich weiß nicht, seit gestern habt ihr so eine Art, euch in düsteren Andeutungen zu ergehen —«
»Na, jedenfalls bin ich es, die dich so schön herausgefüttert hat«, stellte Käthe mit einer etwas geheimnisvollen Gedankenverbindung fest. »Das Verdienst laß ich mir nicht abstreiten. Ich will dir lieber nicht erzählen, was ich dachte, als ich dich in der Stadt zum erstenmal wiedersah. Du bist ein ganz anderer Mensch.«
»Das ist wahr«, sagte Christine.
»Eben!«
Christine schüttelte den Kopf, tat unwillig und so, als ob ihr Käthes Gedankensprünge unverständlich seien. Georg lächelte still. »Ja, lächeln Sie nur weise!« sagte sie.
»Ich bilde mir nicht ein, weise zu sein«, erwiderte er, »und schon gar nicht, wenn sich's um Frauen handelt. Denn was verstehen wir von euch? Nichts. Bei den Frauen geht es immer anders, als man denkt — das ist meine einzige Weisheit. Es muß aber wohl so sein. Wo kämt ihr denn auch hin mit eurem bißchen Logik!« Infolge dieser empörenden Äußerung sah er sich veranlaßt, etwas zeitiger als sonst zu seiner Arbeit zurückzukehren.
Die Ereignisse bewiesen jedoch sehr bald, daß er recht gehabt hatte. Es

war noch nicht zwei Uhr, als das Auto von gestern vor dem Gärtnerhause hielt, diesmal aber nicht abseits und versteckt hinter dem Gebüsch, und es war auch nicht Mahr, der herausstieg, sondern eine Dame. Christine stand auf der Schwelle – ja, da stand sie.

»Ich bin Frau Sengebusch«, sagte die Dame und gab ihr die Hand. »Dora Sengebusch, und ich möchte Sie abholen.«

Dora, durchaus. Blond, entwaffnend gut angezogen, und mit ihrem unkomplizierten Lächeln.

»Aber –« sagte Christine nahezu fassungslos. »Das ist ja sehr liebenswürdig von Ihnen, aber ich – –«

»Es ist nur praktisch, ich will Ihnen das sofort erklären.«

»Nicht hier in der Mittagssonne«, sagte Christine und führte sie am Wohnzimmer vorbei in ihre eigene Stube, wo es freilich etwas nach Abreise aussah. Das waren nur ein paar Schritte, indessen fand sie Zeit, mit ihrer Überraschung wenigstens äußerlich fertig zu werden.

Dora blickte umher. »Nein, reizend. Ein so gemütliches altes Haus, und der Blick ins Grüne. Merkwürdig, diese alten Räume haben immer gleich so etwas Beruhigendes, ich weiß nicht, woran das liegt. Jedenfalls ist es sehr hübsch und wohltuend. Denn ich war wirklich ein bißchen unsicher oder wie ich es nennen soll. Wie oft glaubt man, etwas Nettes zu tun und dann zeigt sich, daß es eine Dummheit war, die einem womöglich übelgenommen wird. Ich bin Ihnen doch ein Begriff?«

»Gewiß«, sagte Christine und bat sie, sich in den großen grünen Polsterlehnstuhl zu setzen. »Ein Begriff, ja, wenn auch bisher nur ein ziemlich undeutlicher und eigentlich auch erst seit gestern, ich bitte um Entschuldigung.«

»Sie dagegen«, erwiderte Dora, »sind mir natürlich ein ziemlich deutlicher Begriff und nicht erst seit gestern, das versteht sich.«

»Ich bitte Sie!«

»Nicht jede Frau kann berühmt sein«, sagte Dora schlicht. »Aber auch wenn ich es nicht wüßte – mein jetziger Mann ist ja ebenfalls von der Branche –, so hätte doch Herr Schneider für die nötigen Mitteilungen gesorgt, unser gemeinsamer Freund Schneider, ach Gott, ja, aber er hat seine angenehmen Seiten, das muß man ihm lassen: nicht jeder hätte es fertiggebracht, mir die Geschichte, wie er damals mit Ihnen bekannt oder eigentlich nicht bekannt wurde, so humorvoll und selbstironisch zu erzählen.«

»Ja, Herr Schneider«, sagte Christine lächelnd und dachte, daß Dora wohl kaum hier sei, um über diese wichtige Persönlichkeit der Zeitgeschichte zu sprechen. Aber natürlich, irgendwie mußte sie ja anfangen. Christine faßte wieder einmal den Entschluß, sich gut zu benehmen.

Ganz leicht fiel es ihr nicht, denn leider hatte sie das Gefühl, daß sich ihr die Federn sträubten, obwohl es doch eigentlich sehr nett und freundlich war, daß Dora — Frau Dora Sengebusch — einfach hier erschien. Andererseits freilich —
»Er bewundert Sie sehr«, sagte Dora, ebenfalls lächelnd.
»Herr Schneider?«
»Es ist mir durchaus verständlich. Sie hätten ihn nun hören sollen gestern abend. Es war nämlich öfter von Ihnen die Rede — das heißt: Herr Schneider redete. Ich mußte unbeteiligt bleiben, denn ich kannte Sie ja nicht, und Professor Mahr gehört im allgemeinen zu den Stillen im Lande, er beschränkt sich mit Vorliebe aufs Zuhören.«
»Um so mehr pflegt er sich wohl zu denken«, sagte Christine.
»Ja, er ist manchmal so undurchsichtig. Wirklich begreifen können ihn wohl nur sehr kluge Menschen. Nun, kurz: da hörte ich eben, daß er Sie heute abholen will, mit einem von diesen lächerlichen Einspännerchen, ich bitte Sie, das ist ja nicht zum Erleben. Ich bot ihm den Wagen an, aber nein, er hatte Hemmungen. Männer sind manchmal so, da kann man nichts machen. Auf drei Uhr hat er den Einspänner bestellt, also müssen wir vor drei Uhr in Niedenwald sein, damit er nicht erst unnötigerweise losfährt.« — Christine nickte.
»Es ist doch das Vernünftigste, finden Sie nicht auch?« fragte Dora. »In zehn Minuten sind wir unten, brauchen uns also jetzt nicht im geringsten zu beeilen. Wie ich sehe, haben Sie schon gepackt?«
»Ja«, sagte Christine und wußte noch immer nicht ganz, was sie mit der Lage anfangen sollte. »Hoffentlich ist es ihm recht.«
»Recht!« sagte aber Dora. »Da wird gar nicht lange gefragt, ich bitte Sie. Wenn sich's darum handelt, etwas vernünftig zu machen, um solche Dinge, dann fragt man die Männer am besten überhaupt nicht. Verlassen Sie sich darauf, ich habe meine Erfahrungen.«
Christine dachte, daß diese Meinung wahrscheinlich richtig sei, trotzdem brachte sie's nicht fertig, es zuzugeben. »Da wir also noch Zeit haben«, sagte sie seltsam unbeholfen, »möchten Sie vielleicht das Schloß und den Park ansehen? Hier in der Stube mit den Koffern — ich weiß nicht —«
»Es ist so heiß draußen«, antwortete Dora, und damit hatte sie schon wieder recht. »Wenn ich mir etwas wünschen dürfte, dann möchte ich lieber hier bleiben. Sie nehmen es mir doch nicht übel?«
»Nein, ich bitte Sie — was?« fragte Christine langsam ärgerlich darüber, daß sie aus dieser gewissen Befangenheit nicht herauskam, so sehr sie sich bemühte.
»Daß ich's Ihnen nur gestehe«, sagte Dora, »während der Herfahrt

haben mich mancherlei Bedenken geplagt, so daß ich drauf und dran war, umzukehren. Denn wie komme ich dazu, plötzlich in einem Leben wie dem Ihren zu erscheinen, ohne daß mich jemand aufgefordert hat!«
»In einem Leben wie dem meinen!« wiederholte Christine kopfschüttelnd. »Wenn Sie wüßten, wie wenig ich von mir halte und wie grau dieses Leben bis vor kurzem noch war. Aber das ist alles nicht so wichtig.«
»Ja, sehen Sie«, sagte Dora, »so geht's. Der Mensch lebt dahin, ein Tag ist gleichmäßig grau wie der andere, lange Zeit hindurch – und eines Morgens erwacht man und die Sonne scheint, kaum zu glauben, aber doch wahr. Natürlich geht es auch manchmal anders herum, aber wie es auch sein mag, man findet sich damit ab, schon weil nichts weiter übrig bleibt. Immerhin denke ich mir's entsetzlich aufregend, berühmt zu sein.«
»O – meinen Sie damit mich?« fragte Christine, und jetzt mußte sie wahrhaftig lachen.
Dora machte große Augen. Wenn sie ein so erstauntes Gesicht hatte und das Weltdamenhafte (das bei ihr ohnehin stets ein bißchen nach Kino aussah) vergaß, konnte sie aussehen wie eine Schlafpuppe in reiferen Jahren. Das wirkte komisch, aber nicht unsympathisch, man spürte bei solchen Gelegenheiten, daß sie im Grunde ihres Herzens ein harmloser Mensch war. Auch Christine spürte es jetzt, und nun begann sie aufzutauen und viel von ihrem Mißtrauen abzulegen.
»Sie nehmen es mir doch nicht übel?«, sagte Dora, und ihre Erleichterung war fühlbar. »Das freut mich. Ich finde, man soll sich das Dasein erleichtern, wo immer das möglich ist. Ich finde, Frauen können viel dazu tun. Männer hingegen haben ein so merkwürdiges Talent, das Leben umständlich zu machen. Weil sie so organisatorisch veranlagt sind. Anstatt aus den Dingen, wie sie nun einmal liegen, einfach das Beste herauszuholen!« Dora ließ eine ziemlich inhaltschwere und bedeutende Pause eintreten, dann fuhr sie fort: »Sie sind nicht böse, wenn ich auch Ihren Chef nicht davon ausnehme? Schließlich ist er mir ja nicht ganz unbekannt.« Da war nun ihr kleines, blondes und etwas nichtsnutziges Lachen, in dem übrigens durchaus nichts Herausforderndes lag, sondern eher ein Eingeständnis. »Manchmal muß man eben ganz einfach Mut haben – sehen Sie, morgen oder spätestens übermorgen hätten wir einander ja doch kennengelernt. Und da dachte ich eben, so sei es wohl am einfachsten. Denn er, ach du lieber Himmel, er hätte die Sache so ungeheuer taktvoll, vorsichtig und diplomatisch angelegt, daß bestimmt etwas Peinliches daraus geworden wäre. Meinen Sie nicht?«

Daß sie eine Frage an das Ende ihrer Erklärungen stellte, war ziemlich durchtrieben. Sie zwang Christine dadurch, Stellung zu nehmen. Andererseits konnte sie ja nicht immer ganz allein die Kosten dieser sonderbaren Unterhaltung tragen, die stets so ausah, als ob sie völlig offen sei, bei der aber das Eigentliche ebenso völlig ungesagt blieb. Denn das Eigentliche bei seinem richtigen Namen zu nennen — dies zu verlangen, wäre denn doch zu viel gewesen. Es war eine ungemein schwierige Unterhaltung.

»Ich meine«, sagte also Christine mit schöner Bereitwilligkeit und Vorsicht, »daß es überaus freundlich von Ihnen ist. Sie sind schon länger hier? Schade, daß wir uns nicht schon früher kennengelernt haben. Nun, was gut ist, kommt nie zu spät — das dürfte hier ausnahmsweise einmal wahr sein, denn im allgemeinen, finde ich, kommt das Gute meist viel zu spät. Aber Sie haben recht, der Gedanke mit dem Einspänner — und so —«

»Ja, die Einspänner«, sagte Dora. »Augenblicklich und hier muß ich ja auch mich in gewissem Sinne dazu rechnen. Irgendwie ist es — na, ich will nicht sagen peinlich, nein, nein — kurz, die Perspektive des Daseins neigt immer dazu, ein bißchen schief zu werden, wenn man mit einem Menschen zusammentrifft, mit dem man einmal verheiratet war, Sie werden mir das nachfühlen. Und nun vollends er, der eigentliche Einspänner! Da sollten wir schon ein bißchen aufpassen, daß er sich nicht plötzlich quer zur Fahrtrichtung stellt!«

Über dieses Bild mußte Christine nun lachen. Es traf, aber man fühlte, daß keine Bosheit dahintersteckte — es war einfach so, daß Dora ihn recht gut kannte, vielleicht besser, als er je gewußt hatte. Eigentlich war sie eine vernünftige Person. Und daß man aufpassen mußte, gemeinsam aufpassen, dies war vielleicht ein guter Einfall. Aber selbstverständlich gab Christine das nicht geradewegs zu, sondern sie sagte: »Professor Mahr und ich — wir sind nun schon recht lange nebeneinander hergegangen, denn wir haben ja den gleichen Weg — wie zwei Pferde, die einen Wagen ziehen. Geht das eine, dann geht auch das andere, bleibt das eine stehen, dann muß auch das andere stehen bleiben, wohl oder übel. Für den Zuschauer ist das ein Bild der schönsten Eintracht, aber manchmal kann er einen schon zur Verzweiflung bringen ... nicht der Zuschauer, sondern er. Und da bin ich ihm eben ein bißchen ausgerückt.«

»Sind Sie das?« sagte Dora.

Christine blickte auf. Christine dachte nach. Christine sagte: »Nein. Sie haben recht. Sie haben schon wieder einmal recht. Genau besehen —«

»Ja«, sagte Dora. »Weil es nämlich so ist, daß zwei Einspänner vor demselben Wagen keine Einspänner mehr sind. Geistreich, wie? Aber wahr.«

»Bedenklich wahr!« sagte Christine und sah äußerst tiefsinnig, ja fast erschrocken vor sich hin. Diese Frau hatte eine Art, die Wahrheit beim Namen zu nennen, zu der sie, Christine, es bisher noch nicht gebracht hatte, denn so robust war sie innerlich nicht.

Und weil Dora nun eine lange Weile ganz still blieb, blickte Christine wieder auf, und da sah sie, daß an Doras Nase eine Träne entlanglief, sehr unelegant, sehr wenig robust, eine vereinzelte Träne, ein kummervolles Restchen in einer sonst ziemlich trockenen Welt.

»Na!« sagte Dora und gab sich einen Ruck. »Solche Sachen sieht man immer erst ein, wenn es zu spät ist — und dann passiert dergleichen, entschuldigen Sie. Aber es ist doch wenigstens tröstlich, jemandem zu begegnen, bei dem es noch nicht zu spät ist . . .« Mit dem Rücken des Handgelenks, wie eine kleine Katze, wischte sie den unpassenden Tropfen ab und wußte offenbar nicht, wie hübsch das aussah — viel hübscher als das meiste, was sie bewußt tat.

Sie schwiegen lange. Wenn Frauen schweigen, ist es unendlich vielsagend.

Schließlich begann Christine: »Man spielt eben immer auf den weißen Tasten —«

»Auf den — — — das stammt aber nicht von Ihnen!«

»Nein.«

»Auf den weißen Tasten, sehr richtig! Ich kann ja nichts weiter, und auch das nur mit einem Finger. Kein Wunder, daß dabei nicht gerade ein Kunstwerk herauskommt. — Nun, das ist schließlich Sache der Begabung. — Haben Sie auch manchmal diese Stunden, in denen Sie so nachdenklich werden? Das ist dumm ausgedrückt, entschuldigen Sie, aber Sie wissen, was ich meine. Wenn ich auf den schwarzen Tasten spielen könnte, fände ich sicher einen besseren Ausdruck. Aber was tut denn da so?«

»Es ist die Uhr im Schloßtürmchen«, sagte Christine.

»— zwei — drei —! Um Gottes willen! Da sitze ich und rede dummes Zeug. Als ob es nichts Wichtigeres gäbe!«

»Nein«, erwiderte Christine. »Wahrhaftig — im Augenblick gab es bestimmt nichts Wichtigeres.«

Dora hatte den Fahrer wieder einmal nicht mitgenommen und also während der schnellen Fahrt auf der kurvenreichen Straße genug zu tun.

Nur eben als sie schon zwischen den ersten Häusern von Niedenwald waren, sagte Dora: »Aber abgeholt hab ich Sie doch!«, und Christine lächelte ihr in die Augen. —

Professor Mahr ging vor dem Gasthof »Zum Ochsen« hin und her, es war zwölf Minuten nach drei Uhr; er dachte über die Unpünktlichkeit im allgemeinen und über die der Einspänner im besonderen nach, vorerst noch sanft und ohne Erbitterung – und dann stand plötzlich das Auto da und Dora sagte: »Hier sind wir also!«
Mahr schaute zunächst sehr verdutzt drein. Aber als Mann der Wissenschaft war er gewöhnt, unbezweifelbaren Tatsachen ins Gesicht zu blikken. Er stellte fest, daß es sehr nett und freundlich sei. Die eine unbezweifelbare Tatsache stieg aus, die andere fuhr sogleich wieder von dannen und hinterließ außer einem vornehmen Benzinrüchlein eine gewisse Benommenheit.
»Da kann man nichts machen!« sagte Mahr tiefsinnig.
»Es war freilich eine sehr große Überraschung«, stellte Christine fest, »aber wir haben uns ausgezeichnet vertragen.«
»So, hm.«
»Ist das aber auch eine Begrüßung? Man kommt von weither, hat sich zu dem Entschluß durchgerungen, zu den gewöhnlichen Menschen ins Tiefland herabzusteigen – und wird mit ›Da kann man nichts machen‹ empfangen?«
»Weil das Festprogramm etwas anders aussah«, antwortete er entschuldigend. »Ich bin ein bißchen aus der Übung, der Umgang mit Frauen erfordert Unerschütterlichkeit des Gemüts, Gelassenheit gegenüber dem Unerwarteten. Wenn man, wie ich, jahrelang harmlos dahingelebt hat, vergißt man das.«
Der Hausdiener kam und bemächtigte sich des Gepäcks, und um die Ecke kam der bestellte Einspänner.
»Sehr gut!« sagte Mahr. »Da läßt sich von dem Programm doch noch einiges retten. Ich hatte mich nämlich gefreut, mit Ihnen hinter einem gemütsruhig dahinhampelnden Pferdchen spazieren zu rollen, man kann sich dabei so wundervoll ausgestürmt fühlen, nichts eilt, nichts läßt sich beschleunigen. Ist das nicht wohltuend?«
Christine dachte, daß es richtiger sein würde, zunächst ihre Kleider über den Bügel zu hängen. Trotzdem zögerte sie keinen Augenblick, einzusteigen, denn die Tragkraft der männlichen Seele ist begrenzt.
Er nahm ihre Hand. »Ach ja, die Welt kann schön sein! Aber nun erzählen Sie – oder wir wollen uns erzählen – ich danke Ihnen, daß Sie gekommen sind.«
Während der nächsten Stunde waren sie überaus eifrig, beide, zuerst jedoch Christine, denn er wollte genau wissen, wie Dora die Sache angefangen hatte und welche Absicht –
»Absicht?« fragte aber Christine. »Nein. Zuerst war ich ja auch miß-

trauisch. Aber dann war sie so nett. Ich habe mich beinahe ein bißchen geschämt.« – Mahr sah sie aus den Augenwinkeln an, brummte etwas und wiegte den Kopf.

»Sie ist nämlich wirklich nett, wenigstens war sie es zu mir«, sagte Christine, immerhin ein wenig unsicher. »Ich weiß nicht, was Sie gegen die Frau haben.«

»Ich?« fragte er. »Nichts. Wie käme ich auch dazu! Das einzige, was ich ihr nicht vergessen kann, ist, daß sie einmal mit mir verheiratet war.«

»Seien Sie doch nicht so nachtragend«, entgegnete Christine. »Jeder Mensch kann einmal eine Dummheit machen.«

»Reizend!« sagte er mit großen Augen. »Nur weiter!«

Da merkte sie erst, was sie angerichtet hatte. Mahr lachte herzlich und meinte, so völlig unrecht habe sie vielleicht gar nicht, er kenne seine Fehler, »und das ist doch etwas, denn meistens kennt man nur die Fehler der andern. Nein, was mich an Dora stört, ist, daß sie nichts ohne Berechnung tut, aber lassen wir das um Gottes willen, mich geht es nichts an, und der Tag könnte durch solche Erörterungen nur verdorben werden. Also zugegeben, es war sehr freundlich von ihr, und jetzt fahren wir beide miteinander spazieren – aber sagen Sie, Christine, was ist denn das?«

»Was?« fragte Christine.

»Das Dach dort oben! Die Gegend kenne ich doch, das ist doch Monrepos!«

»Ja, was sonst?«

»Wer in aller Welt hat gesagt, daß ich nach Monrepos will?!«

Der Kutscher drehte sich halb um und antwortete leicht gekränkt: »Sie. Gestern abend.«

Das war nun gewiß richtig, aber doch sagte Mahr: »Dann lassen Sie uns hier aussteigen und warten Sie oben, ich möchte den Park sehen – hören Sie, Christine, ich werde den Eindruck nicht los, daß Sie Ihren Chef nicht ganz ernst nehmen?«

»Man muß immer danach trachten, seine Fehler zu verbessern«, antwortete Christine. »Früher, als ich Sie immer ganz ernst nahm, war es lange nicht so hübsch.«

»Dora –!« sagte Mahr. »Sie haben sich schrecklich verändert!«

»Gestern schienen Sie die Veränderung aber nicht gar so schrecklich zu finden.«

»Man kennt sich nicht aus«, sagte er bekümmert und nahm stützungsbedürftig wieder ihren Arm. »Kommen wir jetzt an den Platz, wo Sie sich mit Gespenstern zu treffen pflegen?«

Auf der Straße verklang das langsame Klappern der Hufe und das leise Knirschen der Räder.
Der Park richtete seine große Stille um die beiden auf, mit jedem Schritt wurde sie eindringlicher, schöner und klarer. Auf den Wiesen lag noch die ganze Wärme des Sommernachmittags.
Mahr blieb stehen. »Hören Sie doch!«
Da war es wieder, das Grillenkonzert.
»Ist Ihnen schon aufgefallen«, fragte Christine, »daß man es nie hört, so lange man dummes Zeug redet? Das ist doch merkwürdig.«
Er schwieg einverständnisvoll. Sie gingen weiter.
»Und so bald man kein dummes Zeug mehr redet«, sagte sie nach einer Weile, »hört man gleich die Grillen. Es wird wohl seinen Sinn haben.«
Wie schön, dachte Mahr im Dahinschreiten, wie schön, daß wir nun wieder nach Monrepos gekommen sind. Im Tal gibt es wohl kein Grillenkonzert – oder man vernimmt es nicht.
Die großen, grünen Baumwolken leuchteten. Eine Amsel versuchte den ersten, schüchtern perlenden Lauf ihrer Flöte. Der Himmel war herrlich weit gespannt.
»Ja«, sagte Christine, »dafür muß ich Ihnen danken.«
Er sah sie fragend an.
»Sie haben mich das gelehrt.«
»Was?«
»Es läßt sich beinahe nicht ausdrücken. Wenn ich zurückdenke, kommen mir hundert Jahre wie eine Kleinigkeit vor. Zunächst hab ich es kaum gehört, das Grillenkonzert. Dann kam es mir wohl zum Bewußtsein, aber es plagte mich. Damals spielten sie auch ein anderes Stück, sie spielten ganz deutlich ›Aus der Jugendzeit‹, ich muß lachen, wenn ich dran denke, aber damals war's mir nicht zum Lachen. Inzwischen ist mir eine höchst wichtige Erkenntnis aufgegangen, es war wie eine Erleuchtung.«
»Ja?«
»Bis vor kurzem glaubte ich nämlich, die Oper, die man Leben nennt, hätte nur zwei Akte. Mittlerweile bin ich dahintergekommen, daß sie drei hat.«
Mahr blieb wieder einmal stehen, diesmal nicht wegen des Grillenkonzerts, sondern wegen der Oper. Oper? Das war eine verblüffende Wendung. Nein, diese neue Christine!
»Freilich hat also der zweite Akt begonnen«, fuhr sie fort. »Das läßt sich nicht ändern. Aber der zweite ist eben nicht mehr der letzte. Denken Sie, man sitzt im Theater und sagt sich: Ja, also die Hälfte ist jetzt

vorbei. Aber dann leiht einem jemand den Zettel und man entdeckt, daß erst ein Drittel vorbei ist. Das ist doch wundervoll!«

»Vorausgesetzt natürlich, daß einem diese Oper gefällt!«

»Das tut sie.«

»Leben Sie denn so gern?«

»Ich kann's nicht leugnen. Neuerdings. Seit Sie mir den Zettel geliehen haben.«

»Ich?«

»Gewissermaßen. Vielleicht ist es ein zu knapper Ausdruck. Vielleicht sollte ich sagen: seit Sie mich darauf hingewiesen haben, daß ein kleiner Geigenton oder ein kleiner Farbton bisweilen schwerer wiegt und mehr enthält als ein ganzes pompöses Orchestergewühl. Ach, ich treffe noch immer nicht das Richtige, aber Sie wissen, was ich meine. — Und hier ist nun das Naturtheater!« sagte Christine. »Merkwürdig übrigens, wie ganz anders es in dieser Nachmittagsbeleuchtung aussieht — beinahe feierlich.«

Die langen Baumschatten, die jetzt in die Szene reichten, das wärmere Licht, eine tiefere Stille, gaben dem Ganzen etwas Erhabenes, und nun, da sich die beiden auf die Bank setzten, klang das Vibrato der Grillenviolinen glaszart herein. Je länger man aber schwieg, desto deutlicher hörte man das Wechselnde darin, ein Aufschwellen und Absinken in dieser seltsamen kleinen Musik, es glich beinahe dem Herangleiten weiter Wellen, die aus der beglänzten Ferne eines Meeres kamen, leis über den Strand glitten und dann wieder zurückgezogen wurden, um mit dem nächsten langsamen Atemzug aufs neue herbeizukommen, von keinem Windhauch bewegt, sondern wie eine Dünung, weither von hoher See, wo vielleicht Schiffe mit geschwellten Segeln und weißumrauschtem Bug ziehen — hier aber war es still, der Blick suchte keinen Horizont, alles erschien wie in einem Punkte gesammelt.

Weder Christine noch Mahr sprach ein Wort. Sie waren beide in ihren Gedanken — wenn man es Gedanken nennen konnte: diesen lautlosen, begrifflosen Übergang in das Eigentliche, das Schauen und Vernehmen, bei dem die Grenze zwischen Mensch und Welt unwesentlich wird, weil im innersten Herzen ein großes Leuchten beginnt, vor dem das Gewölbe des Himmels zurückweicht.

Nach langer Zeit aber, und da die Sonne schon rötliche Seidenfäden von Wipfel zu Wipfel spannte, sagte Christine: »Sehen Sie, so kommt man doch immer zu sich selber zurück.«

Danach gingen sie wortlos zwischen den verwitterten Steinsäulen hindurch, die ehedem vermutlich die Gitterwölbung einer offenen Rosenlaube getragen hatten, ein paar Stufen empor, vorbei an dem leeren

kleinen Springbrunnenbecken, vorüber an der künstlichen, moosbewachsenen Felsengruppe und auf glatten Wegen vollends zum Schloß – Christine: wieder ganz offen für die Schönheit der Stunde, Mahr aber noch sehr in Gedanken verfangen, die so abseitig zu sein schienen, daß sie ihn nicht daraus aufstören wollte. Er bemerkte kaum, daß sie ihn vor dem Gärtnerhaus stehen ließ und über die Schwelle trat.
Käthe war nicht da. Christine rief nicht, suchte auch nicht lange, sondern nahm den Schlüsselbund vom Haken und ging wieder.
In den Fenstern des Schlößchens glühte jetzt schon das Abendlicht. Sie ließ die fast leeren Räume des Erdgeschosses ungeöffnet und führte ihn gleich die Treppe empor.
Droben aber schlug sie alle Fensterläden zurück. Der müde Tag floß purpurgolden herein. Die Politur der alten Möbel begann zu leben, die weißen Porzellane wurden farbig und schimmerten, alles bekam einen Sinn und trat aus der Vergangenheit so sehr in die Gegenwart, daß man sich kaum gewundert hätte, wäre in der Flucht der Zimmer mit den offenstehenden Türen jemand, ein Bewohner, aufgetaucht und mit lebhaften Schritten und freundlich ausgestreckten Händen auf sie zugekommen.
Mahr betrachtete alles mit stillem Entzücken. Kleine Dinge, Nebensachen, die Christine nie beachtet hatte, nahm er in die Hand, ein Döschen, aus Stein geschnitten, den zierlich durchbrochenen Deckel eines Tintenzeugs, ein Nadelbüchschen aus Elfenbein, eine schön geschmiedete Stickschere.
Dann kamen sie in die Stube, wo das Bildnis über dem Cembalo hing. Die Sonne war noch auf der gegenüberliegenden Wand, der Widerschein fiel auf das nachgedunkelte Bild und ließ es aus der Schattendämmerung hervortreten, das Pflaumenschwarz des Gehrocks wurde ganz samten.
Mahr stand lange davor.
»Sind Sie damals eigentlich erschrocken?« fragte er.
»Ich? Nein. Im Traum erschrickt man ja nicht über das Unwahrscheinliche.«
»Es gab wohl auch keinen Grund dazu«, sagte er und nickte dem Baron Johann Baptist zu. »Denn das ist vermutlich der beste Freund, den Sie je gehabt haben.«
Christine sah ihn verdutzt an. »Ja, das ist wahr«, sagte sie und es klang so trocken und nüchtern, daß beide lachen mußten. »Aber kommen Sie, wir können ja nicht hier bleiben, es wäre auch nicht gut. Monrepos ist verzaubert, auf die Dauer vertragen wir Heutigen das nicht mehr« – und als sie nun wieder ins Freie traten, schloß sie die

Tür mit derselben im letzten Augenblick aufquellenden Eile zu wie stets – es war und blieb nicht ganz geheuer, und wenn es auch wirklich so ist, daß die Gespenster nirgends umgehen als in uns selber, so gibt es eben in uns selber Dunkelheiten, die nicht ganz geheuer sind.
Auf der Rückfahrt nach Niedenwald saß Mahr schweigsam und nachdenklich neben ihr. Er, der sonst so weit offen für die Welt war, erschien wie zugeschlossen, hatte ein sorgenvolles Gesicht und sah weder rechts noch links, sondern gerade vor sich hin.
Christine machte sich ihre Gedanken darüber, aber sie wollte nicht fragen. So blieb auch sie ganz still, aber freilich nicht ruhigen Herzens – und plötzlich wurde sie sich der Tatsache bewußt, daß während des ganzen Nachmittags sich alles nur um sie gedreht hatte, um ihre Wirrungen und Entwirrungen, um die Torheiten und Aufrichtigkeiten ihres Herzens, und Mahr hatte sich alle Mühe gegeben, Anteil an ihr zu nehmen und kein Wort von sich selber gesprochen.
Jetzt fühlte sie, wie sehr er mit sich selber beschäftigt, zugleich aber bestrebt war, allein mit diesen Sorgen fertig zu werden. Das mußte er wohl tun, weil ja niemand daran dachte, ihm zu helfen oder es wenigstens zu versuchen.
Da wurde es Christine ganz heiß.
Sie schlug die Hände zusammen und sagte: »Ach, du lieber Gott!«
Mahr blickte verwundert aus seinen Gedanken auf.
Weil jedoch Christine vor sich hinstarrte und ihn nicht zu bemerken schien, tauchte er sogleich wieder weg wie ein Schwimmvogel, der nur durch ein ungewohntes Geräusch veranlaßt worden ist, ein wenig umherzuschauen, nun aber, da nichts vorgefallen zu sein scheint, mit verdoppelter Gründlichkeit den Kopf nach unten steckt.
Er befand sich freilich in einem Irrtum, denn neben ihm begab sich's, daß Christine ein Erlebnis hatte.
Es ist durchaus nicht notwendig, daß ein großes Erlebnis den entsprechend großen Rahmen habe. Unter Umständen findet es auf einer Nadelspitze Platz, wenn es nur weit genug in die Tiefe geht. Der Mensch braucht nicht in der Wüste zu sein oder auf die Zinne des Tempels geführt zu werden oder alle Reiche der Welt und ihre Herrlichkeit von einem sehr hohen Berg zu sehen, um ein Erlebnis zu haben. Man braucht dazu auch nicht durch eine Sphinx-Allee zu wandeln, mitunter genügt eine staubige Landstraße, auf welcher der Mensch von einem großen Licht umleuchtet wird, wie zum Beispiel diejenige nach Damaskus. Dergleichen gibt es. Andererseits freilich sind schon viele Menschen nach Damaskus gegangen ohne umleuchtet zu werden und eine Stimme zu hören. Das gibt es noch öfter.

Was Christine Weiland betraf, so saß sie in einem wackeligen Einspännerchen, hatte den ganzen Tag über an sich herumgedacht oder sich beobachtet oder über sich gesprochen, und alles, was geschah, von ihrem Standpunkt aus gesehen — und jetzt plötzlich ging ihr das Licht auf, daß sie ja eigentlich nie etwas anderes getan und niemals einen anderen Standpunkt eingenommen hatte. Sie mochte dem Leben Widerstand geleistet oder ihm angreifend entgegengegangen sein, sie mochte gelernt oder gearbeitet, Erfolg oder Mißerfolg gehabt haben — untersuchte man es genau, so hatte sich alles und immer nur auf sie selbst bezogen und war von ihr auch nur unter diesem Gesichtswinkel betrachtet worden. Ein wahrscheinlich äußerst vernünftiger Standpunkt, soweit es sich um das Vorwärtskommen, um das Etwaswerden handelte, und vielleicht sogar überhaupt ein äußerst vernünftiger Standpunkt, wie das Erreichte bewies. Nur ist leider der verschwindend geringere Teil des Daseins vernünftig.

Was hab ich denn, fragte sie sich, in diesen letzten Wochen getan, als meine eigene werte Person, die erheblich schief lag, wieder einigermaßen ins Gleichgewicht und meine kleine Welt wieder einigermaßen in Ordnung zu bringen? Eine ganz ehrenwerte Beschäftigung, gewiß. Mir scheint aber, dies sollte nicht die Hauptsache bleiben, sondern nur eine Art Vorbedingung sein für das wahre Leben.

Daß uns der Faden aus den Fingern gleitet, der uns mit der Natur und dem Wesen verbindet, geschieht oft genug; wenn es uns aber glückt, ihn wieder zu fassen, dann sollten wir ihn nicht nur dazu benutzen, die Dinge ganz selbstsüchtig an uns heranzuziehen, denn wir sind nicht der Mittelpunkt der Welt, die Welt hat ein zu großes Gewicht, der Faden müßte alsbald reißen. Nein, gehen wir hin und schämen wir uns, und zwar nicht nur ein wenig, sondern von ganzem Herzen.

»Was tun Sie da eigentlich?« fragte Mahr.

»Wieso?«

»Sie nicken, Sie schütteln den Kopf, Sie machen halbe Handbewegungen, Sie — bitte um Verzeihung für den Ausdruck, aber er läßt sich kaum vermeiden — Sie grunzen!«

»Ich? Nein. Das sind die bösen Geister, die ich austreibe.«

»Ach so«, sagte er, »dann entschuldigen Sie. Daß Sie sich aber gerade jetzt damit befassen, angesichts der unsäglichen Sanftheit und Klarheit dieser Abendlandschaft?«

»Es war höchste Zeit. Aber ich bitte Sie um Himmels willen, reden wir doch endlich einmal nicht von mir, das ist ja furchtbar.«

»Wie Sie wünschen«, sagte er, »obwohl ich gestehen muß, daß es augenblicklich das einzige ist, was mir nahegeht.«

Christine wandte sich ihm zu und entgegnete: »Das ist nicht wahr. Glücklicherweise ist es nicht wahr. Glücklicherweise gibt es Wichtigeres, und darüber bin ich froh. Wenn Sie wüßten, was mir während der letzten Viertelstunde begegnet ist!«
»Nämlich?«
»Nichts Geringeres als derjenige Teil der Welt, der nicht Christine heißt!«
»Daß Sie sich mit solchen Nebensachen abgeben ...!« sagte Mahr — und in diesen paar Worten lag eigentlich ein Rückblick auf alles, was die beiden bisher getrennt hatte.
Christine verstand es recht wohl. Noch vor einer Viertelstunde würde sie es vielleicht nicht verstanden haben. Aber jetzt offenbarte ihr diese aufs knappste in eine ironische Klammer gepreßte Formel ihren ganzen Inhalt.
Mahr fühlte, daß sie es verstand und daß dies durchaus genügte und daß er in diesem Augenblick alles tun müsse, um jenen ganzen Inhalt beieinanderzuhalten. Er überlegte also nicht, sondern fühlte das Richtige, das einzige Mittel, um dieses Ziel zu erreichen, und sagte daher scheinbar ohne Zusammenhang: »Heute ist Mittwoch ... Es gibt Dinge, mit denen jeder Mensch allein fertig werden muß, und dann gibt es aber auch Dinge, mit denen man allein überhaupt nicht fertig werden kann. Ich muß Ihnen ein Geständnis machen, Christine: ich bin nicht nur Ihretwegen hergekommen. Es ist zwar möglich, daß ich es gestern behauptet oder — noch schlimmer — daß Sie es geglaubt haben, aber wie gesagt, es ist nicht wahr. Vielleicht sind Sie nun enttäuscht?«
»Ja«, antwortete sie, und das Licht, dieses ganz neue Licht umleuchtete sie so sehr, daß man es beinah mit Augen sah. »Ich bin furchtbar enttäuscht — und wenn Sie mir das nicht glauben, ist es auch kein Unglück.«
»Sie wissen also —«
»Herr Schneider!« antwortete sie nur.
»Ich würde Ihnen erzählen, wie die Dinge liegen«, sagte Mahr, »oder wie ich sie mir zurechtgelegt habe. Ich würde Sie fragen, was Sie davon halten und wie ich mich entscheiden soll, aber —«
»Aber damit würden Sie mir eine ungeheure Verantwortung aufladen — wollten Sie das sagen?«
»Ach nein, ich wollte eine viel harmlosere Bemerkung machen. Ich wollte nämlich feststellen, daß wir mittlerweile schon nach Niedenwald gekommen sind und deshalb dieses große Thema fallen lassen müssen. Ich wollte feststellen, daß die Sonne schon hinter die Waldberge sinkt, und Sie fragen, ob es nicht vielleicht ein recht guter Gedanke wäre, in

einer Stunde wie feine Leute zusammen zu essen? Darf ich Sie also abholen?«

Das war nun wirklich sehr schnell gegangen. Allzuschnell, dachte Christine, während sie in ihrem Zimmer damit beschäftigt war, die Sachen endlich auszupacken. Aber eine Stunde lang durchaus ruhig sein, ruhig werden zu dürfen, das war wohl auch etwas.

Sie begann sich mit Sorgfalt anzukleiden. Eigentlich war es hübsch, sehr hübsch, dies nach langer Zeit wieder einmal zu tun – nach Jahren. Man hatte nichts Großartiges, gewiß nicht, immerhin – Christine sah sich zum erstenmal wieder in einem schönen Kleid, sie stand vor dem Spiegel, es machte ihr Vergnügen.

Man sah doch gut aus. Natürlich kam das nicht nur vom Urlaub und von der frischen Luft. Wenn sie überlegte, was zwischen ihrem letzten Tag im Labor und heute lag, wie wenig Zeit und wie viel Veränderung, wie wenig Ereignisse und wie viel Erlebnisse, so kam sie aus dem Kopfschütteln nicht heraus. Sogar die Christine von gestern, ja von heute Mittag war eine ganz andere als die hier vor dem Spiegel, die sich nachdenklich betrachtete – ebenfalls zum erstenmal seit Jahren – und die kleinen Granatrosetten in den Ohren befestigte und dabei an das Gespräch dachte, das sie in einer gewissen Nacht mit Tante Lisbeth gehabt hatte. Ach, was ließ sich dabei alles denken! Aber einen Ring, nein, den besaß Christine nicht, woher sollte sie ihn auch haben?

Wie viel ging ihr durch den Kopf in dieser halben Stunde, die zum Ankleiden nötig war! Beinahe so viel, als ob die Entscheidung, die bevorstand, nicht den Professor Mahr, sondern sie selber beträfe.

Draußen war mittlerweile die Dämmerung gekommen, diese leichte, durchsichtige Dämmerung des Sommers, hinter der man kein ernstliches Dunkel vermuten möchte. In der Straße, besonders hinter den Schaufensterscheiben, brannte schon das Licht, das war hübsch anzusehen von hier oben. Christine lächelte über diesen ungewohnten Anblick: so lange, so unendlich lange kam's ihr vor, daß sie keine ordentlich beleuchtete Straße mehr gesehen hatte, und es waren doch nur zwei, drei Wochen. Sie mußte an den Lampenschirm mit der Ansicht vom Wiener Kongreß denken. Was bedeutet aber die Zeit? Manchmal gar nichts. Es war auch eine geheimnisvolle kleine Fremdheit in dem Anblick, das Dämmerlicht war mit Erwartung und Spannung angefüllt, rings in den Tälern mochte bereits das Abendblau liegen und diese beleuchtete kleine Daseinsinsel wie ein lautloser, endloser Ozean umfließen. Man empfand nicht mehr, woher man gekommen war, dies alles lag fern hinter dem Horizont versunken, das Herz klopfte nur der Zukunft entgegen.

Es war Christine, als müsse sie über das große Erlebnis des Nachmittags grübeln – aber sogar das lag wunderbarerweise schon so weit zurück, daß es in dieser Dämmerung verschwunden war und nur eine große Süßigkeit zurückgelassen hatte, wie nach einer Krankheit, die überstanden ist.

Mahr kam, sie abzuholen.

Er war im Abendanzug, Christine hatte ihn noch nie so gesehen, er gefiel ihr gut und sie dachte: daß, wenn er ihr fremd wäre, sie ihn für alles, nur nicht für einen Universitätsprofessor halten würde. Vielleicht war auch mit ihm eine Verwandlung vorgegangen – oder mit Christines Augen. Ach, selbst in diesen Kleinigkeiten lag so viel, daß sie unmöglich ohne Bedeutung sein konnten.

»Ein paar Blumen!« sagte er. »Es ist nur, damit Sie Ihre Gärtnerei nicht allzusehr vermissen. Aber ich bin doch froh, daß ich sie mitgebracht habe, denn, Christine, Sie sehen verwirrend gut aus – was halten Sie von diesem Bekenntnis meiner schönen Seele? Ist es nicht außerordentlich, ist es nicht unerhört? Ich komme mir vor wie ein Mensch, der viele Jahre lang in einer bescheidenen Stube gehaust hat, und seine einzige Gesellschaft war ein dunkles altes Bild über dem Sofa – aber das tritt jemand herein und sagt: Was haben Sie denn da, erlauben Sie mir, Sie darauf aufmerksam zu machen, daß dies ein echter Dürer ist! Können Sie sich in diese Lage versetzen? Und was – glauben Sie – würde jener Mensch dazu und über sich selbst äußern?«

»Das will ich aus Höflichkeit für mich behalten«, sagte Christine, in ihrer Seele vergnügt. »Es ist auch nicht erwiesen, ob es wirklich ein echter Dürer ist, Sie sollten da doch sehr vorsichtig sein. Immerhin will ich zugeben, daß es eine nette Einleitung für diesen Abend war – nun versprechen Sie mir aber, kein Wort mehr über mich zu reden!«

»Wahrhaftig, soll ich das?«

»Ganz bestimmt. Übrigens bin ich am Verhungern.«

Das Kurhotel lag am Hang, ein wenig höher als der Ort, nicht viel, nur gerade genug, um gesehen zu werden, und jetzt machte es mit seinen erleuchteten Fensterreihen einen so wunderbaren Eindruck, daß man hätte glauben mögen, in einem Weltbad zu sein – »dabei ist es hier wahrscheinlich hübscher«, sagte Mahr, »und Leuten wie uns fällt es ja nicht schwer, das hinzu zu denken, was man etwa vermißt.«

»Ich vermisse gar nichts«, erwiderte Christine. »Und wenn ich mir vorstelle, daß ich noch gestern früh einen Zentner Blumenkohl hier abgeliefert habe, dann kommt mir alles unwirklich und geradezu märchenhaft vor und ich würde mich nicht sehr wundern, wenn sich innerhalb der nächsten Stunde heraussstellte, daß Sie nicht der Profesor Mahr sind, sondern ein Prinz, der sich mit dem armen Gärtnermädchen einen halb sentimentalen kleinen Spaß erlaubt. Nein, lassen Sie mir doch mein Vergnügen, darf man denn bei Gelegenheit nicht auch ein bißchen kindisch sein? Es ist so wohltuend. Die rauhe Wirklichkeit kommt schon von selber, sobald das Kino aus ist.«

»Man könnte daran denken, die sogenannte rauhe Wirklichkeit für einen Abend außer acht zu lassen«, schlug er vor.

»Gerade für diesen Abend?« fragte sie. »Wollten Sie denn nicht über die wichtigsten Dinge sprechen?«

Er schwieg einstweilen. Der Raum, den sie betraten, war schön, für Christinens Stimmung hätte man keinen besseren finden können. Der Tisch stand an einem Bogenfenster, durch das man auf Niedenwald hinabsah auf die Hand voll kleiner Lichter, die wie in einer dunklen Schale glänzten, und darüber stand der Himmel, an dem die ersten Sterne sichtbar wurden.

»Gut!« sagte Mahr und rieb sich die Hände, nachdem eine kurze Beratung mit dem Kellner zu Ende war. »In meiner Kinderzeit liebte ich besonders das Märchen vom fliegenden Koffer, und zwar weil ich mir zauberhaft deutlich vorstellen konnte, wie es einem zumute sein müsse, wenn man so ganz einsam und hoch über der Welt hinschwebt. Für meine Vorstellungskraft war es genau dieselbe Empfindung, die man später hat, wenn man im Faust liest: Ich säh im ewigen Abendstrahl die stille Welt zu meinen Füßen – und ›wie über Flächen, über Seen der Kranich nach der Heimat strebt.‹ Sie verstehen mich?«

»Jetzt, ja«, sagte Christine. »Ach, was hab ich versäumt!«

»Nichts!« erwiderte Mahr. »Nichts, weil sich's hier um Dinge handelt, bei denen die Zeit nichts bedeutet, und man kann ja nur in der Zeit etwas versäumen. Mir scheint aber, daß Sie alles aufs Erstaunlichste nachgeholt haben. Ja, leben will gelernt sein, da gibt es keinen Lehrer.«

»Doch!« sagte sie. »Manchmal gibt es einen.«

»Sie meinen doch wohl nicht mich!« erwiderte er. »Ich weiß gar nichts – außer vielleicht gelegentlich ein paar Verse, die sich als Zaubersprüche verwenden lassen und mir, das muß ich zugeben, in den hoffnungslosesten Lagen helfen. Denn, das steht freilich fest: ein bißchen zaubern muß man schon können.«

In Christine war ein Widerschein seiner Fröhlichkeit, vielleicht konnte er tatsächlich zaubern. Mit seinen Augen gesehen bekam die Welt ein neues Antlitz, die grausamen Runzeln auf ihrer Stirn schwanden, die Heiterkeit des Ewigen wollte sich enthüllen wie der Himmel, der immer klar ist, auch hinter den Wolken irdischer Niedrigkeit. Und dies alles geriet nicht feierlich, er brauchte dazu keinen weihevollen Raum, die Bar des Kurhotels genügte – unbegreiflicherweise paßte sie sogar recht gut dazu. Der dicke Teppich, der jeden Schritt lautlos werden ließ, die Kellner, die unfehlbar im richtigen Augenblick erschienen und angenehmste Dinge brachten, die kleine Tischlampe, die einen beinah magischen Kreis um sich bildete, der sinkende Abend vor dem Fenster und die immer leuchtenderen Sterne, ein süßer Hauch von Rosenduft – »Ich weiß wahrhaftig nicht, ob ich dies je schon erlebt habe!« sagte sie. »Oder vielmehr, ich weiß, daß ich's noch nicht erlebt habe, selbst wenn das Bild genauso gewesen sein sollte.«

Indessen begann, ziemlich entfernt, eine Tafelmusik, der Allegrosatz eines Klavierkonzerts, vielleicht war es Mozart – Christine hatte bei Herrn Stefan leider nicht genug gelernt, um dies sofort zu wissen, aber der Mangel plagte sie keineswegs, vollends jetzt nicht, da sie nur glücklich war, so Liebliches mitzuempfinden.

»Die –«, sagte Mahr mit einem kleinen Nicken zur Musik hin, »die konnten es auch! Sie waren in jenen Hintergründen daheim, die freilich leicht erscheinen, weil sie schon jenseits des irdischen Schwerefeldes liegen. Man muß hindurchkommen, nicht darüber hinweg.«

»Aber wer kann das«, sagte Christine, »und vollends heutzutage!«

»Sie!« antwortete er, und auf ihren erstaunten Blick: »Letzthin, mein ich, ist es Ihnen geglückt. Wurde Ihnen die Welt da nicht durchsichtig?«

»Nicht schon wieder von mir!« bat sie.

»Das war nur ein geringer Seitenblick, den Sie mir schon erlauben müssen, weil's mich freut. In der Hauptsache rede ich nicht von Ihnen, sondern von mir, und nicht etwa aus einer eitlen Besserwisserei, sondern eben um durch vieles hindurchzukommen, was sich wie ein Wall um mich aufgebaut hat. Merken Sie das denn nicht?«

Christine war klug genug, noch nicht zu antworten, sondern sie überlegte eine Weile. »Wenn Herr Schneider nicht wäre«, sagte sie schließlich, »so wüßte ich überhaupt nichts. Wie kann ich also eine Meinung haben? – Was hat man Ihnen angeboten?«

»Viel. Beinah alles.«

»Ein großes Wort!«

»Ja, und eine große Last, Christine.«

»Die Frage ist also, ob Sie das tragen könnten.«

»Nein«, sagte Mahr, »das ist nicht die Frage, wenigstens nicht für mich. Die Frage ist vielmehr, ob ich diese Last tragen *will*.«

»Wollen Sie?«

Er seufzte. Es sollte komisch klingen, geriet aber ziemlich daneben. »Daß sich der Mensch eben doch immer wieder auf Eitelkeiten ertappt!« sagte er. »Wissen Sie, Christine, daß dies die schwächste Stunde meines Lebens ist? Ich muß mich entscheiden und schwanke wie ein Grashalm.

Ich könnte die Entscheidung freilich noch zwei oder drei Tage hinausschieben, aber das ändert ja nichts an der Tatsache. In einem Anfall von Entschlossenheit habe ich nun einmal diesen Abend ausgewählt, weil ich mit Ihnen zusammen bin. — Ich könnte jetzt, was man so nennt, ein großes Tier werden; es hat seine Reize, seine Lockungen, ich leugne es nicht.« Er holte tief Atem. »Aber etwas in mir, ganz innen, ist dagegen.«

»Dann nicht!« sagte Christine.

Er blickte verblüfft auf. »Ganz einfach?«

»Ja, ganz einfach.«

»Ihre Entschlußfähigkeit ist monumental«, erwiderte er kopfschüttelnd. »Ich lebe seit einer Woche wie aufgehängt zwischen zwei Ebenen und verliere fast den Boden unter den Füßen; ich wälze alle Gründe herbei, die dafür oder dagegen sprechen; ich zwinge mich zur Gelassenheit und komme um vor innerer Unruhe — und Sie sagen: Ganz einfach? Das klingt ja sehr gut, aber so einfach ist es nicht. Wenn Sie wüßten —«

»Man möchte etwas aus Ihnen machen, was Sie nicht sind. Ich will nicht bezweifeln, daß Sie imstande wären, einen großen Industriekonzern zu leiten. Es paßt aber nicht zu Ihnen — hoffentlich und Gott sei Dank. Und Sie warten nur darauf, daß Ihnen das jemand sagt. Gut, ich sage es. Jetzt sage ich es.«

Mahr schwieg in den Sternhimmel hinaus. Dann, nach langem Denken, sagte er: »Sie sind eine schreckliche Person, Christine. Sie wissen natürlich genau, daß Sie das Richtige treffen und daß ich mir dasselbe schon hundertmal vorgehalten habe. Aber ich saß doch so hübsch auf dem Teppich und spielte mit bunten Bauklötzchen!«

»Nun«, antwortete sie, »ich will dieses schöne Bild nicht weiter ausmalen, es könnte sonst zu Peinlichkeiten führen. Daß doch immer gerade die gescheitesten Menschen eine Neigung haben, im falschen Augenblick mit Bauklötzchen zu spielen! Ich glaube beinahe, wir Frauen sind auf der Welt, um da rechtzeitig einzugreifen. Es ist eine undankbare Aufgabe. Ich habe geduldig zugesehen, aber jetzt ist es genug, die Klötzchen werden weggepackt!«

»Aber —«

»Ich will gar nichts mehr hören!« sagte Christine. »Erinnern Sie sich vielleicht aus längst vergangenen Zeiten — denn es sind schon ein paar Wochen her —, erinnern Sie sich, Herr Professor Mahr, wie und woran wir zusammen gearbeitet haben? Und daß noch nicht ein Viertel davon zu Ende gebracht ist? Und wie glücklich Sie waren, selbst wenn's durch's Dach regnete? Glauben Sie vielleicht, ich habe das Dach hergezaubert, damit Sie einmal irgendwo Generaldirektor werden?«

»Erinnern Sie sich vielleicht«, sagte er nicht ohne Dickköpfigkeit, »wie verbohrt, ja, was für ein Bohrwurm Sie waren und wer es gewesen ist, der Sie überhaupt wieder zu einem vernünftigen Wesen gemacht hat? Erinnern Sie sich noch daran, wie blind und taub und verstockt Sie durch die Welt gingen und daß Sie nicht einmal fähig waren, das Grillenkonzert zu hören?«
»Jawohl, und eben deshalb —«
»Und kaum hat man dieses Küken ausgebrütet, da weiß es auch schon alles besser!«
»Ich weiß es doch gar nicht besser!« sagte Christine. »Alles, was ich will, ist doch nur: Sie sollen erkennen, daß Sie es mindestens genau so gut wissen wie ich. Jeder Mensch muß durch solche Versuchungen hindurch. Aber hindurch — nicht darüber hinweg!«
»Man sollte euch wahrhaftig nichts Spitzes in die Hand geben, ihr dreht es gleich um.«
»Ist es denn nicht schön, wenn man einander helfen kann — nicht immer nur der eine dem anderen, sondern auch einmal der andere dem einen?«
Mahr, der sich in lauter Widerspruchsgeist bis zu diesem Augenblick noch nicht völlig von seinen Klötzchen hatte trennen können, stutzte. »Niemand wird diese Ablehnung begreifen . . .«, sagte er.
»Es genügt, wenn wir beide es tun«, antwortete sie. »Es ist überhaupt selten, daß jemand etwas begreift. Was kommt aber darauf an?«
Da machte er jene leichte, geradezu souveräne Handbewegung, die sie schon lange kannte und liebte.
Er machte sie stets, wenn etwas durchaus erledigt war, aber es lag darin nicht nur ein Abschließen — das hatte er schon hinter sich — sondern vielmehr der Beginn von etwas Neuem, die Wendung zu etwas Unerwartetem, meist Erstaunlichem, und vor allem war diese Handbewegung ganz unsentimental. Sie war so hinreißend unsentimental, daß Christine der Gedanke durch den Kopf huschte: vielleicht und in gewisser Hinsicht sei der Welt eben jetzt trotz allem ein Generaldirektor verloren gegangen.
»Nein, es kommt wirklich nicht darauf an«, sagte er. »Hauptsache daß wir beide es begreifen, nicht wahr. Gut also. Geben Sie das zu den Akten, Fräulein Weiland. Wiedervorlage unnötig. Weiter?«
»Ich glaube, wir sind fertig.«
»Und ich glaube, daß Sie sich irren, Christine. Es ist wahr, wir haben uns recht hübsch zusammengerauft, mich freut's. Ich will ja nicht behaupten, daß ich ohne Sie eine Dummheit gemacht hätte —«
»Immerhin —«

»Jawohl: immerhin. Aber auf der Tagesordnung steht noch ein zweiter Punkt.«
»Ich weigere mich!« sagte sie. »Es war anstrengend genug. Man hat seine liebe Not mit euch Männern.«
»Ja, dadurch wird das Leben so angenehm kurzweilig.«
»Ich bin dagegen.«
»Nein, geben Sie doch zu: Ich mußte eine Bestätigung dessen haben, was ich eigentlich wußte, ja, die hatte ich bitter nötig, denn nicht jedem erscheint im richtigen Augenblick ein Herr im pflaumenschwarzen Rock. Frauen – kluge Frauen – haben es in dieser Hinsicht vermutlich leichter, sie hören die innere Stimme deutlicher. Bei mir also – ist es denn nicht ein beglückender Gedanke, zu wissen, daß es jemanden gibt, mit dem man sich versteht? Wir haben lange genug gebraucht, um so weit zu kommen.«
»Ich!« sagte Christine. »Sie erinnern sich aber, daß wir nicht von mir sprechen wollen.«
»Schade. Denn der andere Punkt der Tagesordnung läßt sich kaum von Ihrer Person trennen. Wir haben ein Geheimnis miteinander: die Halbtöne, die wir hören. Ist das nicht ein eigenartiges und wunderbares Bewußtsein? Wir sitzen ja hier am Tisch wie zwei ziemlich erwachsene Menschen, und ich glaube nicht, daß wir jemandem auffallen. Aber mit unserem Geheimnis könnten wir ebensogut wie die Kinder unter dem Tisch sitzen und uns einbilden, dies sei nun unser Haus.«
»Es würde Aufsehen erregen«, sagte Christine.
»Wenn aber«, fuhr er unbeirrt fort, »wenn aber die Kinder unter dem Tisch in ihrem Haus sitzen, sind sie meistens verheiratet.«
»Wir können uns nicht unter den Tisch setzen.«
»Nein, aber heiraten«, sagte Mahr.
Christine stellte ihr Glas hin, das sie schon seit einer Minute in der Hand hielt, ohne zu trinken.
Natürlich hatte sie das kommen sehen.
Sie war nicht überrascht, sie war einigermaßen darauf gefaßt gewesen – aber jetzt wurde ihr trotz allem schwindlig und sie schloß die Augen.
»Ich will zugeben«, sagte Mahr und faßte sie hilfreich bei der Hand, »daß es ein bißchen rasch gegangen ist. Zuletzt nämlich. An und für sich haben wir ja lange genug gebraucht. Es ist wie bei einer Kristallbildung: erst rührt sich lange Zeit hindurch gar nichts – wenigstens scheinbar –, aber dann schießt es plötzlich zusammen, und niemand kann es aufhalten.«
Christine mußte noch immer schweigen.
»Ich konnte Sie aber doch nicht vorher fragen!« sagte Mahr. »Das war

einfach unmöglich, denn ich mußte erst wissen, wie Sie über diese komische Angelegenheit mit dem Kreuzweg denken. Das sehen Sie wohl ein.«

»Und wenn ich nun — —«, fragte sie stockend.

Da war wieder diese Handbewegung.

»Ja!« sagte Christine aufatmend. In ihr fiel eine Sternschnuppe.

»Wunderbar!« sagte er, ganz leuchtend.

»Halt, halt —«

»Nein, weiter hatte ich eigentlich nichts zu erwähnen. Auf unsere Zukunft! Ich bin sehr glücklich — und du, Christine?«

Ach, sie brauchten sich nicht um den Hals zu fallen und sich zu küssen, wie junge Leute tun, die nichts erwarten können und die meinen, das sei die Liebe. Sie fühlten, wie dem anderen ums Herz war, darin lag alles.

Mahr blickte Christine an. Sie lächelten beide wie durch einen Zauberschleier.

Dann aber — irgendwann — griff er in die Tasche und sagte: »Da sich nun die Ereignisse in einer Weise entwickelt und überstürzt haben, die auch der Klügste unmöglich voraussehen konnte, trage ich seit vorgestern etwas mit mir herum, was dir gehört, Christine. Aber es ging damit wie mit dem Punkt Zwei der Tagesordnung: ich konnte unter gar keinen Umständen früher daran denken als eben jetzt.«

Er schob ihr, halb unter der verdeckenden Hand, ein kleines, altmodisches Lederetui hin.

Sie öffnete es. Ein Ring. Ein goldener Ring mit einer kleinen Rosette aus Granaten.

Christine sah den Ring, sie sah Mahr an.

»Ich war«, sagte er mit einem Ernst, der die ganze Welt durchsichtig werden ließ, »ich war auf der Herfahrt wieder bei Tante Lisbeth, zwischen zwei Zügen. Sie hat mir den Ring geschenkt und meinte, ich würde schon wissen, was damit zu geschehen hat. Und hier, siehst du, Christine —« er strich über das vergilbte Samtfutter des Kästchens, »hier ist der Platz für die Ohrringe, die du schon hast. Sie läßt dich grüßen und wartet auf uns, und die Uhr im Rathaus würde nun wohl auch wieder gehen, läßt sie dir sagen.«

Horst Wolfram Geissler

Grillenkonzert

Ullstein Buch 2830

Der Erfolg dieses Schriftstellers, seine Beliebtheit bei einer Millionenleserschaft, lassen sich mit seiner Fähigkeit erklären, in Figuren und Bildern das kaum Sagbare deutlich werden zu lassen. So auch im Grillenkonzert: Wie der Gesang der Grillen in den Sommerwiesen nur dann zu hören ist, wenn man seine Sinne darauf konzentriert, so lernt Christine Weiland die wahre Melodie des Daseins, der alle falschen Töne fremd sind, zu erkennen.

ein Ullstein Buch

Die Bücher der Neunzehn

Band 186 · Propyläen Verlag

Sagan · Sagan · Sagan

Bonjour tristesse
. . . ein gewisses Lächeln
Chamade
416 Seiten, Geschenkausgabe in Ganzleinen
Die drei bekanntesten Bestseller von Françoise Sagan in einem Band

Band 205 · Propyläen Verlag

Georg Hensel

Theater der Zeitgenossen

Stücke und Autoren
376 Seiten mit vielen Abbildungen,
Geschenkausgabe in Ganzleinen
Die bis zu den jüngsten Stücken und Autoren der Gegenwart fortgeführte Sonderausgabe des »Spielplan«